CYFFORDD I GYFFORDD

GWIBDAITH HEN HAC

CYFFORDD I GYFFORDD

Gwibdaith Hen Hac

IAN PARRI

bwthyn
GWASG Y BWTHYN

ISBN 978-1-907 424-90-8

Cyhoeddwyd gyda chymorth ariannol
Cyngor Llyfrau Cymru

Lluniau: Ian Parri
Lluniau o'r awdur: Cath Parri

Cyhoeddwyd ac argraffwyd gan
Wasg y Bwthyn, Caernarfon
gwasgybwthyn@btconnect.com

Er cof am Eirlys a John, Buddug a Morris,

fy rhieni a'm rhieni-yng-nghyfraith

DIOLCHIADAU

Heb gymorth Dr Richard Beeching, pennaeth y Rheilffyrdd Prydeinig pan gaewyd traean o holl gysylltiadau'r rhwydwaith yn y 1960au, ni fyddai tramwyo Cymru ar y cledrau yn hanner cymaint o antur. Heb sôn am strach. Ond rhaid diolch iddo am beidio â hogi ei fwyell enwog hyd nes i mi gael cyfle yn blentyn bychan i fwynhau'r cyffro o deithio ar y trên o'm gorsaf leol yn Nyffryn Nantlle, safle sydd bellach yn gorwedd o dan darmac yr A487. Do, mi fues innau yn llythrennol ar y trên i Afonwen, ymhell cyn i Bryn Fôn hel atgofion am y daith ar gân. Am hynny, dwi'n wironeddol ddiolchgar. Rhoddodd flas hirhoedlog i mi o wefr y rheilffyrdd.

Dymunaf hefyd ddatgan fy niolch i Wasg y Bwthyn am fy mhrocio ymlaen efo'r prosiect o ysgrifennu'r gyfrol hon, ac am gywreinrwydd y gwaith gorffenedig. Syrthiaf ar fy mai os oes unrhyw wall rhwng ei chloriau; er mai newyddiadurwr ydw i wrth reddf, gallaf eich sicrhau mai'n ddamweiniol y bydd unrhyw gamgymeriad yn canfod ei hun ar y tudalennau.

CYNNWYS

![PENNOD 1]

Diwrnod 1

DYFI JYNCSHIYN

DWY ffordd sydd yna o deithio ar y trên, yn ôl y sôn; dosbarth cyntaf neu yng nghwmni plant. Tra ydw i'n cydymdeimlo efo'r gosodiad, yr eiliad hon buaswn yn fwy na hapus i gamu'n noeth lymun borcyn i gerbyd cludo gwartheg efo dwsin o fustych pranciog.

Dwi'n wlyb at groen fy sgrepan, fel cath wedi dianc o sach. Dwi'n gobeithio y bydd gweddill fy naw bywyd yn fwy o hwyl.

Ond beth, felly, wnaeth fy nghymell i sefyll fan hyn yng nghanol cors wleb, wyntog yn disgwyl trên? Onid oes gen i gar cyffyrddus, cynnes gartref? Aiff hwnnw â fi o A i B, a ran amlaf yn ôl o B i A, efo fy newis i o gerddoriaeth yn gefndir a heb orfod dioddef cwmpeini teithwyr eraill a'u tisian a'u peswch a'u traed drewllyd.

A pham Dyfi bali Jyncshiyn o'r pob un o 218 o orsafoedd y prif rwydwaith ledled Cymru y gallwn i fod yn fferru ynddyn nhw?

Gwasgwch yn nes ata i yn yr arhosfa blastig ddigysur hon, ac mi rannaf y gyfrinach efo chi. Nid mor agos â hynna, chwaith. Be haru chi? Rhowch le i mi anadlu, wir Dduw.

Na, cyn i chi ofyn, nid rhyw wallgofrwydd mympwyol wnaeth fy hel i yma. Ond chwerthin wnaeth rhai pan soniais am wneud cylchdaith o amgylch Cymru. Ar y trên? Peidiwch â sôn. Chwarddodd pawb a dweud y gwir.

Mae'r peth yn amhosib, meddan nhw yn ddigon rhyfygus, gan ffurfio soseri tosturiol o'u llygaid. Chlywaist ti ddim am Dr Beeching a'i fwyell yn cau hanner ein rheilffyrdd yn y 1960au?

Wrth gwrs 'mod i wedi clywed am y cythraul. Ac wedi ei felltithio. Ond y gwir amdani ydy bod modd teithio am 675 milltir ar hyd prif reilffyrdd Cymru hyd heddiw. Wir i chi. Ac mae mwy na 900 milltir o draciau yn dal ar eu gwelyau, os cyfrwch chi'r rhai lluosog.

Nid anferthol o'i gymharu â rhwydwaith 139,679

milltir yr Unol Daleithiau, y mwyaf yn y byd o ddigon. Ond mae'n dal yn hirach na rhwydweithiau Ecuador, Armenia, Estonia, Ethiopia, Cambodia, y Philippines, Albania, a Venezuela, ac enwi dim ond rhai. Y gwledydd sydd â'r rhwydweithiau lleiaf ydy Laos sydd â dwy filltir, ein chwaer-wlad Lesotho dlawd sydd â milltir, a'r Fatican gyfoethog tu hwnt sydd â thua tri chwarter milltir tanddaearol i gludo eu cardinaliaid i Rufain i chwilio am rai o gysuron bywyd. Mae gan Ynys Gybi fwy na hynny.

Felly mae'n 675 milltir ni o deithio posib â chryn dipyn o afael ynddyn nhw, chwarae teg, serch bod rhaid picio rhyw gymaint dros y ffin i'w cysylltu â'i gilydd.

Ac mae hynny heb sôn am y trenau treftadaeth lu, lle mae dynion – ac ambell ferch – sy'n ddigon hen i wybod yn well yn cael rhyw wefr rywiol drwy chwarae trêns bach.

Dyna pam 'mod i'n sefyll yma fel pengwin mewn cariad ar blatfform oer yn Nyfi Jyncshiyn. Nid chwilio am wefr rywiol. Ond dwi'n disgwyl am drên i antur fawr.

Y rhan waethaf o unrhyw daith ydy'r cychwyn. Deuparth gwaith, a ballu. Efo'r glaw rhynllyd yn llifo i lawr fy nghefn fel dyn eira sbeitlyd yn pi-pi dros fy ngwar, a'r gwynt dwyreiniol yn chwythu i fyny coes chwith fy nhrowsus, dwi ond yn gobeithio bod hynny'n wir.

Mae cysgod aderyn mawr, gwrach bluog hyll ar ysgub, yn tywyllu llwydni'r cymylau ymhellach wrth frwydro'n drwsgl efo'r gwynt uwch fy mhen. Crëyr glas, yn chwilio am damaid bach blasus i fwydo'r llwyth. Yn ffodus, dydw i ddim yn fach. Wn i ddim am flasus.

Mae'n sylweddoli bod ganddo broblem, ac yn clegar yn faleisus. Dwi'n amlwg wedi piso ar ei jips, ac mae'n troi am yr afon i chwilio am sgodyn anlwcus.

Mi fyddai'r diweddar R. S. Thomas wedi gwerth-fawrogi ei weld. Roedd yr adarwr a'r bardd Eingl-Gymreig mawr, oedd yn caru Cymru a'r Gymraeg ond ddim mor hoff o'r Cymry, yn ficer i lawr y ffordd yn Eglwys-fach ar un adeg. Roedd yn meddwl mwy o'i adar nag o'i blwyfolion. Ficer go ryfedd oedd 'rhen RS.

Ond pam Cyffordd Dyfi, clywaf i chi'n gofyn eto, yn glustiau i gyd fel yr hen Dywysog. Munud gwan rhwng potel a gwely, mae'n debyg. Ac roedd yn rhaid dechrau yn rhywle.

Does dim dwywaith nad ydy Dyfi Jyncshiyn – Cyffordd Dyfi yn swyddogol yn Gymraeg, cyfieithiad slafaidd o'r erchyll Dovey Junction a gewch ar yr amserlenni, ac un na chlywch fawr neb yn ei ddefnyddio – yn orsaf eiconaidd. Gorsaf fwya anial Cymru o ddigon, yn sefyll yng nghanol cors ar lannau afon Dyfi heb fodd gyrru na char na thacsi ati. Na hyd yn oed cwch.

Bydd anoraciaid y byd trenau yn gwlychu eu dillad isa yn ei chylch bob tro y clywan nhw'r enw, heb angen help y glaw. Dôn nhw yma o bell i syllu ar yr anialdir o'u cwmpas, cyn camu'n ôl ar y trên nesaf. Maen nhw'n perthyn i gasglwyr stampiau o ran anian. Ond pawb at y peth y bo.

Glandovey Junction oedd yr enw gwreiddiol, wedi ei fedyddio ar ôl pentref Glandyfi. Mae hwnnw'n hepian, fel morlo blonegog ar ôl cinio o fecryll, ryw dri chwarter milltir i ffwrdd ar hyd llwybr caregog dwi newydd hercian ar ei hyd.

Teimlwn fel Capten Oates yn ceisio ei 'nelu hi am Begwn y De. Efallai y bydda innau hefyd i ffwrdd am beth amser.

Dyma lle bydd trenau Pwllheli, Birmingham ac Aberystwyth yn cyfarfod i drafod hynt a helynt ei gilydd. Cyfle i ddabio disel ffres tu ôl i'w clustiau ac ailosod y minlliw du wrth iddyn nhw hel clecs.

Mae'r adeiladau brics coch, a'r ystafelloedd aros cysurlon, oedd yn arfer bod yma wedi eu hen chwalu. Yn eu lle mae bin sbwriel a'r arhosfa blastig hon dwi'n 'mochel ynddi. Ond, am ryw reswm, dim arwydd ar y platfform yn clochdar 'Croeso i Dwll Din Byd'.

Ai pobol mewn cotiau gwynion sy'n dod tuag ata i fan acw, 'dwch?

Fues i erioed, pan o'n i'n fachgen, yn un oedd yn breuddwydio am fod yn yrrwr trên na dim byd o'r fath. Calliwch, da chi. Gofodwyr fel Yuri Gagarin a Neil Armstrong oedd fy arwyr i ar y sgrin fach ddu-a-gwyn yn y gornel, nid Casey Jones a'i geffyl haearn yn y gorllewin gwyllt. Am fynd i fydoedd eraill oeddwn i bryd hynny, nid Dyfi Jyncshiyn. Nid bod llawer o wahaniaeth.

Ond dwi'n hoff iawn o deithio ar y trên. Dwi'n gweld rhyw ramant mewn mynd o fan i fan i sŵn olwynion yn cliceti-clecian ar gledrau dur, a minnau'n ymlacio fel baban mewn crud.

Dwi wedi mwynhau cael fy sgubo i ffwrdd o orsafoedd hudolus fel y Termini gwallgo-brysur yn Rhufain, y Keleti Palyaudvar ymerodrol ym Mwdapest, a gorsaf Leningradsky ym Moscow.

A dyna ichi honno ym Monaco. Mae cymaint o farmor sgleiniog o'i chwmpas nes eu bod yn gosod matiau ar y platfform i chi sychu'ch traed arnyn nhw wrth gamu oddi ar y trên.

Ond fan hyn? Be gythraul ddaeth â rhywun i le mor ddinad-man? Mi faswn yn hawdd wedi medru pasio drwodd ar fy nhaith, heb roi 'nhroed ar gyfyl y lle.

Mae arwydd trydanol newydd sbon yn sefyll fel plismon fflat ei draed rhwng dau blatfform. Yn ôl hwnnw, efo lwc a dim gormod o'r math anghywir o ddail ac eira, gallwch fynd cyn belled â Birmingham International. Neu Borth neu Bermo neu 'Berch.

Mae cwmwl cyfan a blas heli Bae Ceredigion arno yn swatio'n nes ata i yn y gysgodfa laswyrdd. Mae'r glaw'n chwythu'n syth ar draws o'r chwith, haid o hen wragedd bach blin yn lluchio eu ffyn ata i mewn cynddaredd.

Er mwyn rhywfaint o amrywiaeth, dwi'n troi i edrych

drwy gefn y gysgodfa a mwynhau gweld y glaw yn chwythu o'r dde. Be arall wnewch chi pan nad oes 'na gaffi na thafarn o fewn stomp wleb o awr a mwy? Heb sôn am dŷ bach. Na, da chi, peidiwch â sôn.

A dyna ichi beth arall. Pam gwario'r holl arian yn gosod arwyddion trydanol drudfawr mewn gorsaf lle mae teithwyr yn gallu bod mor brin â ffermwyr tlawd o amgylch stondin Subaru yn Sioe Llanelwedd?

Ond 'rhoswch funud, cyn i ni fynd yn rhy ddilornus o'r lle. Onid yn y cyffiniau yma mae'r unig warchodfa biosffer amgylcheddol yng Nghymru? Un o 600 yn unig drwy'r byd i gyd yn grwn, i chi gael gwybod.

Safleoedd wedi eu cydnabod gan UNESCO ydy'r rhain, llefydd arbennig iawn sy'n haeddu eu gwarchod am eu hamrywiaeth hynod o fywyd gwyllt.

Mae nyth gweilch y pysgod i'w weld o fan hyn yng nghanol y brwyn i gyfeiriad Pennal. Ac un arall dafliad wy i ffwrdd. Llwyth o briciau di-drefn ar ben polion, mewn gwirionedd. Ond maen nhw'n denu pobol yn eu cannoedd i Warchodfa Natur Cors Dyfi i wylio ei berchnogion. Druan ohonyn nhw. Y bobol a'r adar fel ei gilydd.

A draw fan acw ar dro yn afon Dyfi, ar gyrion Gwarchodfa Adar Ynys-hir, mae 'na dalp enfawr o hanes Cymru yn pendwmpian heb brin neb yn cymryd y mymryn lleiaf o ddiddordeb ynddo.

Mae Cyffordd Dyfi yn sefyll lle mae siroedd cyfoes

Gwynedd, Powys a Cheredigion yn cyfarfod, a chyn eu bodolaeth hwy hen siroedd Meirionnydd, Trefaldwyn ac Aberteifi. Ond yn ôl yn niwloedd hanes dyma lle bu tywysogion teyrnasoedd Gwynedd, Powys a Deheubarth yn sgyrnygu ar ei gilydd.

Dyma hefyd lle mae ein tafodieithoedd Cymraeg hyd heddiw yn ymwahanu. Bydd llafariaid gyddfol y Gogs yn ildio i rai meinach Sir Drefaldwyn, a geirfa'r Hwntws yn dechrau gwthio allan ambell elfen o iaith y gweddill.

Nid bod rhyw fri mawr ar ein hiaith yn y cyffiniau. Roedd hynny'n siom enfawr i RS pan gyrhaeddodd yma yn 1954 yn byrlymu â brwdfrydedd nodweddiadol y dysgwr Cymraeg. Dim syndod iddo fopio mwy ar adar.

Fan'cw, lle mae afon Einion yn rhedeg i afon Dyfi, mae'r Domen Las. Dyna'r cwbwl sy'n weddill o hen Gastell Aberdyfi. Yn ôl *Brut y Tywysogion*, codwyd y castell pren hwnnw ar dwmpath yma gan yr Arglwydd Rhys yn 1156, er mwyn amddiffyn ei diriogaeth rhag Owain Gwynedd a'i rafins.

Ugain mlynedd yn ddiweddarach, yn hŷn os nad yn gallach, trodd ei feddwl at bethau mwy esoterig a llai poenus. Trefnodd yr Eisteddfod Genedlaethol gyntaf un yng Nghastell Aberteifi. Mae rhai fu yno yn dal yn aelodau cobennog o'r Orsedd, yn ôl pob tystiolaeth sigledig.

Credir mai yma i'r Domen Las y daeth Llywelyn Fawr o Wynedd yn 1216 i dderbyn gwrogaeth yr Hwntws. Ac i ddosbarthu eu tir yn ôl iddyn nhw mewn diolchgarwch. Gellid dweud mai yma y daeth y syniad o Gymru rhyw fath o unedig i fodolaeth gyntaf oll.

Mae'n cymryd rhyw awr ar droed o'r orsaf i gyrraedd yr heneb drwy faes parcio'r RSPB yn Ynys-hir, ac ar hyd llwybrau digon corsiog. Does fawr ddim ar ôl o'r castell, dim ond y domen uchel ei hun, ac ambell awgrym o'r ffos a'i hamgylchynai. Ond mae 'na awyrgylch arbennig yn dal i fodoli ymysg y coed a'r chwyn.

'Mieri lle bu mawredd,' fel yr ysgrifennodd Ieuan Fardd am weddillion Llys Ifor Hael. Trueni bod yr un pedwar gair mor wir am gymaint o'n henebion brodorol. Rhag cywilydd mawr i CADW a ninnau fel ein gilydd am ganiatáu'r fath sefyllfa.

Cewch ddigonedd o wybodaeth am yr adar sydd i'w gweld yma ar arwyddion a hysbysfyrddau lliwgar drwy'r warchodfa. Ac mae cuddfan bren ddigon taclus, cwt caru go iawn o beth, wedi ei phloncio'n ddiseremoni lle byddai terfyn y castell. Yn ôl rhai, neb llai nag RS ei hun fu'n gyfrifol am ei gosod yno. Ond ni welais yr un gair yn unman yn egluro arwyddocâd hanesyddol enfawr y safle. Adar yn bwysicach na brodorion, mae'n amlwg. Sŵn y gylfinir yn bwysicach na sŵn ein mamiaith.

Yn sbecian drwy'r coed yr ochr draw i'r ffordd fawr mae tyrau crand castell arall. Un ffug, heb yn agos i'r un pedigri â'r Domen Las. Gwesty go foethus fu Castell Glandyfi fyth ers 2007. Dyna pryd y cafodd ei achub o'r coed a'r eiddew oedd wedi ei gaethiwo mewn angof cyn hynny. Codwyd o yn y cyfnod 1814-18, ar safle adeilad llawer hŷn, gan y diwydiannwr George Jeffreys. Roedd hwnnw'n ddisgynnydd i'r barnwr digyfaddawd George Jeffreys, o Acton yn Wrecsam.

Yn frenhinwr i'r carn, daeth i gael ei adnabod fel 'The Hanging Judge' ar ôl dedfrydu hyd at 700 o ddynion i gael eu crogi yn sgil gwrthryfel Dug Mynwy yn erbyn Iago'r Ail yn 1685. Roedd y Dug ei hun, yr hen dlawd, ymysg y rhai aeth i'r crocbren â'i gynffon rhwng ei goesau, ymysg pethau eraill.

Arferai'r beirdd Seisnig mawr Keats a Shelley ymweld â theulu'r Jeffreys yma yng Nglandyfi yn y 19eg ganrif. Ond erbyn y 1950au roedd y castell ym mherchnogaeth Syr Bernard Docker a'i ail wraig Norah, ac atyn nhw yma heidiai fflyd o eneidiau hoff cytûn.

Yn eu plith, faswn i'n synnu dim, y bardd Saesneg mawr arall hwnnw R. S. Thomas, yn ei holl rwysg dosbarth uwch-ganol Seisnig a'i acen Eton grisial.

Roedd y cwpwl yn dipyn o destun gwawd am y modd rhodresgar yr oedden nhw'n hoffi dangos maint eu cyfoeth. Ac roedd ganddyn nhw gyfoeth oedd yn werth bod yn rhodresgar yn ei gylch.

Yn 1949 cafodd gwerth £52,000 o emau Lady Docker eu dwyn o'i fflat gerllaw gwesty Claridges yn Llundain, gan gynnwys modrwy o ddiemwnt pinc. Y lladrad hwn a ysbrydolodd y ffilmiau *Pink Panther* yn ddiweddarach.

Ac yn 1954 adroddwyd ei bod wedi gwisgo gwerth £200,000 o emau mewn parti yn Claridges. Arferai'r diweddar ddigrifwr Frankie Howerd gyfeirio at ferched dros ben llestri, o ran ymddygiad neu wisg, fel rhywun oedd yn 'dipyn o Lady Docker'.

Mae'n debyg iddi fwynhau'n enfawr y sylw ddaeth i'w rhan yn 1958 pan gafodd ei gwahardd o Fonaco am byth gan y Tywysog Rainier. Digwyddodd hyn yn sgil ffrae rhwng y ddau yn ystod bedydd y Tywysog Albert. Rhwygodd Norah faner y wlad am na châi fynd â'i mab efo hi i'r gwasanaeth.

Roedd y cyn-groesawydd yn y Café de Paris yn medru arwain Syr Bernard, ei thrydydd gŵr, ar gyfeiliorn llwyr. Roedd y straeon am eu hoferedd a'u gwastraff arian yn chwedlonol. Prin fod neb erioed oedd yn fwy teilwng o'r disgrifiad o fod â mwy o arian nag o synnwyr.

Nid bod ei gŵr yn oen bach crynedig chwaith. Yn wir, cyn iddyn nhw erioed gyfarfod, comisiynodd Syr Bernard gwch hwylio'r MY *Shemara* iddo'i hun. Roedd yn gwch anferthol. Digon mawr yn wir i'r Llynges Frenhinol ei hawlio at eu gwasanaeth fel llong hyfforddi yn ystod yr Ail Ryfel Byd.

Roedd yn un o gyfarwyddwyr cwmni teithio Thomas Cook, a Banc y Midland, rhan o HSBC erbyn heddiw. Roedd hefyd yn rheolwr-gyfarwyddwr ar y Birmingham Small Arms Company, neu BSA fel y cânt eu hadnabod. Yn gwmni peirianyddol enfawr, roedd yn cynhyrchu gynnau, beiciau, beiciau modur a cheir, gan gynnwys ceir crand Daimler. Efo tafodau yn dynn yn y foch yr arferai'r Cymry Cymraeg honni mai ystyr BSA oedd y 'Beic Salaf Allan'.

Erbyn y 1950au, efo Norah yn ei gôl, trodd eu bywydau yn ffars liwgar a drud. Roedd y papurau newydd ar ben eu digon.

Comisiynwyd cyfres o geir Daimler unigryw ar gyfer Lady Docker, gan wario arian BSA fel dŵr. Cafodd y cyntaf yn 1951 ei lysenwi 'y Car Aur'. Roedd wedi ei orchuddio â miloedd o sêr aur, a'i addurno efo eurblat lle byddai pob car cyffredin efo crôm.

Daeth rhesi o geir unigol eraill yn ei sgil, wedi eu dylunio yn ôl dymuniad Lady Docker. Cafwyd un efo seddi o groen crocodeil, ac yn cynnwys brwshys gwallt o arian pur. Roedd un arall efo seddi o groen sebra a dashfwrdd o eifori. Doedd 'dros ben llestri' ddim yn eu geirfa.

Yn 1953 cafodd Banc y Midland lond bol ar yr holl sylw roedd y ddau yn ei ddenu, gan deimlo nad oedd yn gydnaws â'u delwedd. Syndod sut newidiodd pethau. Bellach mae delwedd o wastraff ac oferedd yn rhan hanfodol o CV unrhyw fancwr gwerth ei halen.

Mynnwyd bod Syr Bernard yn ymddiswyddo. Hyrddiwyd o dros y dibyn yn ddigon diseremoni.

Serch hynny, roedd coffrau BSA yn dal yn agored led

y pen. Arferai Lady Docker wneud y gorau o'u haelioni. A'u twpdra.

Câi'r fflyd o Daimlers, oedd mewn gwirionedd yn perthyn i'r cwmni, ei thrin fel ei heiddo personol hi. Ac yn 1956 prynodd ffrog o finc ac aur gwerth £5,000, tua £45,000 yn arian heddiw, i'w gwisgo yn Sioe Geir Paris. Ceisiodd hawlio'r arian yn ôl fel costau.

Mi fyddwn i wedi rhoi fy llyfr llaw-fer i fod wedi gallu hawlio costau felly yn ystod fy ngyrfa fel newyddiadurwr efo'r BBC, *Y Cymro, Yr Herald Cymraeg* a'r *Daily Post*. Bu'n rhaid i mi fodloni ar 40c y filltir, pres yn ôl am ambell bastai a pheint, a beiro am ddim yma ac acw.

I'r cawlach hwn o wario a gwastraffu y syrthiodd Castell Glandyfi. Cafodd ei brynu ganddyn nhw am £12,500 a'i adnewyddu am £25,000 pellach, y cyfan ohono o goffrau'r cwmni. Ond profodd hyn yn un cam ofer yn ormod.

Pan ddaeth y cyfranddalwyr i glywed, rhoddwyd y castell ar y farchnad. Mynnwyd hefyd gael y fflyd o Daimlers yn ôl. A bu'n rhaid i Syr Bernard ildio ei le yn bennaeth ar y cwmni yn 1956. Ni welwyd yr un Daimler â seddi o groen sebra yn disgleirio yn yr haul ar dir y castell wedi hynny.

Ond ust! Dyma sŵn trên yn dynesu, yn clecian i lawr teligraff y cledrau. Mae'n bryd i mi ffarwelio â Dyfi Jyncshiyn am y tro, hyd nes y do i'n ôl yma i gloi fy nghylchdaith.

Mae'n bryd i mi ffarwelio â Dyfi Jyncshiyn

Anghofiais edrych ar yr arwydd trydan drudfawr i weld i ba gyfeiriad y mae'r trên yn mynd. Ond dydy hi o ddiawl o bwys gen i. Pwllheli, Birmingham, Machynlleth. Unrhyw le i ddianc o'r gors gythraul hon. Biosffer amgylcheddol UNESCO ai peidio.

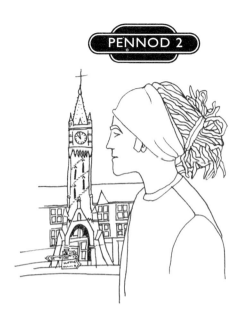

PENNOD 2

Diwrnod I

CYFFORDD DYFI I FACHYNLLETH
4 milltir – 7 munud

TAITH fer, fer ydy hi o'm man cychwyn i Fachynlleth; prin amser i'r sedd ddechrau cynhesu. Ond sôn am fyd o wahaniaeth, bwrlwm bywyd yn hytrach na sŵn yr hin, er nad ydy Machynlleth mo'r metropolis mwyaf a welwch chi yn eich bywyd.

Pobol ym mhob man yn mynd ar eu hynt. Ac mae i Fro Ddyfi fwy na'i siâr o bobol sydd ag agwedd wahanol tuag at fywyd, efo nifer ohonyn nhw'n ddynion yn eu hoed a'u hamser sy'n gwrthod derbyn nad ebolion mohonyn nhw mwyach.

Dyma ichi enghraifft yn sefyll yn bowld o 'mlaen i rŵan yng nghanol y dre, funudau'n unig wedi i mi gyrraedd o Ddyfi Jyncshiyn a cherdded yr hanner milltir o'r orsaf i gysgod y cloc enwog.

Mae ymhell heibio ei ddyddiad 'gorau cyn'. Nid ydy o'n bell o fod angen help llaw efo anghenion corfforol. Petai'n dun corn biff, byddech yn ei adael ar y silff.

Does dim dwywaith nad ydy o'n rhy hen i fod yn crwydro'r strydoedd mewn trowsus pen-glin o ddenim cochlyd a sandalau, ei eiddo mewn sach cerdded ar ei gefn. Yn enwedig mewn tywydd fel hyn. Mae ei wallt wedi ei blethu tu ôl i'w ben fel caglau duon wrth din dafad sy'n disgwyl ei chneifio.

Sefyll ar y palmant yn disgwyl bws mae o, ei docyn teithio am ddim yn ei law. Cyrhaeddodd oedran pryd mae'r dannedd fel y sêr; yn dod allan bob nos.

Dyn sy'n sicr yn byw'n lleol. Yn byw'n lleol, nid yn berson lleol. Ac mae 'na fyd o wahaniaeth. Dydy o'n cyfarch neb, na neb yn ei gyfarch yntau, yng nghanol dwndwr o sgyrsiau dibwys yn cael eu cynnal yma ac acw.

Ers degawdau bellach bu Bro Ddyfi yn gyrchfan i bobol sy'n dianc rhag bywyd cyfoes, fel ffyliaid yn chwilio am eu paradwys. Daethon nhw'n un fflyd flodeuog o hipis, delfrydwyr, a breuddwydwyr, ac ambell ddiogyn a drwgweithredwr yn llechu'n gyfrinachol yn eu plith.

Go brin iddyn nhw hyd yn oed glywed am foliant bardd anhysbys o'r 9fed neu'r 10fed ganrif i Abercuawg gerllaw, a gofnodwyd yn Llyfr Coch Hergest. Wedi dweud hynny, go brin i'r pwnc dorri ar draws sgyrsiau am gicio gwynt ymysg y selogion wrth far y Llew Coch chwaith.

Yn y gerdd 'Claf Abercuawg' mae milwr sydd wedi ei glwyfo yn canu yn ei dristwch am ei hiraeth am ganu'r gog yn Abercuawg. Heddiw maen nhw'n credu mai tiroedd gwesty Plas Dolguog ym Mhenegoes gerllaw, lle mae afon Dulas yn llifo i afon Dyfi, ydy'r man yr oedd yn cyfeirio ato:

> Yn Aber Cuawc yt ganant gogeu
> Ar gangheu blodeuawc.
> Gwae glaf a'e clyw yn vodawc.

Na, doedd dim nam ar ei leferydd. Doedd lleygwyr ddim i fod i ddeall barddoniaeth hyd yn oed bryd hynny.

Cafodd y gerdd gynnar hynod ddylanwadol hon ei chyfieithu i'r Saesneg gan Edward Thomas, a'i chyhoeddi yn ei gyfrol *Beautiful Wales* yn 1905. Ac yn 1976 ysbrydolwyd neb llai nag R. S. Thomas i sgwennu ei foliant yntau i Abercuawg, yn llawn o'i hwyl a direidi arferol.

Ond nid hud Abercuawg a'u denodd nhw i gyd yma yn yr 20fed ganrif. Daethon nhw yn un haid walltog, leuog, mewn cwmwl o fwg go amheus, i ardal fu gynt yn hynod Gymraeg a Chymreig. 'Prifddinas Hanesyddol Cymru,' fel y mae'r arwyddion ar gyrion y dre yn dal i ddatgan yn falch.

A phan agorwyd Canolfan y Dechnoleg Amgen yn hen chwarel Llwyngwern yn 1973, ymdrech glodwiw i arbrofi efo dulliau gwyrddion o geisio achub ein Daear ac arddangos y dulliau hynny, cynyddodd y dylanwad estron. Nid eu bod yn ystyried eu hunain yn estroniaid. Ni fu John Bull erioed yn 'fforunar ddiawl'. Y brodorion ydy'r rheini, a'u lle nhw ydy gweini'r jin neu lanhau'r toiledau. Dwi'n cofio un ohonyn nhw'n gwarafun bod y bobol leol yn dal 'heb ei gweld hi' ynglŷn â'r hyn yr oedden nhw'n ceisio'i gyflawni yn y ganolfan, hyd yn oed ar ôl deugain mlynedd.

Dim sôn am y ffaith nad oedd o'n ystyried ei hun yn un o'r 'bobol leol' ar ôl pedwar degawd yn eu mysg. Na chwaith pam nad oedd yn gallu mynegi ei deimladau yn yr iaith sy'n dal yn iaith gyntaf i'r mwyafrif a fagwyd yma. Haws dysgu sut i dyfu ffa Ffrengig na dysgu iaith y wlad rydych yn byw ynddi.

'Nhw' oedd y bobol leol, nid 'ni'. Ac yn sicr mae rhyw deimlad o arwahanrwydd, os nad drwgdeimlad, yn bodoli. Nhw a ni ydy hi o'r ddau gyfeiriad.

Mae nifer o siopau yn y dre na fyddai rhywun yn eu disgwyl mewn tre farchnad yng nghanol cefn gwlad Cymru. Gallwch yn hawdd brynu priciau mudlosgi i lenwi'ch tŷ efo arogl cwt eliffant. Ffansi mwclis amryliw o India? Sebon wedi ei gynhyrchu o gŵyr gwenyn prin o fynyddoedd yn Nhibet? Neu beth am fara organig wedi ei fritho â rhywbeth tebyg i faw llygod? Dim problem. Beth am lyfr am fyw'n wyllt yn bwyta cynrhon gwas y neidr? Cyfarwyddiadau ar dyfu'ch 'baco' eich hun? Galwch draw i Mac, fel maen nhw'n camynganu enw'r lle yn haerllug. Dipyn anos, serch hynny, ydy cael gafael er gopi o *Barn*. Adeilad amaethyddol yn unig ydy hwnnw i gynifer yma.

Bu Caffi'r Chwarel ar Heol Maen Gwyn yn gysylltiedig â Chanolfan y Dechnoleg Amgen am flynyddoedd. Mae'r fwydlen yn gyforiog o ddeunydd organig iachus, ffa soia a chaws gafr at eich ceseiliau, a dewis maith i gadw'r llysieuwr rhechllyd mwya trafferthus mewn perlewyg di-gig.

Mae hefyd yn un o gaffis prysuraf y dre. Cewch o wastad yn orlawn, cymysgedd rhyfeddol o bobol mewn sgertiau batic o Senegal a chyplau Cymraeg mwy sidêt yn eu brethyn Trefriw gorau.

Dwi'n cofio gweld y diweddar Catrin Dafydd yn eistedd yma yn ei holl ogoniant, ymysg yr hipis, yn llymeitian te fel 'tae hi yn y parlwr efo'r gweinidog. Hi, mi gofiwch, oedd yr actores oedd yn portreadu'r anfarwol Lydia Tomos, mam Wali, yn y gyfres gomedi *C'mon Midffild*. Bu'n rhaid i mi frwydro'n galed rhag ebwch ei dywediad enwocaf yn ôl ati: 'A be mae *hi* yn ei wneud mewn lle fel hyn?'

Ychydig ddrysau i ffwrdd mae siop y cigydd William Lloyd Williams, sydd hefyd yn rhedeg lladd-dy yn lleol. Mae'r ffenest yn orlawn o gigoedd gorau'r fro. Ac arwydd wedi ei sgwennu â llaw, yn gyfleus iawn yn iaith yr estron: 'All the meat in this shop is vegetarian. They eat the green green grass. Humans eat them, and just speed up the process.'

Rho honna yn dy bapur sigarét a smocia hi!

Ymysg y to ifanc wnaeth hel eu pac am Fro Ddyfi yn y 1970au i chwilio am eu nefoedd roedd nifer o artistiaid a cherddorion. Ychydig i'r de o Fachynlleth mae ffordd gul a serth yn dringo drwy goedwig drwchus o goed pinwydd i Gwm Einion, dyffryn a fedyddiwyd ganddyn nhw efo'r llysenw eofn Artists' Valley.

Credir i Robert Plant o'r band byd-enwog Led Zeppelin gael ei ysbrydoli gan y cwm pan gyfansoddodd 'Stairway to Heaven'. Dyna un o'r caneuon roc mwyaf adnabyddus, a hiraf, erioed. Ar y pryd roedd yn byw ger Pennal, am rai misoedd yn 1970, efo'i gyd-rociwr Jimmy Page. Bwthyn di-ddŵr a didrydan Bron yr Aur oedd eu cartref dros dro. Bu'r ddau yn gynhyrchiol iawn yn cyfansoddi yn ystod eu hamser yno. Ymysg y caneuon a gyfansoddwyd ym Mhennal roedd traciau â'r teitlau 'Bron yr Aur' a 'Bron y [sic] Aur Stomp'.

Tra cafodd Plant a Page a'u tebyg eu cyfareddu a'u hysbrydoli gan yr ardal, nid felly'r awdur Beatrix Potter. Bu hi ar ei gwyliau ym Machynlleth pan oedd yn blentyn yn 1888, ac roedd yn gwarafun y ffaith iddi gymryd pedair awr i deithio yno ar y trên o Amwythig.

'When mushrooms are in season, the guard goes out to pick them,' meddai'n ddilornus yn ei dyddiadur.

Ychwanegodd am y dre ei hun: 'Machynlleth, wretched town, hardly a person could speak English. Welsh seemed a pleasant, intelligent race, but I should think awkward to live with... The middle-aged are very plain, but the old people are better. The language is past description.'

Ac mae'n debyg bod pobol y dre wedi gwirioni arni hithau hefyd.

Nid na fagodd yr ardal ei henwogion ei hun. Dyna ichi Owen Owen, brodor o Gwmrhaeadr, y bu ei enw uwchben drysau cadwyn o siopau mawrion ledled Lloegr hyd yn ddiweddar.

Ac wedyn Ted Lewis, Cymro prin a wnaeth ei farc ar fyd pêl-fas proffesiynol yr Unol Daleithiau. Bu'n aelod o dîm yr enwog Boston Redsox ar ddechrau'r ugeinfed ganrif. Wedi ymddeol o'r gêm, bu'n athro Saesneg ym Mhrifysgol Columbia, ac yn ddiweddarach yn llywydd Prifysgol New Hampshire. Gydol ei oes bu'n hynod gefnogol i'r mudiad eisteddfodol ledled Gogledd America.

Bydd ambell un yn honni bod rhai o amryw wreiddiau Richard Milhous Nixon, yr unig Arlywydd Americanaidd i ymddiswyddo, yn hytrach na wynebu ei honedig well, yn nhir Machynlleth. Nid bod hynny'n rhywbeth i glochdar yn ei gylch.

Roedd Nixon yn Grynwr o ran ei ffydd. Credir bod disgynyddion Rowland Owen o blasty Llynlloedd ar gyrion y dre ymysg y Crynwyr ddihangodd dros yr Iwerydd yn yr 17eg ganrif yn hytrach na goddef y gorthrwm roedden nhw'n ei ddioddef. O hynny, yn ôl y sôn, y deilliodd y gwaed Cymreig fu'n llifo mewn cywilydd drwy wythiennau Nixon hyd ei farwolaeth yn 1994.

Rhoddodd y ffidil yn nho'r Tŷ Gwyn ar ôl iddi ddod i'r amlwg yn 1972 iddo roi caniatâd i offer clustfeinio gael eu gosod yn swyddfeydd ei elynion Democrataidd yn Watergate. Hynny, yn hytrach na'i rôl yn rhyfel Fietnam a welodd ddegau o filoedd yn gelain, fu'n ddigon i'w wthio dros y dibyn. Yn ddyn hynod haerllug, mynnodd nad oedd wedi gwneud dim o'i le mewn gwirionedd. Dim ond cael ei ddal.

'When the President does it, that means it's not illegal,' meddai wrth y darlledwr David Frost mewn cyfweliad enwog yn 1977.

Y flwyddyn ganlynol mynnodd eto na wnaeth unrhyw beth o'i le: 'Doeddwn i ddim yn dweud celwydd; ddwedais i bethau a oedd yn ymddangos fel 'taen nhw ddim yn wir.'

Popeth yn iawn, felly, Mr Arlywydd. Ni fu'r Crynwyr erioed yn orawyddus i ganu clodydd yr hen Tricky Dicky fel un o'u meibion, am ryw reswm. Dim mwy na Machynlleth.

Bu farw Rowland Owen yn 1635. Yn ôl ysgrif dwi'n ei gweld uwchben y fynedfa i Eglwys St Pedr gadawodd £40 yn ei ewyllys, gyda gorchymyn i'r llogau gael eu rhannu ymysg y tlodion lleol ar Ddydd Sant Andreas.

Dyn dŵad, wrth reswm, oedd Owain Glyndŵr hefyd. Ond yma y dewisodd sefydlu ei Senedd yn 1404. Cafodd ei goroni yn Dywysog Cymru yr un flwyddyn, yng ngŵydd cynrychiolwyr o Ffrainc, Sbaen a'r Alban, ar draws afon Dyfi ym Mhennal. Dyna sail y dre dros

Senedd-dŷ Glyndŵr – cofio am ddyn dŵad arall ddaeth yn Fab Darogan

hawlio'i lle fel 'Prifddinas Hynafol Cymru', ac ym-drechion aflwyddiannus ganddi i ennill statws dinas yn 2000 ac eto yn 2002.

Dwi'n gwthio fy ffordd i fyny palmentydd gwlybion Heol Maen Gwyn at adeilad hynafol o garreg hardd sy'n ymhyfrydu yn y teitl Senedd-dy Glyndŵr. Serch hynny, mae'n hynod annhebygol mai hwn oedd yr adeilad ei hun. Ond os cewch y lle yn agored, fel heddiw, mae ynddo ddigonedd o ddeunydd am Owain a'i gyfnod i'ch cadw'n ddiddig wrth ymochel am awr neu ddwy.

Chwiliwch yn arbennig am furlun nobl gan yr Albanwr mawr ei glod, Murray McNeel Caird Urquhart, a baentiwyd ganddo rhwng 1912 a 1914. Mae wedi ei rannu yn bedwar panel sy'n dangos gwahanol agweddau ar frwydr Glyndŵr dros ryddid. Mewn cyfnod lle nad oedd hanes Cymru yn cael nemor ddim sylw, yn enwedig yn ein hysgolion, roedd hwn yn gwyro'n bell oddi wrth ddysgeidiaeth Seisnig yr Ymerodraeth. Gallwn ddiolch i'r Aelod Seneddol Rhyddfrydol lleol, yr Arglwydd David Davies o Landinam, am dyrchu i'w bocedi dyfnion a'i gomisiynu.

Nid bod y dyngarwr adnabyddus yn gwneud hynny'n hollol o waelod ei galon. Mynnodd fod wyneb Glyndŵr yn y murlun yn edrych yn hynod debyg i'w wep yntau.

Yn y Senedd-dy hefyd, neu Ganolfan Owain Glyndŵr o roi iddo ei deitl swyddogol, mae copi o lythyr enwog Glyndŵr at Siarl VI, Brenin Ffrainc. Caiff y gwreiddiol ei gadw ym Mharis. Mae dyn yn anadlu i lawr fy ngwar mewn ymdrech i'w weld, yn hytrach na disgwyl ei dro. Yn y llythyr, mae Owain yn llyfu traed y Ffrancwr. Mae'n addo troi Cymru'n ôl at yr Eglwys Babyddol, a bod yn deyrngar i Bab Avignon yn hytrach na'r llall yn Rhufain. Dim ond os gwnewch chi, Eich Mawrhydi, anfon llong ryfel neu ddwy, a'n helpu ni i roi cweir i'r Saeson. Xxx.

Rhowch 'Saeson' a 'cweir' yn yr un frawddeg, ac fe ddaw'r Ffrancwyr yn un haid. Ac mi ddaethon nhw. O, do. Cafodd y milwyr Seisnig oedd yn amddiffyn cestyll Cricieth, Harlech ac Aberystwyth eu trechu gan newyn wrth i lynges Ffrainc reoli Bae Ceredigion. Rhwystrwyd llongau Lloegr rhag cael bwyd atyn nhw, yn y dyddiau cyn bod Tesco yn cludo pob math o ddanteithion i'ch clwyd.

Ym mis Awst 1405 glaniodd 120 o longau Ffrainc yn Aberdaugleddau, yn cludo 2,600 o filwyr. Aethpwyd â'r brwydro dros Glawdd Offa cyn belled â Sir Gaerwrangon. Ond ofer fu'r cyfan yn y diwedd, wrth i'r Saeson frwydro'n ôl a'r Ffrancwyr ddechrau colli diddordeb. Wel, doedd y bwyd yn ddim i sgwennu adref ynglŷn ag o, a pheidiwch a sôn am y gwin . . . Efallai y dylen ni fod wedi gofyn i'r Eidalwyr.

Mae'n werth gwneud eich ffordd i Bennal dros yr enwog Bont ar Ddyfi. Codwyd honno yn 1805 am £250. Mae hi'n dal i gludo'r A487 dros afon Dyfi, pan na fydd lorïau enfawr wedi ei chau ar ôl crafu ambell dafell o'i

Pont ar Ddyfi

hochrau cerrig i ffwrdd. Bellach mae cynlluniau ar y gweill i godi pont newydd.

Ar y ffordd i Bennal mi ewch heibio fferm Dolgelynnen, cartref yr enwog Lleucu Llwyd yn y 14eg ganrif. Ysgrifennodd y bardd Llywelyn Goch ap Meurig Hen (1350-90) amdani yn ei gerdd 'Marwnad Lleucu Llwyd'. Er ei bod yn wraig briod, roedd yn gariad i'r bardd, ac ysgrifennodd hwnnw un o gampweithiau llenyddiaeth Gymraeg y Canol Oesoedd pan fu farw Lleucu yn ddisymwth o ifanc.

A minnau'n meddwl ers talwm mai creadigaeth

dychymyg band y Tebot Piws oedd hi, wrth ymuno efo
Dewi Pws yn y gytgan mewn ambell noson nad oedd yn
codi pres i'r mudiad dirwest. Rhywbeth i'w wneud â
'Llyncu Llwy' oedd y gytgan, roedden ni'n credu.

Yn ôl rhai gwybodusion, roedd un o gapeli brenhinol
Glyndŵr yn sefyll lle mae'r eglwys Fictorianaidd ym
Mhennal heddiw. Ac yma ym Mhennal y cafodd y llythyr
at Frenin Ffrainc ei lofnodi ar Fawrth 31ain 1406. Roedd
y cyn-ficer yma, y Parchedig Geraint ap Iorwerth, yn
hynod falch o gysylltiad ei eglwys â Glyndŵr. Y fo fu'n
bennaf gyfrifol am yr ardd goffa ddigon trawiadol i'r Mab
Darogan sydd wedi ei gosod o amgylch mynwent yr
eglwys.

Cymeriad lliwgar iawn oedd y ficer. Llwyddodd i
ennyn llid nid yn unig rhai o'i blwyfolion, ond neb llai
na'i esgob ei hun. Roedd eu perthynas nid yn annhebyg
i un y Tad Ted Crilly a'r Esgob Brennan yn y gyfres
gomedi *Father Ted*.

Dwi'n cofio unwaith, pan oeddwn yn newyddiadura,
iddo ddangos i mi ryw gapel bychan yr oedd wedi ei agor
yn un o adeiladau'r ficerdy. Addoldy i bob crefydd a dim
crefydd, myfyrgell o beth. Yn yr ardd safai cerfluniau o'r
Bwda, a delweddau yn clodfori'r Fam Ddaear baganaidd.

Pan aeth y capel ar dân, roedd rhai'n barod iawn i
chwerthin i fyny eu llewys. Mynnen nhw mai Duw oedd
wedi taro'n ôl. Mynnai Geraint mai nam trydanol oedd
yn gyfrifol. Nid mellten o'r wybren. Ffydd, dyna ydy o.

Dro arall, bu'r *Daily Mail* yn ffromi ynghylch y ficer, fel y gwnânt yn ddyddiol pan fydd estroniaid sy'n meiddio arddel syniadau gwahanol yn eu hannel. Llwyddodd i'w corddi drwy losgi'n gyhoeddus dudalennau o'r Beibl oedd yn cynnwys darnau oedd yn ei dyb yn negyddol a chreulon. Roedd yn ei seithfed nef gydag adwaith y *Mail*, a'i ddarllenwyr o gyn-gadfridogion efo mwstasys melynfrown. Mae'n debyg iddo adael yr Eglwys yng Nghymru cyn i'r esgob anfon y bois allan i gael gair bach yn ei glust. Aeth i fyw i Fachen ym Morgannwg, lle mae o bellach yn gweithio fel awdur. Un o'i lyfrau ydy *The Gospel of the Fallen Angel*. Dyma olwg yr awdur ar fywyd yr hyn mae'n cyfeirio ato fel 'y Crist go iawn' . . . wedi ei ysgrifennu o safbwynt Satan.

Ia, nid ficer cyffredin oedd Geraint ap Iorwerth. Doedd hi ddim yn syndod iddo ar un adeg ddisgrifio'i hun ar ei gyfrif Facebook fel 'bolshie bastard'.

Diwrnod 1

MACHYNLLETH I'R TRALLWNG

41 milltir – 51 munud

ER pob ymdrech wrth adael Machynlleth, methais â chael cip ar Abercuawg drwy'r anwedd oedd yn gorchuddio ffenestri'r trên hyd yn oed erbyn i ni gyrraedd Penegoes. Ni chlywais y gog chwaith.

Ond bu hi'n daith hamddenol braf, mwynder enwog Maldwyn yn llithro heibio fel llysywen werdd wrth i'r trên raddol lwyddo i gael y gorau ar y glaw a'r cymylau, a'u gadael yn codi dwrn yn sarrug arnom yn y pellter. Prin oedd y teithwyr eraill; un yn ei fyd bach ei hun yn chwarae Sudoku ar ei ffôn, a chwpwl yn gwarafun nad oes gorsaf mwyach yng Ngharno, gan eu gorfodi i fynd ar fws i Gaersŵs er mwyn dal y trên. Pawb â'i fys . . .

Gyda therfynfa Rheilffordd Ysgafn y Trallwng a Llanfair (Caereinion) yn stemio fel tomen dail yn yr haul yr ochr draw i gamlas enwog y Shropshire Union, ces fy ngorfodi i ysgwyd fy hun yn effro a'i gwneud hi am y drws. Cafodd y lein fach ei hadeiladu'n wreiddiol er mewn cysylltu cymunedau amaethyddol Dyffryn Banw efo'r byd mawr tu allan, ond bellach caiff ei rhedeg gan wirfoddolwyr ar gyfer teithiau pleser.

Wrth gyrraedd y Trallwng, dwi'n mentro fy mywyd i groesi'r ffordd o'r platfform syml at hen adeilad mawreddog yr orsaf. Mae'n orlwythog o sebon lafant a dillad gwlanen crafog mewn siop y byddai Nain wedi ymhyfrydu ynddi. Mae un hen greadur main, tal a thenau fel riwbob wedi rhedeg yn wyllt, yn byseddu yn y silffoedd wrth chwilio am anrheg i'w wraig druan. Mae'r rhan helaethaf o'r stwff ar y silffoedd wedi ei fewnforio o'r Alban, os gallwch chi fewnforio unrhyw beth heb groesi dŵr. Croeso i Gymru, myn diain i.

Rhyw le braidd yn rhy fawr i'w esgidiau ydy'r Trallwng. Tref wledig o'r iawn ryw, sawr tail ar ei strydoedd, ond efo rhyw hen awydd i fod yn rhywbeth mwy. Yn llawn welingtons, ond ei thrigolion yn ysu i droedio'r palmentydd mewn Guccis. Yma ar ddechrau'r 1980au bu Phil Lewis, tafarnwr y Vaults, sydd bellach –

och a gwae – yn swyddfa bost yn hytrach na thafarn, yn cynhyrchu creision tatws blas draenog. O ddifri. Honnodd Mr Lewis iddo fod yn holi sipsiwn ynglŷn â'r syniad. Maen nhw wrth gwrs yn bwyta draenogod wedi eu rhostio mewn clai i swper bob nos o amgylch y tân efo gwydriad bach o Châteauneuf-du-Pape. Roedd am sicrhau, meddai, fod y powdrau blasu oedd yn cael eu taenu dros y creision yn cymharu â blas draenog go iawn. Nid bod neb yn mynd i wybod y gwahaniaeth. Dim ond y sipsiwn. Ac mi fu'r creision yn llwyddiant rhyfeddol, am gyfnod byr. Hynny ydy, hyd nes i'r taclau Safonau Masnach flino ar laesu dwylo a phenderfynu plannu eu traed mawrion yng nghanol ei botes. Mynnon nhw ei fod yn camarwain pobol oherwydd nad oedd ei greision yn cynnwys draenogod go iawn. Diawliaid pigog.

Dyna'r un math o frwdfrydedd a welodd gigyddion o Grucywel yn gorfod nodi ar eu pacedi o selsig 'Welsh Dragon' yn 2006 nad oedden nhw 'yn cynnwys cig draig'. Wel, am siom. A minnau'n meddwl eu bod yn magu preiddiau ohonyn nhw mewn ogofâu ar lethrau'r Bannau.

Pool oedd yr enw Saesneg ar y dref hyd at 1835. Bryd hynny cafodd ei hailenwi yn Welshpool, er mwyn gwahaniaethu rhyngddi a Poole yn Dorset, er bod fanno dridiau i ffwrdd ar y goets fawr ar arfordir deheuol Lloegr.

Yn 6,600 o eneidiau, 43% yn unig ohonyn nhw sydd

wedi eu geni yr ochr yma i'r ffin, bedair milltir yn unig i ffwrdd. Ond mae'r ffaith bod y farchnad ddefaid fwyaf yn Ewrop yma, efo lle i 15,000 o'r anifeiliaid ar y tro, yn sicrhau bod rhyw ruddin amaethyddol Cymreig i'r lle. Dywed bron i 800 eu bod yn medru'r Gymraeg yn y dre hyd heddiw, er mor agos ydy'r ffin.

Dim ond taith gerdded fer i ffwrdd gallwch stwffio'ch Cymreictod yn eich poced wrth gyrraedd ysblander dichwaeth Castell Powys. Yma cewch gofeb i'r ysbeilio a'r creulondeb a greodd yr Ymerodraeth Brydeinig y mae'r haul, diolch i'r drefn, yn prysur fachlud arni.

Mae'n wir dweud bod yr adeilad trawiadol o dywodfaen coch yn sefyll ar safle llys hen dywysogaeth Powys Wenwynyn. Ond mae wedi ei hen lapio mewn coch, glas a gwyn a'i fwndelu i ffurf fwy Seisnig ac ymerodrol. Does ryfedd yn y byd ei fod yng ngofal Ymddiriedolaeth Genedlaethol Lloegr.

Ia, gwn mai'r Ymddiriedolaeth Genedlaethol ydy'r enw swyddogol ymffrostgar. Ond mae gan yr Alban, Ynys Manaw, Jersey, a Guernsey i gyd eu hymddiriedolaethau eu hunain. Teg felly gofyn pa genedl yn union y mae'r Ymddiriedolaeth 'Genedlaethol' yn ei chynrychioli. Does ryfedd bod ei blaenoriaethau yn aml mor anghymreig.

Yn sicr mae Castell Powys – wedi ei gamsillafu yn Saesneg ganddyn nhw yn ei hen ffurf lygredig, Powis – yn chwydfa o atgofion afiach o'r dyddiau a fu. Ac yn goron ar y cyfan, yr arch-chwydfa ydy Amgueddfa Clive y maen nhw mor falch o gynnig cartref iddi yn y castell. Yma maen nhw'n cadw mwy na 300 o eitemau syfrdanol a gwerthfawr. Cawson eu dwyn oddi ar frodorion yn India a'r Dwyrain Pell yn y ddeunawfed ganrif gan Robert Clive, y Barwn Clive o Plassey, a'i fab Edward. Daeth y tad i gael ei adnabod fel Clive o India, a chaiff ei feio am fod yn un o brif benseiri'r Ymerodraeth. Y fo oedd yn gyfrifol am ddod ag India o dan sawdl ddigyfaddawd Lloegr. Ac roedd yn aelod drwy briodas o deulu Herbert, oedd wedi cael ei ddwylo ar Gastell Powys lawer ynghynt.

Ymysg y casgliad cyfoglyd y mae cerfluniau o dduwiau Hindŵaidd, eitemau o aur, arian ac eifori, arfau ac arfwisgoedd. Yma hefyd y maen nhw'n cadw pabell frenhinol y Swltan Tipu. Dygwyd honno oddi arno, ynghyd â darnau o'i orsedd, ar ôl i'w luoedd gael eu trechu mewn cyflafan waedlyd yn 1799. Ni ddangoswyd unrhyw barch na gostyngeiddrwydd. Rheibiwyd ei drysorau, yn union fel y cafodd trysorau'r Groegiaid, yr Eifftiaid – a ni'r Cymry yn aml – eu dwyn oddi dan ein trwynau twp. Onid oes raid mynd i Rydychen, lle mae Llyfr Coch Hergest yn cael ei gadw, i ddarllen y cofnod cynharaf o rai o straeon y Mabinogi? Weithiau caiff trysorau fel hyn eu 'benthyca' yn ôl i ni dros dro. Chwarae teg iddyn nhw. A chofiwch dynnu'ch cap i'ch meistri.

Mae'r Ymddiriedolaeth yn disgrifio'r ystafell lle caiff y casgliad ei gadw fel un wedi ei ddylunio ar ffurf Hindw-Gothig, ond wedi ei bwriadu i ddwyn i gof 'the architecture and style of India, but within an English setting'. Oes angen dweud mwy?

Dydy crwydro drwy'r casgliad ddim yn brofiad cyffyrddus o bell ffordd. Mae fel mynd i hen fynwent liw nos i ddarllen straeon ysbrydion. Ond mae'n rhywbeth y dylech ei brofi, yn union fel y dylai pawb deimlo'r ias i lawr y meingefn wrth ymweld â gwersylloedd llofruddio'r Natsïaid. Ond ewch â bwced efo chi, da chi, rhag ofn y bydd y cyfan yn ormod i chi.

Mae'r pwysau yn dechrau codi oddi ar fy ysgwyddau wrth i mi ymlwybro yn ôl tua'r dre drwy'r dolydd braf sy'n amgylchynu'r castell, gyda glaw'r bore bellach yn angof. Mae lonciwr wynepgoch sy'n ddigon hen i wybod yn well yn tuchan heibio, yn amlwg yn awyddus i gyrraedd adref cyn i'w ymennydd ddirnad beth mae o'n ceisio ei wneud. A dacw fam fochgoch, fawr hŷn na'r epil yn ei phram, yn mwynhau'r awyr iach a'r nicotin yn gymysg. Dydy hi'n poeni'r un iot i arolwg diweddar ddangos mai 'ysmygu ydy un o brif achosion ystadegau'.

Yn y pellter dwi'n gweld ambell fflach ddugoch yn gwibio drwy'r rhedyn sy'n rhubanu'r gorwel. Carw, o bosib? Mae ceirw wedi cael eu cadw yma ers dyddiau tywysogion Powys. Heddiw, fel bryd hynny, cânt eu magu yn bennaf er mwyn i'r crachach gael hwyl o'u hela.

Cofiaf ryw *entrepreneur* o Henri Haerllug yn cadw gwesty yng Nghlynnog Fawr ar arfordir Bae Caernarfon yn y 1970au. Penderfynodd gynnig gwyliau saethu geifr gwyllt er mwyn denu ei gyd-wladwyr. Er mai digon prin oedd y geifr oedd yn crwydro mynyddoedd Gyrn Goch a Gyrn Ddu, nid oedd unrhyw gyfraith yn erbyn eu lladd. Un min nos dyma un o'i westeion yn dychwelyd yn ei 4x4 o'i saffari i'r mynydd. Hyrddiodd i'r bar efo'i wynt yn ei ddwrn i adrodd heibio ei ddannedd cam am ei hynt a'i helynt. Oedd yn wir, ymffrostiai efo llond ei geg o farblis poethion, roedd wedi rhoi'r farwol i glamp o afr efo'r cyrn mwyaf a welwyd erioed y tu allan i Sw Bae Colwyn. Dewch i weld, anogodd y werin datws yn y bar, gan eu harwain yn llywaeth i'r maes parcio. Ac wrth agor drws cefn y 4x4, clywyd anadl gymunedol ddofn yn cael ei sugno o awyr laith y mynydd. Yna'n gorwedd yn gelain, yn gnu ac yn gyrn ac yn waed i gyd, roedd yr esiampl fwya nobl a welwyd yn yr ardal erioed o . . . hwrdd. Maharen, fel y byddan nhw'n ei alw yn y parthau hynny. Ni fu'r werin yn hir yn darbwyllo'r 'Big Game Hunter' i droi ei het mynd-a-dŵad tua thre cyn i berchennog yr hwrdd ddod i glywed am ei wrhydri. Nid anodd oedd dychmygu lle y byddai hwnnw'n cynhesu baril ei wn 'tasai'n cael dim ond hanner cyfle.

Hetiau mynd-a-dŵad maen nhw'n galw'r capiau brethyn rhyfedd 'na fu mor boblogaidd ymysg helwyr. Y math o benwisg y byddwn yn ei chysylltu â Sherlock

Holmes. Ac mae'n rhyfedd sut y mae rhai pobol yn methu gwahaniaethu rhwng cymeriadau ffuglennol fel hwnnw a phobol go iawn.

Dyna ichi'r plismon hoyw PC Leslie Wynne y bu'r digrifwr Tudur Owen yn ei bortreadu ar un adeg. Bu'n rhaid iddo gladdu'r cymeriad oherwydd anallu rhai pobol i ddeall nad person go iawn oedd Leslie druan. Dwi'n cofio un dyn – caiff aros yn ddienw am resymau amlwg yn ymwneud â thwpdra – yn trafod sut oedd nain Leslie Wynne yn byw yng Nghricieth, yn ôl ei gyfeiriadau lu ati. Ceisiais egluro nad plismon go iawn, na hyd yn oed person go iawn, oedd Leslie Wynne. Heb sôn am ei nain. 'O, dwi'n gwybod hynny – ti'n meddwl 'mod i'n wirion 'ta be?' meddai, gan ofyn cwestiwn nad oedd modd ei ateb yn onest heb frifo'i deimladau. Yna ychwanegodd: 'Ond *mae* ei nain yn byw yng Nghricieth, yn tydy?'

Y golau ymlaen, ond neb gartre.

Ond yn ôl at y ditectif enwog. Yma yn y Trallwng y canfyddwch yr unig gymdeithas Sherlock Holmes yng Nghymru gyfan. Neu dyna beth mae'r 'Deerstalkers of Welshpool' yn ei honni. Yn rheolaidd drwy'r gaeaf bydd llu o ddilynwyr y datryswr enwocaf na  fodolodd erioed yn ymgasglu mewn rhyw fangre ddirgel yn y dre i drafod eu harwr. Byddan nhw'n trafod gwaith yr awdur Syr Arthur Conan Doyle a'i creodd, yn gwylio DVD neu ddau, neu'n holi ei gilydd yn dwll ynglŷn ag agweddau ar achosion enwocaf Holmes a'i gynorthwy-ydd Dr Watson.

Na, dydw i ddim yn tynnu'ch coes.

Maen nhw hyd yn oed yn cyhoeddi eu cylchlythyr eu hunain, y *Baker Street Bugle*. Ac nid dyna ben draw eu hanturiaethau cyhoeddi. O, naci. Yn 2014 cyhoeddon nhw'r addasiad Cymraeg cyntaf erioed o un o straeon Holmes. Aeth un o aelodau'r 'Deerstalkers', Eurwyn Pierce Jones, ati i drosi *The Speckled Band* mewn cyf-ieithiad sydd, chwarae teg, yn un hynod ddarllenadwy.

Roedd cadeirydd y gymdeithas, Roy Upton-Holder, sydd wrth reswm yn byw mewn tŷ o'r enw Baskerville, ar ben ei ddigon. Ni ddylai'r ffaith bod *Y Cylch Brith* mewn iaith leiafrifol fod yn unrhyw lestair rhag iddo werthu ledled y byd, meddai.

'Mae llywydd Cymdeithas Sherlock Holmes Llundain wedi archebu copi, fel y gwnaeth aelodau o gym-deithasau yn yr Unol Daleithiau a Gogledd Iwerddon,' ychwanegodd mewn cyfweliad efo BBC Cymru.

'Casglwyr ydyn nhw. Dydy hi ddim o bwys nad ydyn nhw'n gallu darllen y llyfr yn Gymraeg. Dwi'n casglu'r llyfrau hefyd, ac mae gen i gopïau mewn Pwyleg, Sbaeneg a Daneg.'

Maen nhw wedi dweud erioed y dylech gyhoeddi

beth mae pobol am ei gael yn eu dwylo. Hyd yn oed os nad ydyn nhw'n gallu ei ddarllen. Dyna pam mae llyfrau lliwio wedi bod mor boblogaidd mewn ambell le.

Nid ydy canol tref y Trallwng, er wedi dioddef yn sgil y dirwasgiad parhaol fel pob tre arall, heb ei hynodion. Mae sawl adeilad canoloesol trawiadol yma, a mwy na'i siâr o dafarnau digon bywiog sy'n llawn merlod a stalwyni stranciog ar benwythnosau.

Un o'r adeiladau hynotaf ydy'r hen dalwrn chwe-onglog tu cefn i'r stryd fawr. Talwrn go iawn ydy hwn, sef un i geiliogod, yn hytrach na beirdd sydd angen torri ar eu cribau. Wedi ei adeiladu o friciau coch rywbryd yn y ddeunawfed ganrif, defnyddid yr adeilad ar gyfer ymladdfeydd pluog hyd nes i'r arfer gael ei wneud yn anghyfreithlon yn 1849. Cafodd y talwrn, sydd â cheiliog y gwynt haearn yn cadw golwg o frig y to, ei ad-newyddu'n llwyr yn 1978. Bellach dyma lle mae pencadlys Sefydliad y Merched ar gyfer Sir Drefaldwyn. Mae modd trefnu efo nhw os oes rhyw flys arnoch i weld y tu mewn i'r lle.

Os mai byrhoedlog fu hanes cwmni creision draenog Phil Lewis, bu creadigaeth Robert William Griffiths, ei wraig Florence a'i frawd Moses, yn llawer mwy hir-hoedlog.

Yn deulu amaethyddol lleol, efo William a Moses yn hanu o linach tywysogion Powys a'r emynydd Ann Griffiths, nhw sefydlodd gwmni National Milk Bars. Y bwriad, fel gyda phob amaethwr gwerth ei halen, oedd cael mwy o arian am eu cynnyrch. Agorwyd y cyntaf ym Mae Colwyn yn 1933, a chyn hir roedd ganddyn nhw ganghennau ledled y gogledd a'r canolbarth. Roedd un yma yn y Trallwng, a rhai hefyd dros y ffin mewn lleoedd fel Birmingham, Lerpwl, Manceinion ac Amwythig.

Cafodd y cwmni hwb sylwcddol pan welwyd y Beatles yn ymlacio yn y gangen yn Lime Street yng nghanol Lerpwl. Rhwng 1972 a 1982 cynyddodd y trosiant o £500,000 i £2m. Gwnaed William Griffiths yn Uchel Siryf Sir Drefaldwyn, ac mae lluniau ohono yn hongian yn yr Oriel Bortreadau Genedlaethol yn Llundain.

Roedd hi'n ymddangos na allen nhw wneud dim o'i le. Ond o dipyn i beth aeth y syniad o'r lloriau sgwariau du a gwyn, crôm ym mob man, a'r to ifanc yn gwthio sylltau i'r jiwc-bocs wrth ddrachtio llaeth blas mefus yn hynod hen ffasiwn. Yn oes yr iPad a *wi-fi* a phleserau llawer mwy mentrus a pheryglus na milc shêc, diflannodd y bariau llaeth fesul un.

Cangen y Rhyl oedd yr olaf un i ddal ei thir. Sy'n adrodd cyfrolau am y Rhyl, mae'n debyg.

PENNOD 4

Diwrnod I

Y TRALLWNG I AMWYTHIG
19 milltir – 37 munud

DOES dim weiran bigog, na milwyr efo gynnau, na gofyn am basbort. Dim picio'n frysiog i ryw siop i brynu gwin a sigaréts di-dreth. Does dim hyd yn oed arwydd ger y cledrau i'ch rhybuddio eich bod yn gadael un wlad ac yn cyrraedd un arall.

Gwelais fryncyn glaswelltog Middleton Hill a'i gefnder coediog Moel y Golfa, a thu hwnt iddyn nhw fryngaer hynafol Bryn Breidden, yn trwmpedu'n dawel ein bod wedi gadael Gwlad y Gân. Ond fel arall doedd dim arwydd o groesi ffin. Pethau felly fu ffiniau rhyngwladol Ewropeaidd yn aml hyd yn ddiweddar, yn enwedig lle mae'r rheilffyrdd yn y cwestiwn. Daeth argyfwng y ffoaduriaid â llawer o'r rhyddid hwnnw i ben, am y tro o leiaf.

Ond ewch ar y trên o Nice ar y Côte d'Azur yn Ffrainc i Ventimiglia yn yr Eidal, gan basio drwy orsaf ysblennydd Monte Carlo, ac mi fyddwch wedi teithio drwy dair gwlad mewn llai nag awr heb brin sylwi. Mae gorsaf Ventimiglia yn flêr ond yn bert a deniadol yn yr un gwynt. Mae fel un o'r merched tywyll, penddu sy'n hudo ar strydoedd cefn bygythiol, di-drefn Napoli lle mae nicyrs Nain yn cyhwfan yn gyhoeddus uwchben y stryd gyda gweddill y golch. Sophia Loren o orsaf.

Funudau yn unig ynghynt byddwch wedi rhythu ar grandrwydd gwyn gorsaf Monte Carlo ym Monaco, cacen briodas a beddrod o greadigaeth. Taj Mahal o le.

Ond mae'r newid ieithyddol yn Ventimiglia, ynghyd â'r dynion sydd wedi hen ddadlau â'u raseli a bellach yn lluchio bonion sigaréts i'r gwter, yn eich sicrhau eich bod ar dir yr Eidal.

Nid felly wrth adael Cymru a chyrraedd Amwythig, ar ôl rowlio'n ddiog heibio hen focs signalau yng Nghyffordd Pont Hafren arferai fod y mwyaf yn y gwledydd hyn. Mae ynddo 180 o liferi, y cyfan bellach wedi eu disodli gan dechnoleg newydd. Rhyw hen fodryb o orsaf mewn siwmper Oxfam ail-law a'i lipstic wedi ffraeo efo'i gwefusau ydy Amwythig, a'r arwyddion bellach yn uniaith Saesneg i'n croesawu i Loegr.

Serch hynny, mae ambell awgrym cynnil o'r Gymraeg yma. Ar Blatfform 3 mae 'nghalon yn neidio i 'ngwddf wrth i yrr gwallgo garlamu tuag ata i wrth gael ei lwytho ar drên, yn brefu nerth eu pennau wrth ei phedoli hi am swbwrbia. Sylwodd neb ar y Cymro druan ac olion sodlau hyd ei gefn, fu eiliadau ynghynt yn ceisio darllen plac llechen dwyieithog ar y wal. Wrth i ddrysau'r gorlan symudol gau a'r brefu bylu, dwi'n ysgwyd y llwch oddi ar fy nillad ac yn gosod fy sbectol yn ôl ar fy nhrwyn.

Mae'r plac yn fy hysbysu mai 'Yma cyfansoddwyd yr emyn dôn Tydi a Roddaist gan Arwel Hughes OBE. 1938'. Rargian, mae'n rhaid ei fod o'n cyfansoddi'n gythreulig o gyflym. Neu fod ei drên yn eithriadol o hwyr. Hen nodiant ar y lein? Dwi'n cael fy neffro o'r cawdel o feddyliau gan lais metelaidd un o'r merched 'na o'r blaned Smash oedd yn hysbysebu tatws powdwr ar y teledu ers talwm. Ac efo croesi'r ffin daeth diwedd ar y cyhoeddiadau dwyieithog gawn ni yn rhai o orsafoedd Cymru. Dwyieithog yn yr ystyr eu bod yn Saesneg, a rhyw iaith arall sy'n amlwg wedi ei recordio gan feddwyn sydd wedi benthyca dannedd gosod Musus Jôs drws nesaf at yr orchwyl. Caiff y Saesneg, ar y llaw arall, ei recordio gan greadur fu'n cynhesu gwelyau disgyblion hŷn Eton yn ei lencyndod. Mae'r ferch o'r blaned bell yn cyhoeddi, heb dinc o gywilydd yn ei llais, pa drên fydd y nesaf i gael ei ganslo. Ond mae'n gallu ynganu enwau fel Pwllheli, Llanelli a hyd yn oed Machynlleth yn gliriach a chywirach na sawl un sy'n byw yn y trefi hynny.

Prin ydy'r gwledydd lle mae'n amhosib teithio o un pen i'r llall ar y trên heb orfod croesi i'r wlad drws nesaf. Diolch i Dr Beeching a'i fwyell, mi allwn ni frolio ein bod yn eu plith, os oes unrhyw rai eraill i fod yn eu plith.

Ganrif a mwy yn ôl byddech wedi medru clymu'ch mul ger ffens yr orsaf ym Mhwllheli, neidio ar drên stêm, ac anelu am Abergwaun yr ochr arall i Fae Ceredigion. Byddech yn cyrraedd ymhen rhyw bedair awr, eich wyneb yn bardduog ond eich corff fawr gwaeth, wedi'ch sgytian yn hamddenol drwy Aberystwyth a Chaerfyrddin.

Bellach yn nyddiau disel (trên trydan, ddwedoch chi? Peidiwch, da chi, mae'n ystlys i'n brifo) mae'r daith yn cymryd o leiaf saith awr a hanner. Cymaint â 14 awr os ydych yn ddigon anlwcus.

Ar ôl gorfod ei heglu hi ymhell i'r dwyrain, a dros y ffin, bydd yn rhaid wedyn ei higam-ogamu hi'r holl ffordd yn ôl am y gorllewin. A thalu'n hael am y fraint. Symud efo'r oes maen nhw'n galw'r peth. Mae 'na sôn am ailagor y lein rhwng Aberystwyth a Chaerfyrddin, ond wna i ddim dal f'anadl. Tebyg y buasai Metron yn gorfod fy mhowlio allan o'r cartref yn fy nghlytiau er mwyn gweld y fath ryferthwy.

Ond dyna ddigon ar refru. Os oes raid gadael Gwalia

Amwythig, cyn brifddinas teyrnas Powys

fach, mae llefydd gwaeth na Sir Amwythig. Yn wir mae
'na waddol eitha o Gymreictod yn y rhannau hyn, fu
unwaith yn rhan o'n tiriogaeth. Does ond rhaid edrych ar
enwau nifer o bentrefi'r sir. Dyma'r casgliad mwya o
enwau uniaith Gymraeg unrhyw le y tu allan i'n ffiniau.
Bettws-y-Crwyn, Trefarclawdd, Argoed, Morda,
Llanyblodwel, Porth y Waen, Coed-y-Go, Craigllwyn,
Llanforda, Nant-y-Gollen, Pant Glas, Pant, Pentre Pant
a'r Wern Ddu.

Amwythig, neu Ymwithig yn ôl un sillafiad hynafol,
oedd prifddinas teyrnas Powys am sawl canrif, o dan yr
enw Pengwern. Yn ei gyfrol *Historie of Cambriae* a
gyhoeddwyd yn 1584, disgrifiodd Dr David Powel sut bu

i Frochmael Ysgythrog Frenin Powys godi palas iddo'i hunan tua diwedd y chweched ganrif lle mae eglwys St Chad yn sefyll heddiw. Neu Brochmael Ysgythrog ap Cyngen ap Cadell Deyrnllwg, o roi iddo ei deitl llawn fel yr ymddangosai ar ei basbort.

Nid 'mod i wedi clywed unrhyw sôn am Frochmael, na'r ffaith i'r lle unwaith berthyn i'r Cymry, wrth ymlacio dros baned o goffi ar gwch pleser y *Sabrina* yn ddiweddarach yn y diwrnod, a hithau'n nosi a goleuadau'r stryd yn dawnsio ar wyneb afon Hafren.

Mae rhai'n honni i Frochmael gael ei gladdu ar safle ei lys. Ond yn 1846 canfuwyd carreg fedd o'r chweched ganrif ger fferm Ty'n-y-bryn yng nghyffiniau Pentre-foelas yn Uwchaled. Mae hi'n nodi bod gweddillion *Brohomagli* – neu Brochmael – dan y dywarchen yno.

Mae Cymdeithas Gymraeg Amwythig, a sefydlwyd yn 1934, yn dal i ffynnu. Ac mae'r Ddraig Goch yn cyhwfan ochr yn ochr â baner Lloegr wrth gatiau'r castell, bellach cartref amgueddfa filwrol y Shropshire Regiment.

Yn 2006 cododd nyth cacwn pan honnwyd mewn adroddiad ar gyfenwau gan Brifysgol Llundain fod Caerdydd yn llai Cymreig nag Amwythig. Tra mai 21.3% yn unig o'r cyfenwau ar gofrestr etholwyr Caerdydd oedd yn cael eu hystyried yn rhai o dras Gymreig, roedd y ffigwr yn 22% yn Amwythig. Y ffigwr uchaf i gyd oedd ar gyfer Llangefni yn Ynys Môn, sef 72.2%.

Amwythig hefyd oedd canolfan bwysicaf y diwydiant argraffu a chyhoeddi Cymraeg ar ddiwedd yr 17eg ganrif. Yma y cafodd y papur newydd Cymraeg cyntaf un ei gyhoeddi gan Thomas Jones, brodor o Gorwen. Taflen newyddion oedd hon mewn gwirionedd, yn hytrach na'r math o beth yr arferwn ni lapio ein sglodion ynddo neu ei dorri'n sgwariau a'i osod ar hoelen yn y tŷ bach. Cyhoeddodd hefyd 32 o almanaciau Cymraeg blynyddol. Wrth i eraill yn y dref sylwi ar ei lwyddiant yn y maes, cyn hir roedd swp o almanaciau eraill a thaflenni o faledi yn cael eu cyhoeddi yma. Gwerthid hwy mewn ffeiriau.

Yn Amwythig hefyd y cyhoeddwyd nifer o lyfrau Cymraeg fel *Artemidorus: Gwir Ddehongliad Breuddwydion* (1698), *Attebion I'r Holl Wag Escusion* (1698) a'r enwog *Taith y Pererin* (1699).

Hyd yn oed heddiw, dof ar draws gopi o'r *Cymro* yn swatio'n anorecsaidd swil yng nghanol mynydd o bapurau newydd coman topiau coch mewn siop yng nghanol y dre. Dyma gofio i'r papur cenedlaethol hwnnw hefyd gael ei gyhoeddi a'i argraffu yr ochr hon i'r ffin am hanner canrif a mwy. Byddai'n gywilydd i mi beidio, a minnau wedi bod yn un o'r tri yn unig oedd yn gweithio'n llawn amser iddo am gyfnod yn y 1990au. Doedd syndod yn y byd nad oedd 'sgŵp' yn ein geirfa. Bydden ni wrthi fel lladd nadroedd dim ond yn gwneud yn siŵr nad oedd yna lefydd gwag mawr yn y tudalennau. Cafodd ei sefydlu yn ei ffurf bresennol yng

Nghroesoswallt yn 1932, gan frodor di-Gymraeg o'r dre honno. Yno y cafodd ei gyhoeddi hyd at y 1980au pan symudwyd o i'r Wyddgrug. Bellach, wrth gwrs, mae ym mherchnogaeth y *Cambrian News* ac efo'i bencadlys ym Mhorthmadog.

Mae tîm pêl-droed Croesoswallt yn chwarae yn Uwchgynghrair Cymru ac yn cynrychioli ein gwlad yn rheolaidd mewn cystadlaethau Ewropeaidd. Bu Amwythig hefyd yn cystadlu am Gwpan Cymru hyd at 1985, pryd enillon nhw'r tlws am y chweched tro yn eu hanes.

Ar y llaw arall, yn 1994 gorfodwyd Morda druan i adael Cynghrair Canolbarth Cymru am eu gwlad eu hunain gyda'u cynffonnau rhwng eu coesau. A hynny er iddyn nhw fod yn bencampwyr bedair blynedd ynghynt.

Oes, mae cysylltiadau clòs rhwng y dre a'r sir a Chymru. Digon addas, felly, mai dyma fan canol y daith ffigwr 8 ar rwydwaith rheilffyrdd ein gwlad rydw i'n ei dilyn. Dof yn ôl yma eto ar ail gymal y daith.

Wrth gamu o ddwndwr adeilad trawiadol yr orsaf, dwi'n dilyn yr arwyddion am y Dana ac at adeilad bygythiol o friciau coch i fyny ar fryncyn uwchben. Os nad oedd weiran bigog ar y ffin, mae 'na ddigonedd ar frig y muriau trist sy'n amgylchynu'r fan hyn. Dyma ydy'r carchar enwog; neu'n hytrach, dyma oedd y carchar. Clepiodd ei ddrysau trymion ynghau am y tro olaf yn 2013. Dim ond pum carcharor oedd ar ôl erbyn hynny.

Mentrwn fy ngheiniog olaf nad oedd yr un bancar twyllodrus yn eu mysg.

Caewyd y lle flwyddyn ar ôl iddo gael ei gollfarnu'n hallt fel yr un gwaethaf ond un yn Lloegr neu Gymru. Roedd 326 o garcharorion wedi eu gwasgu fel ieir mewn cewyll i adeilad a fwriadwyd i 170. Roedd Carchar Abertawe yn dynn ar ei sodlau, efo 436 o ddynion a lle i 240.

Bellach cewch gyfleon achlysurol i gael eich tywys ar daith o amgylch y lle. Yma hefyd y bu ITV yn ffilmio golygfeydd ar gyfer y gyfres ddrama *Prey*.

Cafodd cannoedd, miloedd, o garcharorion o ogledd a chanolbarth Cymru eu hanfon i Amwythig am eu camweddau. Yn eu plith, roedd Owain Williams ac Emyr Llywelyn. Nhw oedd dau o'r tri gafwyd yn euog yn 1964 o osod bomiau mewn protest yn erbyn boddi Cwm Tryweryn. Cafodd y trydydd, John Albert Jones, ei ryddhau ar brofiannaeth. Cafodd Emyr Llywelyn ei symud oddi yma i garchar Walton yn Lerpwl. Roedd wedi penderfynu ymprydio, a doedd yr offer afiach angenrheidiol ddim ganddyn nhw yma i'w orfodi i fwyta.

Oes, mae i Garchar Amwythig hanes hynod annifyr. Roedd chwipio carcharorion yn digwydd yma mor ddiweddar â'r 1940au. Crogwyd dwsinau yma dros y blynyddoedd, pump ar yr un diwrnod ym mis Ebrill 1822. Ymysg yr olaf i fynd i'r crocbren roedd Harry Huxley, 43 oed, o Holt ger Wrecsam. Cafodd ei grogi am lofruddiaeth ym mis Gorffennaf 1952. Roedd wedi saethu ei gariad Ada Royce ar y stryd yn Holt saith mis ynghynt. Arferid claddu cyrff y rhai oedd wedi eu dienyddio ar dir y carchar. Yn 1972 cafodd gweddillion deg carcharor eu codi o'r ddaear yn ystod gwaith adeiladu. Llosgwyd naw mewn amlosgfa, ac anfonwyd gweddillion y llall i'w deulu. Nid drwy'r post mewn *jiffy bag*, wrth reswm.

Ond roedd 'na enghreifftiau o hiwmor hefyd. Ychydig cyn y Nadolig yn 1977 dringodd tynnwr coes enwog o'r enw Poddy Podmore ar do'r carchar wedi ei wisgo fel Siôn Corn. Bu'n taflu anrhegion o faco i'r carcharorion yn yr iard oddi tano. Dim ffeil na llif fetel, felly, Santa?

Wrth i mi ymlwybro o amgylch waliau'r carchar, mae rhyw ddistawrwydd llethol fel cwrlid dros y lle, er mor agos ydy o at yr orsaf oddi tanom. Dim lleisiau carcharorion yn gweiddi negeseuon i'w gilydd. Dim gorchmynion wardeiniaid yn atseinio oddi ar y grisiau haearn. Dim sŵn peiriannau o'r gweithdai. Dim arogleuon cymysg o fresych wedi eu gorferwi a phi-pi yn dianc yn yr awel heibio bariau'r ffenestri.

Mae'r rhesi tai cyfagos, â'u gerddi bach taclus a'u tai gwydr gobeithiol, bron yn anwesu'r waliau cochion, fel 'taen nhw'n dal i gynnig cysur i'r carcharorion. Bu normalrwydd disylw bywyd yn tyfu tomatos, ac abnormalrwydd y carchar a'i ladd cyfreithlon, yn rhannu'r un aer gyhyd.

Bellach mae 'na sôn am droi'r lle yn westy moethus.

Gobeithio y bydd y bariau yn fanno yn dipyn mwy croesawgar.

Mae Amwythig yn gwningar o strydoedd culion yn rhedeg blith draphlith ar draws ei gilydd. Caiff y dychymyg ei danio gan enwau fel Bear Steps, Wyle Cop a Grope Lane.

Mae i'r dre 600 o adeiladau rhestredig, nifer yn gysylltiedig â mab enwocaf y lle, Charles Darwin. Mae eraill yn crymu yn eu henaint tuag at ei gilydd fel 'taen nhw'n rhannu cyfrinach oesol.

Wedi llwyddo i ymgolli'n braf yn y goedwig ddu-a-gwyn o adeiladau, dwi'n taro ar dafarn ddifyr yr olwg.

Y Loggerheads – 'Faint o dafarnau pia ti yn y dre 'ma?'

Mae arwydd y tu allan i'r Loggerheads yn hysbysebu noson o gerddoriaeth werin acwstig. Mi fyddai'n anghwrtais gwrthod y fath wahoddiad. Mae'r adeilad yn dyddio o 1665, ac wedi bod yn dafarn ers o leiaf 1780. Bryd hynny roedd yn cael ei hadnabod fel y Greyhound. Mae'r tu mewn yn ddrysfa o stafelloedd cyfyng, tywyll, pob un â thân ynddi. Mae cymaint o redfa yn y llawr nes i rywun feddwi ar arogl y lle cyn blasu llymeityn. Mae'r cwsmeriaid yn codi eu diodydd o'r un man gweini yn y canol, pa stafell bynnag maen nhw ynddi neu drwy ba ddrws bynnag y dôn nhw i mewn.

Roedd un cyn-dafarnwr yn hoffi adrodd stori ynglŷn â phan oedd newydd gymryd yr awenau. Bu'n rhaid iddo wrthod rhagor o gwrw i hen gono hwyliodd i mewn fel y *Santiana*, yn amlwg o dan ddylanwad rhywbeth cryfach nag awyr iach. Aeth hwnnw allan gan fwmial rhywbeth cas o dan ei wynt. Camodd ychydig lathenni ar hyd y palmant ac i mewn drwy ddrws arall, i wynebu'r un tafarnwr tu ôl i'r un bar. Cafodd ei wrthod eto, ond cyn troi ar ei sawdl, holodd: 'Rargian, faint o blydi tafarnau pia ti yn y dre 'ma?'

Dwi'n cael fy hun mewn stafell efo hanner drws iddo, a'r rhybudd 'Gents Only' wedi ei baentio arno ryw bryd yn y gorffennol. Ond mae cynifer o ferched ag o ddynion yn eistedd ynddi. Mae'r lle yn un cefnfor o wallt gwyn a barfau môr-ladron, pob un â'i offeryn ar ei lin neu yn ei law. Mae pawb yn ei dro yn cael ledio'r gân nesa, a'r gweddill yn ymuno pan fyddan nhw'n teimlo fel gwneud. Mae'r stafell yn gerddorfa o bibau, gitarau, ambell fanjo a chonsertina, rhai hyd yn oed mewn tiwn. Dwi'n morio ar fwrdd Fflat Huw Puw i sŵn hwyliau'n codi.

Rhwng caneuon, dyma holi'r ferch ifanc wrth fy ochr, yr unig un o'r cerddorion fyddai'n gorfod talu i fynd ar fws, pa mor anodd oedd ei hofferyn i'w chwarae. Ddim o gwbl, meddai. Dim ond ers pedwar mis roedd hi wedi bod yn dysgu ei chwarae. Fyddwn i'n hoffi rhoi cynnig ar ei sgwis bocs? Wel, pwy oeddwn i i wrthod cynnig mor hael? Dyma hi'n gosod ei hofferyn, rhyw fath o gonsertina bychan, yn fy nwylo. Ar ôl 'chydig o gyfarwyddiadau, canfyddais ei bod yn wir yn ddigon hawdd cael sŵn o'r peth. Ond nid cerddoriaeth. Mae'n sgrechian rhwng fy nwylo fel cwrcath yn cael ei sbaddu heb ei roi i gysgu. Daw sawl edrychiad digon hyll i'm cyfeiriad, ac mae ambell wrychyn morwrol yn dechrau codi.

Dyma benderfynu rhoi'r gorau iddi, cyn iddyn nhw fy rhoi i droedio styllen â chleddyf wrth fy nghefn. Neu cyn i rywun ffonio'r RSPCA. Amser cael peint arall, dwi'n meddwl. Un bach tawel mewn cornel dywyll, cyn ei heglu hi'n llechwraidd am fy ngwesty ger afon Hafren.

Diwrnod 2

AMWYTHIG I'R FENNI
94 milltir – 2 awr, 1 munud

MAE rhywbeth am dwrw cwrcath yn colli ei daclau caru sy'n atseinio drwy'r pen am hydoedd; fel bloedd dringwr wrth i'w raff dorri ac yntau'n crafangu am frig Clogwyn Du'r Arddu. Ro'n i'n clywed y sgrechiadau drosodd a throsodd yn y gwacter rhwng fy nwy glust fyth ers i ni adael Amwythig, a minnau'n fwy ynghwsg nag yn effro yng nghrud y trên cŵn Caer.

Yn sydyn, caiff fy sylw ei hoelio gan ddyn ifanc sydd wrthi'n ddiwyd yn ffidlan efo teclyn fideo uwch-

63

dechnoleg. Tebyg at ei debyg, meddan nhw, a rywfodd dwi'n gwybod mai newyddiadurwr wrth ei waith ydy hwn. Wrth fy ngweld yn llygadrythu, mae'n cyflwyno ei hun ac yn gosod ei gerdyn busnes yn fy llaw. Gohebydd o gwmni teledu NDTV o Delhi Newydd ydy Rahul Joglekar, a bu ar drywydd stori yn Llwydlo ddoe. Dyn wedi ei hyfforddi gan y *Times of India* ym Mwmbai, ac – yn ôl ei gerdyn – hefyd yn cyfrannu i'r *New York Times,* y *Wall Street Journal* a'r BBC. Ond erioed i'r *Cymro,* ymffrostiaf yn dawel.

Bûm innau'n gweithio i'r Gorfforaeth ar un adeg, cyn iddi ddod yn degan i wleidyddion ei luchio o'u pramiau bob tro nad ydyn nhw'n hoffi rhywbeth maen nhw'n ei weld neu'n ei glywed. Newyddiadura i Radio Cymru o'n i, ar ôl troi 'nghefn dros dro ar y gair ysgrifenedig. Cyfnod o tua deunaw mis i gyd, cyn troi 'ngolygon yn ôl at rywbeth nes at fy nghalon.

Cofiwn sut yr awn ati i hel straeon, ac i stwffio meicroffon o dan drwynau pobl y buasai'n well ganddynt ddioddef dos o salwch anghymdeithasol na siarad i unrhyw declyn o'i fath. Fy nghas beth oedd recordio'r hyn gaiff ei alw yn *vox pops* yn y byd darlledu, talpiau byr o unrhyw benbwl a welwn ar y stryd yn datgan ei farn ar bwnc y dydd. Yn aml, fyddai waeth i mi fod wedi gofyn i'r bwji drws nesa. Roedd yn rhaid llusgo peiriant recordio anferthol efo fi, peth mor hen ffasiwn â thin trôns oedd wedi ei ganfod ar silff lychlyd mewn rhyw seler yn rhywle. Arferai'r diawl peth ddatgymalu fy ysgwydd o'i lle bob tro y mentren ni'n dau allan.

Ar ôl cael y campwaith ar dâp, llusgwn y peiriant i'r stiwdio agosaf, weithiau ym mherfeddion nos ar gyfer y bwletinau ben bore. Byddai gofyn golygu'r tâp yn gorfforol, efo llafn tebyg i un papurwr waliau. Gyda dedlein yn aml yn agosáu wrth yr eiliad, gallai llawr y stiwdio fod yn gymysgedd o ddarnau o dâp, gwaed, a briwsion o'r frechdan oedd wedi ei phrynu mewn garej gyfagos.

Os byddai'r bobol teledu ar drywydd yr un stori, byddai llond car o bobol yn cael ei chwydu yn y fan a'r lle. Dyn camera – dynion oedden nhw'n ddi-ffael – dyn sain, gohebydd Cymraeg a gohebydd Saesneg, a llond y gist o gamerâu anferthol, poteli wisgi, ac offer angen-rheidiol eraill.

Beth ar y ddaear, felly, oedd newyddiadurwr o'r cyfnod hwnnw fel fi i'w wneud o'r ymgnawdoliad ifanc yn y sedd nesa ar y trên o Amwythig?

Mae golwg fodlon ar ei wyneb wrth syllu ar ei adroddiad gorffenedig ar sgrin fechan, fawr mwy na blwch Wdbeins, ar gefn yr hyn sy'n ymddangos fel petai'n gamera cyfoes. Yna mae'n gwthio'r cyfan i gês lledr bychan.

Penderfynaf beidio â sôn am fy mhrofiadau yn cyfrannu o'm doniau i'r Gorfforaeth. Na chwaith sut nad oedd triawd chwyslyd ohonon ni prin yn canfod amser i fynd i'r tŷ bach yn swyddfa'r *Cymro*, heb sôn am drampio'r byd ar drywydd stori. Mae'n cadarnhau'r hyn dwi wedi ei dybio'n barod. Ia, fo ydy'r tîm cynhyrchu. Fo ydy'r cynhyrchydd, y cyfarwyddwr, y cyflwynydd, yr ymchwilydd, y dyn camera a'r dyn sain. Ac mae newydd orffen golygu'r eitem yn ddigidol. Y cyfan ar ei lin yma ar y trên saith.

Roedd yn rhaid dysgu mwy. Beth oedd y stori oedd wedi darbwyllo cwmni teledu o Delhi i anfon tîm cynhyrchu cyfan i dref o 10,000 o eneidiau yn hepian yn dawel ar ffin Cymru? Mae Llwydlo yn dre ddigon dymunol, efo'i 500 o adeiladau rhestredig, ei chastell, a'i thafarnau llawn bwrlwm. Ond anaml y daw hi ar radar gwasanaethau newyddion ei gwlad ei hun, heb sôn am India. Ambell golofn yn y *Shropshire Star* am yrfaoedd chwist a phobol yn pi-pi yn nrysau siopau fin nos, a dyna ni.

Eglurodd iddo fod mewn arwerthiant yng nghwrs rasio ceffylau'r dref y diwrnod cynt. Yno cafodd nifer o eitemau fu'n eiddo i Mahatma Gandhi, neu'n ymwneud ag o, eu gwerthu. Mae'r cwmni lleol Mullock's yn disgrifio'i hun fel arwerthwyr mwya blaenllaw Ewrop mewn 'dogfennau ac effemera hanesyddol'. Aeth Rahul i lesmair wrth drafod *charkha* oedd ar werth, troell fechan o beth, dwy olwyn bren mewn cist. Dyfeisiwyd y peiriant gan Gandhi ei hun, bron o boteli plastig a glud yn arddull *Blue Peter* neu *Bilidowcar*, tra oedd yn gaeth yng

66

ngharchar Yerwada. Cafodd ei roi o dan glo am fod mor hy ag awgrymu y dylai ei wlad dorri'n rhydd o hualau'r Ymerodraeth a dechrau gwneud ei phenderfyniadau ei hun. Glywsoch erioed am y fath anniolchgarwch? Yn enwedig gyda Clive o India wedi rhoi ei enaid i'r is-gyfandir.

Does ryfedd bod pen bandits Plaid Cymru a'r Blaid Lafur yn setlo am fantell ermin, mainc ledr fawr goch i gysgu arni, a chyflog Tŷ'r Arglwyddi, pan ddaw eu hamser i ben.

Defnyddiai Gandhi'r droell i gynhyrchu defnydd er mwyn gwneud dillad iddo'i hun. Roedd hefyd yn fodd i ladd yr oriau meithion o amser oedd ganddo ar ei ddwylo. Ac roedd yn fwy defnyddiol na jig-so. Gwerth-wyd y *charkha* am £110,000. Cafwyd £55,000 hefyd am ewyllys y gwleidydd mawr. Mewn arwerthiannau cynharach yn Llwydlo talwyd £34,000 am sbectol oedd yn eiddo iddo, £19,000 am bâr o'i sandalau, ond dim ond £260 am ddogfen Seneddol Brydeinig o 1932 oedd yn ei ddisgrifio fel 'terfysgwr'.

Yr eironi mawr oedd bod dyn a wnaeth rinwedd o'i dlodi wedi creu cyfoeth sylweddol i eraill ymhell ar ôl ei farwolaeth yn 1948. Ac i hynny ddigwydd ar gwrs rasio mewn tre gysglyd filoedd o filltiroedd o India.

Bu Llwydlo ar un adeg yn rhyw fath o brifddinas i Gymru, serch un wedi ei gorfodi arnom. Ond beth sy'n newydd am hynny? Yn wir, roedd yn arfer cael ei hadnabod gan y Cymry fel Dinas Llys Tywysog, yn ôl y llawlyfr *The Ludlow Guide* a gyhoeddwyd gan H. Procter yn 1808.

Yn 1472 sefydlwyd Cyngor Cymru a'r Mers gan Iorwerth IV o Loegr, efo'i bencadlys yng nghastell Llwydlo. Erbyn pasio'r ail Ddeddf Uno yn 1542 roedd cyfrifoldeb gan y Cyngor dros Gymru gyfan, yn ogystal â siroedd Caer, Amwythig, Henffordd, Caerwrangon a Chaerloyw. Bu'n ymgais gynnar ar ddatganoli grym, ac yn un hynod lwyddiannus ar y cyfan. Roedd yn gymysgedd o ddeddfwrfa a llys barn. Cafodd y Cyngor ei ddiddymu ar Orffennaf 25ain 1689, flwyddyn ar ôl i'r Isalmaenwr Willem III gipio coron Lloegr.

Erbyn heddiw mae'r dre yn fwyaf enwog am ei Gŵyl Fwyd anferthol a gynhelir bob mis Medi. Bydd y strydoedd, y sgwâr a thiroedd y castell yn orlawn o stondinau yn gwerthu bwyd a diod Sir Amwythig a'r cyffiniau.

Wrth i berllannau seidr Sir Henffordd wibio heibio ar bob tu i ni, gan dynnu dŵr i 'nannedd, cofiaf am y cur pen a ddilynodd fy ngorawydd i flasu'r cynnyrch lleol yr unig dro i mi fynychu'r ŵyl. Ond tref arall sydd wedi gwneud enw ymysg y bolgwn oedd yn mynd â 'mryd heddiw.

Wrth gamu oddi ar y trên yn Abergafenni, gan ffarwelio â'm ffrind dros dro o India, mae'r adar yn trydar yn obeithiol a'r haul heb anobeithio ynglŷn â'i frwydr efo'r cymylau duon. Ia, Abergafenni. Rhyw chwiw, er un hynafol, ydy'r duedd i ddefnyddio'r ffurf y Fenni fel enw Cymraeg ar y lle. Ond enw Cymraeg ydy Abergafenni, Abergavenny, neu sut bynnag y sillafwch o. Dyma lle mae afon Gafenni yn cyfarfod ag afon Wysg. Yn wir dwi'n croesi afon Gafenni wrth ymlwybro'n hamddenol yr hanner milltir o'r orsaf i'r dre. A rhyw strimyn disylw o beth ydy hi, yn straffaglu i wthio mymryn o ddeiliach a choediach at ei chwaer fawr.

Prin 'mod i wedi sylwi'n gynharch ein bod wedi croesi'r ffin, rywle rhwng Pontrilas yn Sir Henffordd a Phandy yn Sir Fynwy. Prin chwaith fod llawer o wahaniaeth rhwng y dre hon a lleoedd fel Llwydlo yr ochr draw i'r ffin honno. Ai Seisnigrwydd Abergafenni neu Gymreigrwydd trefi cyffelyb yn siroedd Amwythig a Henffordd sy'n gyfrifol? Tipyn o'r ddau, mae'n debyg.

Er mai 17 milltir yn unig sydd rhwng fan hyn a Merthyr Tudful, a deng milltir i Bont-y-pŵl, dim ond y cyffyrddiad lleiaf o acen Wenglish y cymoedd sydd i'w glywed ar y strydoedd.

Mae'r dref wedi llwyddo'n rhyfeddol i greu enw iddi'i hun fel cyrchfan i'r crachach bwyd, y bolgrachgwn. Mae hyn yn bennaf yn sgil ei Gŵyl Fwyd flynyddol, sy'n rhedeg gefn yn gefn ag un Llwydlo bob mis Medi. Mae ganddi fwy nag y mae tref o'i maint yn ei haeddu o gigyddion a phobyddion o safon, a siopau bwyd o bob lliw a llun.

Abergafenni

Wrth gyrraedd caf fy nghyfarch gan res o fwytai a siopau cludo allan sy'n arbenigo mewn bwydydd Indiaidd, Groegaidd ac Eidalaidd. Mae siop Sing Lee yn brolio ei bod yn cynnig 'Chinese & English meals'. Ychydig a feddyliais wrth sglaffio pysgodyn a sglodion o Siop Anni Meri Cwm yn Nyffryn Nantlle ers talwm fy mod yn mentro rhoi pryd Seisnig rhwng fy ngwcflau barus. A minnau'n meddwl bod ffish a tsips a phys slwj yn ddanteithyn Cymreig i'r carn.

Dwi'n anelu'n chwilfrydig am adeilad amlwg â thŵr uchel uwch ei ben, ei gopa yn gopr gwyrddlas trawiadol, ond heb syniad be ydy o.

Daw dyn ifanc ata i ar ganol y stryd. Mae cap Inca gwlanen yn cyhwfan dros ei glustiau, ac anorac digon blêr am ei ganol esgyrnog. Mae mor denau synnwn i ddim petai'r hwyaid yn y parc yn taflu bara ato. Lled debyg mai unwaith bob 10,000 milltir roedd yn newid ei drôns. Mae'n estyn llaw fudr ac yn gofyn am 'gyfraniad'.

'Mynach ydw i,' meddai.

'Cybydd ydw i,' meddwn innau, gan estyn am ei law, a'i hysgwyd. Lledodd siom dros ei wyneb. Ystyriais am eiliad a oeddwn i wedi ymateb yn briodol. Wedi'r cyfan, sut oeddwn i'n gwybod ble roedd y dwylo budron 'na wedi bod?

Egluraf yn ddigon amyneddgar nad ydy hi'n arfer gen i roi o'm harian prin, oddi allan i'r Trydydd Byd, i bobol sy'n begera ar y stryd. Daw ambell awgrym llawn dychymyg ond anfynachaidd ynglŷn â beth y gallwn ei wneud gyda'm harian wrth fy nghwt wrth i mi frysio yn fy mlaen. A thitha hefyd, mêt.

Dwi'n canfod efo siom mai Neuadd y Dref sy'n berchen ar y tŵr gwyrddlas. Wn i ddim be oeddwn i wedi ei ddisgwyl: synagog neu eglwys, efallai, neu adeilad canoloesol yn drewi o hanes. Nid swyddfa i dalu'r dreth ynddi. Mae marchnad dan do yn cael ei chynnal yma heddiw, y lle yn fôr o arogl sebon carbolic, bwyd parod yn ffrio mewn *wok*, a chotiau glaw chwyslyd. Mae hanner y dre wedi troi i mewn i osgoi andros o gawod o law. Caf fy ngwthio'n ddiseremoni gan hen ferched bygythiol yr olwg yn chwifio ambaréls pigog fel picffyrch Jemima Niclas. Dwi ond yn ddiolchgar i'r gawod gilio bron mor gyflym ag y cyrhaeddodd.

Mae'r adeilad hefyd yn gartref i'r Borough Theatre. Ar yr arlwy mae *An Evening With Elvis*. Felly dyna be ddigwyddodd i'r Brenin. A phawb yn meddwl iddo dagu ar ei Big Mac.

Dwi'n canfod mai gŵr lleol efo rhyw ddawn at ddynwared ydy'r Elvis hwn. Aiff yr elw at Gynghrair Diogelu Cathod Gwent. Gan gynnwys cwrcathod heb daclau caru, decini. Diolchaf i'r nefoedd y bydda i'n ddigon pell oddi yma erbyn daw'r noson.

Un o enwogion go iawn y dre ydy'r cyn-gricedwr Malcolm Nash. Heb os, bydd yn y llyfrau hanes chwaraeon am byth. Tebyg i chi glywed am Gary Sobers yn sgorio 36 mewn un belawd mewn gêm rhwng Morgannwg a Swydd Nottingham yn Abertawe yn 1968. Mr Nash druan fwrodd bob un o'r chwe phelen lipa ato. Dyna oedd y tro cyntaf i rywun gyflawni'r gamp mewn criced dosbarth cyntaf. A dim ond unwaith ers hynny mae wedi ei hefelychu. Sgoriodd Ravi Shastri chwe chwech oddi ar fowlio Tilak Raj mewn gêm yn India yn 1985. Chwiliaf yn ofer am gerflun i Malcolm yn ei dre enedigol.

Un arall fedr honni iddo dreulio talp go dda o'i oes yma ydy neb llai na Rudolf Hess, dirprwy Adolf Hitler. Cafodd ci ddal ar ôl parasiwtio i'r Alban yn 1941, yn ôl ei haeriadau ei hun i geisio sicrhau cymod rhwng Prydain a'r Almaen. Y flwyddyn ganlynol cafodd ei hun yn garcharor rhyfel yma yng nghefn gwlad Cymru. Nid, dalltwch chi, mewn rhyw Stalagluft o le yn weiran bigog a llygod mawr i gyd, na hyd yn oed castell oeraidd fel Colditz. O, naci. Rhoddwyd y dirprwy *führer* o dan glo, o fath, yn ysbyty milwrol Maindiff Court ar gyrion Abergafenni. Roedd y lle'n cael ei ddisgrifio fel 'POW Reception Centre'. Nid enw i godi ofn mawr ar y gelyn. Ni fu sôn iddo erioed geisio dianc o Maindiff Court. Mae'n adeilad del a chyffyrddus sy'n dal i gael ei ddefnyddio fel ysbyty hyd heddiw, yn trin pobol â thrafferthion iechyd meddwl. Prin bod y diffyg uchelgais hwnnw i gael ei *jack boots* yn rhydd yn syndod. Roedd golygfeydd gwych drwy'r ffenestri o fynyddoedd y Blorens, Ysgyryd Fawr, Ysgyryd Fach a Phen-y-fâl. Câi gerdded yn rhydd drwy'r gerddi destlus o amgylch y lle. Annhebygol bod ymuno â Hitler yn ei fyncer, wrth i'r Fyddin Goch ddynesu, yn apelio llawer.

Yn wir, mae myrdd o dystiolaeth i Hess gael ei drin fel brenin. Pan gyrhaeddodd yr ysbyty cafodd y staff eu gorchymyn i sefyll mewn llinell ffurfiol i'w gyfarfod mewn derbyniad swyddogol. Does dim cofnod a fu'n rhaid iddyn nhw ei saliwtio ai peidio. Haul beth, ddwedoch chi?

Roedd ganddo ei stafell foethus garpedog ei hun, nid cell oeraidd. Yn aml trefnid car a gyrrwr iddo gael mynd am dro bach o amgylch cefn gwlad Cymru. Dim ond iddo gofio bod yn ôl erbyn amser te. Yr hen dlawd. Bu sôn iddo unwaith fynd i giniawa efo'r Arglwydd Tredegar yn Nhŷ Tredegar ger Casnewydd.

'Onid yw'r rhyfel 'ma yn sobor o ddiflas, Rudolf bach? Rŷn ni bron iawn mas o *hock*. Rhagor o fara brith?'

Doedd ryfedd yn y byd i rai gyfeirio ato fel 'Kaiser Abergafenni'. Ond ym mis Hydref 1945 daeth tro ar fyd. Bu'n rhaid cyfnewid ei ystafell gysurus a'i *chauffeur* am garchar go iawn; cludwyd o i Nürnberg i fynd o flaen ei well wedi ei gyhuddo o droseddau yn erbyn y ddynoliaeth. Er iddo lwyddo i osgoi rhaff y crogwr, yn wahanol i nifer o'i gyd-swyddogion, treuliodd weddill ei oes o dan glo. Y fo oedd yr unig garcharor yng Ngharchar Spandau ym Merlin am 21 mlynedd olaf ei oes, hyd at ei farwolaeth yn 1987.

Tebyg iddo fwynhau breuddwydion melys am ei garchar bach Cymreig. A'r bara brith. Ond gobeithio wnaeth o ddim.

Diwrnod 2

Y FENNI I GASNEWYDD
19 milltir – 23 munud

DOLYDD gleision, ŵyn yn prancio, traethau hirion, mynyddoedd gosgeiddig, coedwigoedd trwchus ac afonydd disglair yn dawnsio a thincial i baradwys. Dyna Gymru, yndê? Neu'n hytrach, dyna'r ddelwedd yr hoffwn ei throsglwyddo wrth geisio denu ymwelwyr. Neu werthu cig oen.

Mewn gwirionedd, pobol ddinesig neu drefol ydy'r mwyafrif ohonon ni. Ac ers rhai munudau bellach mae'r gwirionedd hwnnw wedi fy nharo wrth inni adael y gwyrddni o'n holau, ac i hagrwch diwydiannol syllu'n ôl arna i drwy'r ffenest wrth i ni ddynesu at Gasnewydd. Cymaint o newid mewn cyn lleied o amser.

Daw criw o ddynion ifanc swnllyd mewn tracwisg-oedd ar y trên yng Nghwmbrân, gan stwmpio'u sigaréts yn ddi-hid ar y platfform o dan eu *trainers* gwynion cyn swagro i mewn. Maen nhw'n gyffyrddus iawn ac uchel eu cloch yn eu lifrai di-siâp, ac mae'r gard yn betrusgar wrth fynd atyn nhw efo'r blwch casgliad i holi a hoffen nhw gyfrannu ceiniog neu ddwy tuag at gostau rhedeg y gwasanaeth.

"Ow much?' bloeddiodd un yn gyhuddgar, cyn tyrchu i ddyfnderoedd ei bocedi llac a thaflu'r arian i law grynedig y gard. Mae'r gweddill yn dilyn ei esiampl ddi-serch.

Nid ar chwarae bach y cafodd dillad fel hyn eu disgrifio unwaith gan Eidalwr ffroenuchel fel 'gwisg genedlaethol Lloegr'. Trueni i gymaint o'n plith ninnau eu mabwysiadu hefyd. Nid fy mod i wedi cael fy nhemtio i chwilio am rai ar ôl cyrraedd Casnewydd er mwyn toddi'n well i'r cefndir.

Wrth deithio ambell ran fwy amheus na'i gilydd o'r byd, des i ddeall mai edrych yn lleol a cherdded â phwrpas fel 'taech chi'n gwybod yn iawn lle ydach chi'n mynd ydy'r ffordd orau i osgoi strach.

Allwch chi wrth gwrs wneud dim am liw eich croen,

ac mae bod yr unig ddyn coch mewn pentref diarffordd yn yr Affrica wledig yn gallu profi'n her. Dyna'r drwg gyda chroen y Celt cyffredin: glas ydy o mewn gwirionedd, ac mae angen lliw haul arno i droi'n wyn.

Ond mae modd gwneud rhywbeth am eich gwisg, er bod gofyn gochel rhag mynd dros ben llestri. Dwi'n cofio cyfaill yn treulio amser ym Mheriw pan oedd grŵp terfysgol y Llwybr Gloyw – y Sendero Luminoso – yn eu bri mwyaf gwaedlyd yn y 1980au. Roedd hi'n hen gast annifyr ganddyn nhw hela twristiaid am hwyl. Cynghorwyd o i wisgo'n lleol wrth ddefnyddio'r bysiau ar gyfer teithiau hir. Cafodd ei hun yn gwrido mewn *poncho*, tra oedd y teithwyr lleol i gyd mewn jîns y gallen nhw fod wedi eu prynu yn Peacocks. Roedd yn sefyll allan fel coler gweinidog yng ngolau neon clwb dinoethi. Dysgodd mor bwysig oedd hi i beidio â gwisgo'n wahanol i'r bobol leol. Mae yr un mor bwysig peidio ag ymddangos yn gyfoethog.

Hyd yn oed yn bwysicach, peidiwch dros eich crogi â phori dros fap. Waeth i chi wisgo cap efo saeth drydan fawr yn fflachio arno os am droi'n darged hawdd i leidr efo lladrad yn ei feddwl a phastwn yn ei law. Dydy llusgo sach cerdded ar eich cefn ddim yn syniad da chwaith os am osgoi edrych fel twrist. Ac mi weithiodd y cyngor i mi ar hyd y blynyddoedd. Llwyddais i dwyllo'r brodorion sawl tro. Byddai pobol yn gofyn i mi eu cyfeirio at y traeth, y banc, neu'r siop agosaf, yn eu hiaith eu hunain, mewn lleoedd mor amrywiol â Tallinn, Dulyn, Baku, Lisbon a Prag.

Cofiwch, mae'n debyg bod ambell gard wedi bod yn traethu wrtha i mewn iaith estron 'mod i ar y trên anghywir. Byddwn innau'n gwenu a nodio heb ddeall yr un gair, wrth iddo yntau godi ei ysgwyddau mewn anobaith. Dyna'r pris sydd i'w dalu.

Dim ond unwaith yr aeth pethau o chwith, ym Mrasil, pan fûm i'n ddigon twp i grwydro strydoedd cefn Rio de Janeiro. Mae Rio yn un o'r dinasoedd rheini lle mae tlodi enbyd yn byw ochr yn ochr â chyfoeth rhonc. Seilir llawer o'r ddau begwn ar dor cyfraith; datrys ffrae efo gwn wnân nhw. Ces fy rhybuddio, pe byddwn yn llogi car, na fyddai'r heddlu yn disgwyl i mi aros wrth olau coch ar ôl iddi nosi. Roeddwn hefyd i gofio cloi'r drysau. Defnyddiais dacsi i fynd i bobman.

Cofiaf gael fy neffro ym mherfeddion nos yn fy ngwesty gwely a brecwast yn ardal ymddangosiadol barchus Botafogo. Tebyg y dylai'r ffaith bod y gwesty'n cyrcydu tu ôl i ffensys metel uchel, a giât â chlo trydanol fel mynedfa, fod wedi fy rhybuddio fel arall. Neidiais mewn braw pan glywais ergyd gwn. Rhoddais y glustog dros fy nghlustiau, heb gael fy nhemtio i'r ffenest i wylio'r sioe Gorllewin Gwyllt. Yn y bore, doedd y perchennog ddim hyd yn oed wedi sylwi, mor gyfarwydd oedd â'r sefyllfa.

Heb fod ymhell o Botafogo a'i giatiau trydan, mae

cannoedd ar filoedd o'r tlodion (1.4m yn ôl cyfrifiad 2010) wedi eu gwasgu fel sigârs mewn blwch i'r *favelas* enwog. Slymiau o gytiau sinc a thyllau llygod mawr, yn gafael gerfydd blaenau eu bysedd yn llethrau mynydd y Corcovado enwog, ydy'r rhain. Yr hyn sy'n aros fwya yn y cof am y *favelas* ydy'r aroglau llwch a mwg, a gweld cig yn coginio mewn stondinau reit wrth ochr carthffosydd agored. Atseiniai'r lle i sŵn plant yn chwerthin neu'n cicio pêl a phobol yn ymarfer eu drymiau samba. Paradwys ac uffern mewn un potes lliwgar.

Cefais groeso twymgalon; mewn tafell o dafarn sinc oedd yn gwerthu cwrw mewn caniau o oergell rydlyd, ces wahoddiad i osod fy mhen ôl ar grât cwrw yng nghanol y selogion.

Ond lle mae tlodi, mae hefyd demtasiwn. Roeddwn wedi fy rhybuddio i gario pres mygio, rhyw fymryn o arian papur heb fawr o werth iddo. Yn un o'r strydoedd tlodaidd heb fod ymhell o'r *favelas*, daeth dyn ifanc, tal, ataf. Pefriai gwyn ei lygaid yn goch gwaedlyd o effaith rhyw ddeunydd. Roedd yn cydio'n dynn mewn math o lafn wedi ei greu ganddo, darnau o'i ginio yn dal i hongian oddi arno. Neu ddarnau o ryw dwrist twp arall. Prin bod rhaid pendroni'n hir; nid oedd angen deall yr iaith. Roedd yn iau na mi, yn gryfach, ac â mwy o gymhelliad i ymladd am ddyrnaid pitw o bres. Ac roedd ganddo gyllell, o fath. Rhoddais fy llaw yn fy llosan ac estyn y pres. Rhedodd nerth ei draed i lawr y palmant tyllog, gan ddiolch am gyfraniad arall at ei gronfa gyffuriau. Diolchais innau am y ddihangfa. Ond yn amlwg roeddwn wedi methu ag ymddangos yn ddigon lleol.

Wedi dweud hynny, nid Rio mo Casnewydd o unrhyw ogwydd. Er nad oes gen i mo'r wisg leol i 'nghadw o drybini, dwi'n edrych ymlaen at weld trydydd ddinas Cymru am yr eildro'n unig.

Mae'r orsaf yn hynod gyfoes, gyda mwy na £20m wedi ei wario ar ei haddasu a'i moderneiddio ar gyfer croesawu golffwyr a'u dilynwyr o bedwar ban byd i'r ddinas ar gyfer Cwpan Ryder yn 2010.

Er mai dim ond unwaith o'r blaen yr ymwelais â'r lle, bûm yn crwydro'r stryd fawr ddi-ddim yn ddigon hyderus fy ngham am rai munudau ers dod oddi ar y trên. Rhuthrodd pensiynwr mewn cap stabal ata i â'i wynt arogl bresych yn ei ddwrn, ei ddannedd yn dal mewn gwydr wrth ochr ei wely. Holodd mewn cymysgedd o Wenglish cryf a phoer: 'Where's the indoor market, mun?' Chwibanai'r geiriau heibio gwefusau mor llac â llawes dewin. Drwy hap a damwain roeddwn newydd ymlwybro heibio un o'r sawl mynedfa i'r lle. Cyfeiriais y cyfaill at fanno efo chwifio breichiau y byddai Eidalwr wedi bod yn falch ohono. Diolchodd imi yn swta, ac edrychodd i fyny ac i lawr y stryd yn lladradaidd fel cymeriad o ffilm James Bond. Yna anelodd ar ei ben i'r cyfeiriad hollol groes. Penderfynais, os oedd y lle mor beryglus â hynny, nad awn inna ar gyfyl y farchnad dan do chwaith.

Mae'r bont gludo enwog a thrawiadol, un o chwech yn unig o'i math drwy'r byd sy'n parhau i gael eu defnyddio, yn hawlio'r gorwel tua'r de. Ond canol digon plaen sydd i Gasnewydd, wedi ei stwffio â'r un siopau cadwyn ag unrhyw ganol tre arall bron yn unman yn yr ynysoedd hyn.

Cafodd Sgwâr John Frost ei enwi ar ôl cyn-faer Casnewydd, arweinydd y Siartwyr yn lleol a dyn gafodd ei alltudio i Awstralia am ei ymdrechion. Prin bod unrhyw beth arall i'w ddweud am y sgwâr, ar wahân i'r ffaith bod Amgueddfa ac Oriel gwerth chweil yn sefyll yma yn ceisio hudo'r trigolion di-hid i'w chôl. Trueni nad ydy'r cloc rhyfeddol o ddramatig oedd yn chwythu stêm ar yr awr yn dal yma. Yn ogystal â stemio, anfonai resi o angylion a sgerbydau mecanyddol heibio'r dorf oddi tano i ddathlu bod 60 munud diflas arall wedi pasio. Cafodd ei greu ar gyfer Gŵyl Erddi Glynebwy yn 1992, a'i symud i'r Sgwâr yn ddiweddarach. Erbyn 2008 roedd wedi chwythu ei chwythiad ola. Cafodd ei gludo oddi yma er mwyn gwneud lle i ailddatblygiad na ddigwyddodd byth.

Mewn ymgais lew i roi gwedd fwy cosmopolitaidd i strydoedd canol y ddinas, mae cyfres o gerfluniau yn cystadlu gyda'r sbwriel am sylw'r siopwyr sy'n carlamu heibio â'u pennau i lawr. Yr un mwya trawiadol o ddigon,

Y cerflun trawiadol yn Commercial Street

a dadleuol hefyd ymysg y bobol leol, ydy un yn Commercial Street. Mae'n edrych yn debyg i gorff merch ddi-ben, lledrith erchyll o beth, a dau aderyn yn clwydo lle dylai'r ysgwyddau fod. Wedi ei greu gan Paul Bothwell Kincaid, cafodd ei ddadorchuddio yn 1990 i gofnodi hanner canmlwyddiant marwolaeth y bardd a'r llenor W. H. Davies. Gwell gan lawer ydy penddelw efydd ohono gan Syr Jacob Epstein sy'n cael ei chadw yn yr amgueddfa yn Sgwâr John Frost. Epstein hefyd fu'n gyfrifol am y cerflun enwog o Grist sydd yn hofran yn nenfwd Cadeirlan Llandaf.

Yn un o feibion enwocaf Casnewydd, mae W. H. Davies yn cael ei adnabod am symlrwydd ond effeithlonrwydd y Saesneg a ddefnyddiai. Er na chafodd hanner cymaint o sylw â beirdd Eingl-Gymreig eraill fel y Thomasiaid, RS a Dylan, mae iddo ddilyniant cryf mewn sawl rhan o'r byd Saesneg.

Ei waith mwya adnabyddus heb os ydy'r gerdd 'Leisure', gafodd ei chyhoeddi yn 1911. Mae'n agor gyda'r llinellau bythgofiadwy:

What is this life if, full of care,
We have no time to stand and stare.

Cafodd William Henry Davies ei eni yn 1871 yn ardal y dociau. Mae plac ar fur y Church House Inn ym Mhilgwenlli, sydd hefyd â llun o'r bardd ar arwydd y dafarn, yn honni mai yno y cafodd ei eni. Er iddo fo'i hun ddadorchuddio'r plac, mewn gwirionedd rhoddwyd genedigaeth iddo rai drysau i ffwrdd yn Stryd Portland. Ond cafodd ei fagu gan ei dad-cu a'i fam-gu yn y dafarn honno o pan oedd yn bedair oed, yn sgil marwolaeth ei dad. Bu'n dipyn o fwrn arnyn nhw, yn lleidr ac yn ymladdwr o fri. Bu'n amharod iawn i ymgymryd o ddifri ag unrhyw waith. Teithiodd yn ôl a blaen ar draws yr Iwerydd ar longau cludo gwartheg. Ymsefydlodd yn yr Unol Daleithiau i fyw fel crwydryn – neu *hobo*, yn eu hiaith hwy – oedd yn teithio cannoedd o filltiroedd drwy neidio ar drenau nwyddau heb yn wybod i'r gardiau. Bu'n begera ac yn diota'n ddi-baid. Bu hefyd yn y carchar sawl gwaith, yn aml yn fwriadol ac am rai misoedd er mwyn cael gwely, bwyd a chynhesrwydd dros y gaeaf.

Gorfodwyd iddo ddirwyn ei yrfa fel *hobo* i ben ym mis Mawrth 1899 pan gollodd ei goes wrth neidio oddi ar drên. Fyth wedi hynny bu'n rhaid iddo gerdded gyda chymorth coes bren. Gwnaeth ei ffordd i Lundain, lle bu'n byw yn yr awyr agored ymysg cannoedd o drueiniaid digartref eraill.

Ond drwy'r cyfan bu'n ymarfer ei ddawn at farddoniaeth ac at ryddiaith. Pan gyhoeddwyd ei hunangofiant, *The Autobiography of a Supertramp*, yn 1908, efo chefnogaeth a chymorth y dramodydd Gwyddelig George Bernard Shaw, roedd ar ei ffordd i enwogrwydd.

Caf fy hun yn ymlwybro ar lannau afon Wysg heibio nifer o adeiladau cyfoes, concrit, hyll. Yn eu mysg mae Canolfan Casnewydd. Dyma lle bu Pencampwriaethau Snwcer Agored Cymru yn cael eu cynnal am nifer o flynyddoedd, hyd nes i Gaerdydd sgubo hyd yn oed y briwsionyn hwnnw o'u gafael. Ni fu fawr o gariad erioed rhwng y ddwy ddinas. Hawdd deall hynny o ystyried sut mae'r Cynulliad wedi palmentu strydoedd Caerdydd ag aur tra bod Casnewydd yn gorfod bodloni ar graffiti a baw ci.

Fymryn ymhellach, ar gylch coch enfawr o fetel mae

criw maleisus yr olwg o wylanod yn cael eu gwynt atynt wrth ddisgwyl am y cerddwyr nesaf i'w mygio. Dyma'r *Don Ddur*, darn o gelfwaith gan Peter Fink. Gosodwyd o yma yn 1990 mewn teyrnged i'r gweithwyr dur a'r morwyr a wnaeth Gasnewydd yr hyn ydy o. Nid mai ei bai nhw ydy hynny.

Ymhellach eto mae pont wallgo o brysur, lle mae ceir a lorïau yn gwthio'i gilydd drwyn-yn-din fel milgwn wrth gynffonnau geist. Dwi am fentro i'r ochr arall os gallaf. Yno gwelaf weddillion yr adeilad a roddodd i Gasnewydd ei henw Cymraeg, baneri lliwgar ar ei furiau yn chwipio yn y gwynt. Nid ydy'n ddim o'i gymharu â chestyll Caerffili neu Gaernarfon, neu hyd yn oed Caerdydd, os meiddia i grybwyll enw fanno eto. Ond dyma oedd y Castell Newydd ar Wysg. Cafodd ei godi gan y Normaniaid tua diwedd y drydedd ganrif ar ddeg, yn fuan ar ôl llofruddio Llywelyn Ein Llyw Olaf. Sgerbwd tila sydd bellach ar ôl, diolch i ymweliad ryw fin nos yn 1405 gan Owain Glyndŵr a'i ddynion, dichell yn eu calonnau a matsys yn eu pocedi.

Wrth iddyn nhw grwydro'r llwybrau tarmac o amgylch ei seiliau clywir cleber mamau ifanc a'u pramiau. Mae eu gallu i sgwrsio pymtheg y dwsin ar eu ffonau symudol heb ysgwyd y lludw oddi ar flaenau eu sigaréts yn fy rhyfeddu. Wrth i'r traffig wibio'n ddi-hid uwch ein pennau, gyda siom dwi'n canfod bod giatiau'r castell ar glo.

Ni chafodd yr hen Owain erioed ryw lawer o ddylanwad gwleidyddol yn y parthau hyn, er gwaethaf ei ymdrechion. Bu dadlau cyn belled yn ôl â chyhoeddi'r *Domesday Book* yn 1086 a ddylid cynnwys Sir Fynwy fel rhan o Gymru neu Loegr.

Rhestrodd yr ail Ddeddf Uno yn 1542 ddwsin o siroedd oedd yn cael eu hystyried yn rhan o Gymru, gan hepgor Mynwy. Erbyn 1779 roedd llyfr y *Modern Universal British Traveller* yn datgan yn glir mai yn Lloegr yr oedd Casnewydd a gweddill y sir. Mor ddiweddar â 1933 cafodd ei chynnwys efo Lloegr yn Neddf Llywodraeth Leol y flwyddyn honno. Cafodd Sir Fynwy ei gadael allan o ofynion y ddeddf cau tafarnau ar y Sul pan ddaeth honno i rym yng ngweddill Cymru yn 1881. Dim ond yng nghanol y Rhyfel Mawr yn 1915 y bu'n rhaid i'r sir blygu glin iddi. Ond clymwyd hi i'r Eglwys yng Nghymru pan sefydlwyd honno yn 1920. A'r flwyddyn ganlynol pleidleisiodd Cyngor Sir Fynwy – gyda dim ond un aelod yn erbyn – o blaid cael ei gynnwys ym mhob deddfwriaeth yn ymwneud â Chymru o hynny ymlaen. Chawson nhw mo'u dymuniad tan 20 Gorffennaf 1972 pan basiwyd Deddf Llywodraeth Leol newydd arall, eto fyth. Hyd yn oed y diwrnod hwnnw bu peth gwrthwynebiad. Yr uchaf ei gloch oedd Gerald Kaufman, Aelod Seneddol Llafur dros Manchester Ardwick, a fu'n ddiweddarach yn aelod o sawl cabinet a chabinet cysgodol. Bellach y fo ydy Tad y Tŷ, fel maen nhw'n cyfeirio at yr Aelod sydd wedi bod yno hiraf ac nad oes ganddyn nhw mo'r galon i ddweud wrtho am hel ei bac.

Meddai wrth Dŷ'r Cyffredin, mor flin â chacwn gyda'r dolur rhydd: 'Am I to take it that an act of annexation of this magnitude is to be carried through a sparsely attended House of Commons on the nod at five minutes to midnight on the same basis as Europe has annexed England? I wish to voice my protest.'

Bellach mae synnwyr cyffredin wedi tycio. Ond hyd heddiw bydd ambell ben dafad yn ceisio dadlau mai rhan o Loegr ydy sir sy'n gyforiog o bentrefi gydag enwau uniaith fel Capel-y-ffin, Pen-y-clawdd, Llanwenarth a Phenpergwm. Yn etholiadau'r Cynulliad yn 2011 llwyddodd plaid yr English Democrats i gipio hyd at 2.7% o'r bleidlais mewn rhai etholaethau yn y sir. A does dim dwywaith, mae Jac yr Undeb i'w weld yn cyhwfan yn amlach fan hyn nag ymron yn unrhyw le arall yng Nghymru'r unfed ganrif ar hugain.

Diwrnod 2

CASNEWYDD I GAERDYDD
11 milltir – 12 munud

NID ar chwarae bach y daeth Caerdydd yn brifddinas. O naci. Yn anfoddog, fel rhyw fuwch fawr ei phwrs wedi dianc nerth ei charnau o bantomeim, cafodd ei llusgo a'i gwthio i ganol y llwyfan cenedlaethol efo procer trydan wrth ei thin.

A bu'r ddinas yn hynod ansicr ar hyd y degawdau be i'w wneud efo'r anrhydedd. Waeth befo na fyddai'r breintiau oedd yn llifo i'w rhan, a'r llu o gyrff cenedlaethol ymsefydlodd yno ers ei dynodi'n brifddinas yn 1955, byth wedi dod petai hi'n rhyw ddinas fach ddi-nod o'i maint yn Lloegr.

Ni fyddai'r Amgueddfa Genedlaethol yno oni bai mai hi oedd ein dinas fwyaf ar y pryd. Ni fyddai'n gallu denu digwyddiadau chwaraeon enfawr heb fod yn brifddinas, ac yn sicr ni fyddai canolfan gelfyddydol ddrudfawr yr Armadilo erioed wedi ei chodi. Ni fyddai rheswm i'r BBC fod â phresenoldeb yno, na hyd yn oed – och a gwae – arddangosfa *Doctor Who*. Go brin y byddai'r maes awyr lleol wedi ei achub rhag mynd i'r wal.

Roedd 'na fanteision amlwg y byddai trefi a dinasoedd eraill yng Nghymru wedi clymu eu meiri i'r rheilffordd agosaf gerfydd eu cadwyni aur er mwyn eu cael.

Ond yr ochr arall i'r geiniog i Gaerdydd oedd rhyw hen angen, go daria, i wisgo gwên deg Cymreictod o bryd i'w gilydd. Nid digon, wedi dweud hynny, i ddarbwyllo'r etholwyr lleol i bleidleisio o blaid datganoli yn 1997 er yr holl freintiau fyddai'n llifo i'w dinas yn ei sgil. Do, bu'r lle yn ymaflyd yn hir efo'i hunaniaeth. Mae'n parhau i wneud.

Ond caf fy hun yn dychwelyd yno dro ar ôl tro. Wrth i'r bont gludo a chraeniau'r dociau yng Nghasnewydd gilio yn y pellter, mae fy meddwl yn cael ei hudo'n ôl i'r gorffennol gan glecian cysurus olwynion y trên.

Cofiaf weithio yno fel newyddiadurwr pan gynhaliwyd Eisteddfod yr Urdd wrth furiau'r castell, reit yng nghanol Caerdydd, yn 2002. Un amser cinio yn nhafarn yr Old Arcade – gwneud gwaith ymchwil oeddwn i, wir yr – bu'n rhaid egluro wrth un hen gono lleol be oedd eisteddfod. Dywedais wrtho fod 'na un go fawr yn digwydd dafliad carreg oddi wrth ble'r oedden ni'n eistedd. Cynigiais agor ffenest iddo gael clywed y miri. Byddai ymwelydd o wlad wâr wedi rhyfeddu gweld y nifer digon nobl o faneri'r Ddraig Goch, wedi eu codi i ddathlu gŵyl ieuenctid fwyaf Ewrop, yn boddi o dan swnami o faneri San Siôr a Jac yr Undeb. Oedd, roedd pobol y ddinas yn awyddus i ddangos eu teyrngarwch i bêl-droedwyr Lloegr. Roedd y *prima donnas* rheini yn cynrychioli eu gwlad yng Nghwpan y Byd yn Siapan a De Corea yr un pryd. Llawer pwysicach na rhyw blant mewn ffedogau gwirion yn dawnsio mewn clocsiau mewn iaith estron. Efo dagrau yr haliwyd y baneri i lawr wrth i Frasil drechu'r Saeson, yn dilyn camgymeriad hyfryd o erchyll gan eu gôl-geidwad David Seaman. Mewn sawl rhan arall o Gymru, clywyd sŵn cyrc poteli siampên yn popian tan berfeddion y nos.

Ac felly dyma gyrraedd ein hannwyl brifddinas. Mae gorsaf Caerdydd Canolog yn un berw gwyllt o'r ddynoliaeth, yn brysio i fan hyn a fan arall gyda'u heiddo yn gwichian tu cefn iddynt. Caf ryw deimlad anghyffyrddus bod pawb, rywsut, yn dod i 'nghwfwr. Dyma'r orsaf brysuraf yng Nghymru o bell ffordd, gyda 11m o deithwyr yn cyrraedd neu'n gadael yn flynyddol. Yn wahanol i foderneiddiwch metelaidd gorsaf Casnewydd, mae hwn yn adeilad ysblennydd o galchfaen

Gorsaf Caerdydd Canolog
– 11 miliwn o deithwyr yn flynyddol

hardd gafodd ei godi gan gwmni'r Great Western
Railway rhwng 1932 a 1934. Roedden nhw mor falch o'r
lle nes iddyn nhw ddarbwyllo cyngor y ddinas i chwalu
ardal o strydoedd tlodion gerllaw, cymaint eu pryder am
yr argraff wael roedd yn ei chreu. Cafodd y trueiniaid
oedd yn byw yno eu gwasgaru i'r pedwar gwynt.
Digwyddodd yr un peth eto yn y 1990au pan gafodd
cymuned glòs Tre-biwt ei disodli gan y JCBs a'r craeniau
wrth i'r Bae sgleiniog newydd gael ei greu.

Mae Robocop o blismon, yn sigo o dan bwysau
cyffion a phastynau, yn cadw golwg ar bethau wrth
fynedfa'r orsaf. Mae'n arwydd clir o'r awyrgylch ddinesig

sydd fel cwrlid dros y lle. Mewn sawl rhan arall o Gymru llwyr anghofiwyd mai traed ac nid olwynion sydd gan blismon. Mae gan hwn y gallu rhyfeddol 'na i wneud i chi deimlo'n euog heb reswm yn y byd. Teimlaf ddau dwll yn llosgi yn fy ngwar wrth gerdded heibio.

'O ddifri rŵan, offisyr, wyddwn i ddim ei bod hi yn erbyn y gyfraith clymu careiau fy sgidia efo dau gwlwm.'

Caiff fy sylw ei dynnu'n syth at holwth o anghenfil disymud sy'n mynnu llenwi llwyfan y gorwel i gyd. Does dim amheuaeth nad ydy Stadiwm y Mileniwm, neu Stadiwm Principality os ydy'n well gynnoch chi, yn gampwaith rhyfeddol. Mae'n un o ddau yn unig drwy Ewrop sydd â tho sy'n agor a chau, efo'r llall yn Amsterdam. Synnaf bob tro y gwelaf o sut y llwyddwyd i arllwys y fath greadigaeth reit i ganol dinas brysur.

Roeddwn i'n un o'r 50,000 wasgodd i'r twmpath o ddur rhydlyd, sinc rhychog, pren pydredig, ac arogl pi-pi oedd yn cael ei alw yn Barc Ninian ar gyfer gêm bêl-droed ddrwg-enwog yn erbyn Iwgoslafia yn 1976. Gwyddwn fod ein gwlad yn haeddu gwell. Ac mi gafwyd hynny, gan waith drosodd, chwarae teg.

Ond dwi wastad wedi fy siomi gan sut y caiff Stadiwm y Mileniwm ei ddarlunio gan hacs diog fel rhyw deml o'n cenedligrwydd. Does dim o'i le ar fod yn gefnogwr pybyr i'n timau cenedlaethol. Mae'n arwydd iach o bobol falch. Ond mae cymaint o egni yn cael ei dreulio a'i wastraffu ar hynt a helynt ein timau rygbi a phêl-droed nes bod pethau eraill pwysicach yn mynd yn angof. Efallai bod degau o filoedd yn ddi-waith, ein cymunedau Cymraeg yn dadfeilio, a'r gwasanaeth iechyd ar ei liniau. Ond mae pob dim yn hynci-dori ar y genedl os curwn Loegr mewn camp y mae cwta ddwsin o wledydd eraill y byd yn ei chymryd o ddifri. Haleliwia! Estynnwch am y Brains Dark a'r tabledi hapusrwydd.

Yn sicr, mae canol y ddinas wedi ei weddnewid; tirwedd o'r dyfodol erbyn heddiw. Yn goncrit ac yn ddur ac yn wydr, mae llawer ohono'n ddigon trawiadol. Mae'r darn anferthol o gelf tu allan i'r llyfrgell newydd ar waelod yr Aes, cylch metel a saeth o beth gafodd ei ddylunio gan y Ffrancwr Jean-Bernard Métais, yn haeddiannol dynnu sylw.

Gerllaw mae Capel Tabernacl y Bedyddwyr, sydd wedi bod yn noddfa i'r Gymraeg yma ers 1865. Tybed a fydd yr adeiladau newydd o'n cwmpas yn edrych yn newydd a chyfoes a sgleiniog ymhen 30 neu 40 neu 50 mlynedd? Ynteu'n hen ffasiwn a blêr, fel y byddwn ni'n edrych ar bensaernïaeth y 1980au a chynt gyda'i artecs a'i bebl-dash? Does ond angen yngan y geiriau rheini i'n hatgoffa sut aeth ffasiwn bensaernïol hynod boblogaidd i gael ei hystyried yn rhywbeth hyllach na llond bwced o geseiliau.

Ond mae 'na elfennau o'r hen Gaerdydd, yr hen borthladd bywiog, brwnt, budr a llawn cymeriad a godwyd ar gefn y diwydiant glo, wedi dal eu gafael.

Celf o'r dyfodol? Gwaith Jean-Bernard Métais

Mae'r farchnad dan do'n parhau'n un bwrlwm gwych, yn gwerthu pob dim o bysgod a ffrwythau i lyfrau a sgriwiau a nicyrs Nain. Nid torri gwallt yn unig wnân nhw yn Andy's Hair Hut, ond ei werthu ar ffurf gwallt gosod. Gwthia hen wragedd mewn cotiau glaw heibio fel teirw at wartheg, yn ymddiheuro dim wrth eich gadael yn swp ar lawr. Mae'r drws wedi ei gau'n dynn ar un uned, arwydd tu allan yn eich rhybuddio i gadw draw gan fod darlleniad cardiau Tarot yn digwydd. Dylwn i fod wedi rhagweld hynny.

Lathenni i ffwrdd ar draws y ffordd mae un o adeiladau hynaf y ddinas. Bu Eglwys St Ioan yma ers 1100. Cafodd llawer o'r adeilad gwreiddiol ei ddifrodi gan Owain Glyndŵr - ia, y cnaf hwnnw eto - yn 1404, ond fe'i hailadeiladwyd yn 1453. A thra ydw i ar drywydd crefyddol, mae'n werth nodi i'r mosg cyntaf ym Mhrydain gael ei sefydlu yng Nghaerdydd yn 1860. Mae'n dal yno hyd heddiw, yn Stryd Glynrhondda yn Cathays, heb fod ymhell o Theatr y Sherman. Bellach mae'n disgrifio'i hun fel Canolfan Islamaidd a Diwylliannol Al-Manar.

Ond mae gwir gymeriad Caerdydd yn ei strydoedd. Un o'r rhai difyrraf ydy Stryd Womanby, union gyferbyn â'r castell, stryd drawiadol o flêr o ystyried ei bod yng nghanol prifddinas. Maen nhw'n credu i'r enw ddeillio o'r gair Llychlynnaidd *hundemanby*, sy'n cyfieithu fel 'man yr estroniaid'. Lled bosib ei fod yn cyfeirio at y Cymry, a phobol amheus eraill. Yn 1793 cafodd Robert Mackworth ei halio o flaen ei well am redeg puteindy yma. A bu'r stryd, lle mae Clwb Ifor Bach erbyn hyn, yn enwog hefyd am ei thafarndai. Un o'r enwocaf oedd y Red Cow, oedd yma yn 1776. Ymgnawdolodd eto am gyfnod byr yn lled ddiweddar fel tafarn Gymreig y Fuwch Goch.

Ar waelod yr Aes ffasiynol mae pryd a gwedd y ddinas

yn newid yn syfrdanol mewn eiliadau. Daw'r palmentydd purach na phur a'r moderneiddiwch di-baid i ben wrth droi'r gornel ar fy mhen i Stryd Caroline. Caf fy nghludo'n ôl i ddyddiau ieuenctid ffôl, ac ymweliadau pêl-droed a rygbi. Heidiai pawb a'i gi yma, ar ôl noson o hwyl a hel cwrw, ar gyfer bolaid o fwyd trawiad y galon. Nid heb ei lawn haeddu y cafodd y ffugenw Chippy Lane. Stryd y Saim.

Mae'r lôn, er gwaetha pob ymdrech i'w chael i symud efo'r oes unffurf, ddi-liw, yn orlawn o siopau annibynnol yn gwerthu bwydydd parod. Mae hi'n ddigon tawel yma yr adeg hon o'r dydd. Ond mae ambell un yn stwffio'i wyneb efo dyn a ŵyr be, o liw hynod amheus, o flwch polystyren gwyn. Fin nos a ben bore bydd gofyn mentro'n ofalus ar hyd-ddi. Rhaid fydd bod yn wyliadwrus rhag baglu dros fynyddoedd o becynnau cardbord, gweddillion sglodion a chyri, a chyrff meddw yn rhochian yn eu chwd. Cafodd y stryd ei henwi ar ôl Caroline o Brunswick, gwraig y brenin Siôr IV o Loegr. Priodas ddigon stormus fu hi. Pan fu farw Napoleon ym mis Mai 1821, adroddwyd wrth y brenin fod ei elyn pennaf wedi gadael y fuchedd hon.

'Ydy hi, myn diain i?' atebodd mewn gorfoledd.

Ar un pen mae tafarn go drendi yr olwg o'r enw The Corner House. Mawr fu'r cwyno pan benderfynodd y perchnogion yn 2011 ei gweddnewid o'r dafarn hynod draddodiadol yr olwg oedd hi gynt, y King's Cross. Yn rhyfeddol o ryddfrydol o ran y cyfnod, roedd y King's Cross yn cael ei chydnabod fel cyrchfan ar gyfer dynion hoyw bron ers iddi agor ei drysau gyntaf yn 1872. Yn sicr dyma oedd tafarn hoyw hynaf Cymru. Roedd y cyn-seren rygbi Gareth Thomas ymysg nifer fu'n galw am ei

Yr Urban Tap House

chadw fel cyrchfan hoyw. Yn ofer, wrth i rym Mamon unwaith eto ennill y dydd.

Cau fu hanes tafarn y Vulcan yn Waunadda, neu Adamsdown. Yn 2011 bu'n rhaid i'w chyn-selogion ei gwylio'n cael ei chwalu a'i chludo oddi yno fesul bricsen. Y gobaith ydy ei hailgodi yn yr Amgueddfa Werin yn Sain Ffagan i edrych fel y byddai hi yn 1915.

Ond er gwaetha llawer o ddarogan gwae, dydy hi ddim yn amen eto ar ein tafarnau. Tafarn eitha newydd ydy'r Urban Tap House reit ar erchwyn Stadiwm y Mileniwm, mewn adeilad arferai fod yn glwb preifat. Lle da i lenwi'r tiliau ar ddiwrnod gêm ryngwladol, nid bod rhyw lawer o olwg gwario ar baent na phapur wal ar y lle. Dydy hynny'n poeni'r un iot ar yr haid sydd wastad wedi eu gwasgu wrth y bar, ambell wleidydd anhysbys yn eu plith wedi dianc o gyffion y Senedd. Fel yr awgryma'r enw, gwerthu cwrw a seidr go iawn o'r gasgen ydy'r rheswm dros fodolaeth y lle. Prin bod unrhyw frand ar werth y byddai unrhyw un ond y diotwr mwya ymroddedig wedi clywed amdano.

Ond sylwaf ar brinder y cynnyrch Cymreig sydd ar gael, a chael fy synnu. Go brin y gellid honni ein bod yn wlad sych mwyach. Nid efo mwy na 60 o fragdai, 20 o gynhyrchwyr seidr, a rhywbeth tebyg o winllannoedd, heb sôn am ambell ddistyllfa. Mae dirwestaeth Gymreig wedi ei hen ffeilio o dan 'Arbrofion a Fethodd'. Bydd hyd yn oed clerigwyr a meddygon yn fodlon cyfaddef eu bod nhw'n mwynhau ambell jeri-binc y dyddiau hyn.

Nid nad oes unrhyw ymdrech ar gyfleu Cymreictod yma yn y Tap House. Brensiach, na, peidiwch â chael eich twyllo. Ar y grisiau ar y ffordd i'r tŷ bach mae arwydd yn fy rhybuddio: 'Dydy erbyn'r chyfraith at fyga i mewn hon.'

Wel, dyna fy rhoi i yn fy lle. Ond be fyddai'r estron cyffredin o'r blaned Sgrwtsh yn ei wneud heb gyfleuster cyfieithu Google Translate? Caf fy hun yn pendroni dros yr enghraifft glodwiw yna o Sgrymraeg wrth lymeitian seidr o'r enw Original Sin. Afal, Adda ac Efa, pechod, dach chi'n ei gweld hi?

Dwi'n clywed sŵn drymio a chlecian yn dod o stafell ochr. Dwi'n mentro rhoi 'mhen heibio'r drws, a chael fy synnu gan yr olygfa. Mae criw o bobol, sy'n allanol yn edrych yn eu llawn bwyll, yn ceisio curo ei gilydd ar draws eu pennau efo pastynau. Gallai fod yn olygfa o'r ffilm *One Million Years BC*. Maen nhw'n stompio dawnsio, eu traed yn siglo'n llon fel traed ymgymerwr angladdau y tu allan i ysbyty'r pla. Er nad ydyn nhw'n gwisgo gwasgodau brethyn a chlychau bychain ar eu fferau, allan nhw fod yn ddim byd ond dawnswyr Morys. Dyma eu noson ymarfer. Addas iawn iddyn nhw ddewis cyrchfan sy'n gwerthu digon o ddeunydd cryf i bylu'r synhwyrau. Gan wrthod pob anogaeth i ymuno yn yr 'hwyl', dwi'n cael ar ddeall fod y criw'n mynd o dan yr enw clogyrnog y Morys Caerdydd. Mynnan nhw nes bod du'n las mai cynnal traddodiad gwerin Cymreig y maen nhw. Nid dynwared rhyw wallgofrwydd Seisnig, sydd fel arfer yn cael ei fwynhau gan ddynion boldew efo chwerthiniad yn syth o berfeddion y seilam lleol. Mae eu dawnsiau, medden nhw, wedi eu seilio ar rai hances boced gwerinol fel 'Y Gaseg Eira' o ardal Nantgarw, a gofnodwyd gan Dr Ceinwen Thomas. Mae nifer wedi amau dilysrwydd hynny, gan fynnu nad oes unrhyw gofnod o draddodiad tebyg yn y pentre. Ond mynna'r criw fod y ffaith eu bod nhw'n dawnsio fesul wyth, yn hytrach na chwech, yn profi mai dioddef o anhwylder Cymreig y maen nhw yn hytrach nag un Seisnig. A pha brawf pellach allai unrhyw un rhesymol ofyn amdano? Wedi'r cyfan, beth sydd o'i le ar fymryn o hwyl mewn gwisg ffansi, a thinc o ddefod baganaidd o'r oes o'r blaen yn perthyn iddo? Neno'r tad, tydy Gorsedd y Beirdd yn ffynnu ar y peth?

Af yn ôl i fwytho fy mhechod wrth y bar, ac i feddwl am y fath newidiadau a welodd y ddinas. Dwi'n dal i ystyried ardal y dociau yn Nhre-biwt fel gwir galon yr hen Gaerdydd, cyn i Jac Codi Baw a'i griw ddod i'w chwalu. Daeth i enwogrwydd fel Tiger Bay, a mymryn yn chwithig ydy'r enw Cymraeg newydd Porth Teigr sydd i'w weld ar ambell fws. Daeth pobol yma o bedwar ban, o Affrica i Aberffraw, i chwilio am waith. Roedd y porthladd glo, yn ei anterth, y mwya a'r prysuraf drwy'r byd. Cafodd enw fel lle cyfeillgar ond peryglus, tlawd ond lliwgar. Doedd y gyfraith yn cyfri fawr ddim, a'r trigolion yn gwneud be oedd ei raid er mwyn goroesi.

'Gwin a mwg a merched drwg' ydy disgrifiad Meic Stevens o fywyd un o ddiweddar gymeriadau'r lle yn un o'i ganeuon. Mae'r geiriau yn cyfleu ysbryd Tiger Bay i'r dim.

Dwi'n cofio criw ohoïon ni'n mentro draw i Dre-biwt i foddi'n gofidiau y diwrnod hwnnw yn 1976 pan dwyllwyd pêl-droedwyr Cymru gan Iwgoslafia, a'r dyfarnwr Rudi Glöckner o Ddwyrain yr Almaen. Roedd sôn am gynllwyn comiwnyddol yn erbyn Cymru fach yn ffrwtian. A doedd y ffaith mai Adolf Prokop oedd enw un o'r llumanwyr o unrhyw help. Adolf, meddyliwch. Roedd rhyw ymdeimlad o'r hen Tiger Bay yn dal i fodoli yn yr ardal bryd hynny. Llechai rhyw awyrgylch cyffrous o fygythiol ar ei strydoedd budron.

Cafwyd hwyl yng nghlwb nos Dowlais y noson honno,

yn dawnsio efo'r merched lleol ac yn llowcio cwrw Brains. Ni'r criw o Gymry Cymraeg oedd bron yr unig wynebau gwynion yn y lle. Rywle rhwng yr wythfed peint a'r fodca a leim cynta, daethom yn ymwybodol o griw o fois lleol wedi ein hamgylchynu. Nid eu bod yn pryderu ein bod yn ceisio dwyn eu merched. Roedd y ddiod gadarn wedi sicrhau na fyddai dim yn tycio o syniadau o'u bath. Na, roedden nhw wedi clywed, dros sŵn annaearol y disgo *reggae*, eiriau mewn iaith estron. Rhywbeth newydd iddyn nhw oedd yr iaith Gymraeg. Ac roedden nhw'n bendant o'r farn mai Iwgoslafiaid oedden ni. Pa hawl oedd gennym ni, a'n gwlad ni newydd dwyllo eu gwlad hwy, i fwynhau ein hunain yn eu clwb hwy? Comiwnyddion ddiawl! Roedd crasfa ar y gweill. Ofer oedd chwilio am ddihangfa dân i ddiflannu nerth ein carnau drwyddi. Ofer hefyd oedd ceisio'u darbwyllo ein bod llawn cymaint o Gymry â hwythau. Hyd nes i un o'n criw daro ar y syniad o'u serenedio efo pill o 'Calon Lân'. Llaciodd yr awyrgylch, a lledaenodd sawl gwên lydan drwy'r gwyll. Ymunodd dwy garfan o gyd-Gymry i floeddio canu'r gytgan yn hynod aflafar drosodd a throsodd. Prin bod cyfeillion agosach wedi bod erioed, wrth i'r poteli fodca tu ôl i'r bar brysur wagio.

Mae llawer o'r hen ardal bellach wedi diflannu. Wedi ei ddisodli gan fariau a bwytai drud, adeiladau crand fel y Senedd a Chanolfan y Mileniwm, a sgwariau eang efo cerfluniau ponslyd. Ond mae elfen o'r hen Dre-biwt yn

Y Gyfnewidfa Lo – a fydd yn atgyfodi?

dal ei thir, os gerfydd ei hewinedd.

Y pnawn hwnnw, cyn mentro i ffau'r Morysiaid, roeddwn wedi cyrraedd gorsaf Bae Caerdydd ar drên o ganol y ddinas, yn llawn siwtiau a theis a chesys bach lledr hunanbwysig.

Ni fu llawer o lewyrch ar y strydoedd hyn fyth ers i'r porthladd golli ei rôl fel prif allforiwr glo'r byd. Ond mae'r ardal bellach yn prysur golli ei henaid, hyd yn oed. A hynny tra bo'r gwleidyddion a'r lyfis yn byw bywyd bras yn llawn *canapés* a Chablis a llyfu tin prin bum munud i ffwrdd.

Mae adeilad trawiadol y Gyfnewidfa Lo, anferthol o beth llwm yr olwg, bellach mewn cyflwr trist wrth i'r chwyn a'r mwsog brofi bod natur yn drech nag ymdrechion dyn. Mae nifer o'r ffenestri wedi eu bordio. Anodd credu mai dyma oedd canolbwynt y busnes glo yn fyd-eang ar un adeg. Yma y pennid ei bris. Yma hefyd yn 1908 y cafodd y siec gyntaf erioed am filiwn o bunnau ei harwyddo. Byddai angen dipyn mwy na hynny bellach er mwyn adfer adeilad fu'n guriad calon yr ardal a'r genedl gyhyd. Ond mae mwmial yn y cysgodion am gynlluniau i'w achub. Lled debyg y caiff y pwysigion yn y Senedd eu darbwyllo i dyrchu i'r coffrau i ganfod rhyw gildwrn maes o law. Yn eironig, y Gyfnewidfa hon oedd wedi ei chlustnodi ar gyfer cartref gwreiddiol y Cynulliad. Rhoddwyd y cynlluniau o'r neilltu ar ôl i'r Cymry wrthod unrhyw ddyletswydd i lywodraethu eu gwlad eu hunain yn y refferendwm cyntaf ar ddatganoli yn 1979.

Ro'n i'n chwilio am Ganolfan Hanes a Chelfyddydau Tre-biwt, gan obeithio ei chael ar agor. Llamodd fy nghalon wrth i'r drws iddi mewn tŷ teras mawr o friciau coch yn Stryd Biwt wichian ei groeso. Mae yma gasgliad difyr eithriadol o luniau, dogfennau a chofnodion llafar sy'n sgubo rhywun yn ôl i'r adeg pan oedd yr ardal yn ei hanterth. Clywaf sŵn tramiau'n gwibio heibio, cyrn y llongau'n hwtian, a llongwyr chwil yn morio canu ar eu ffordd yn ôl i'w llety lleuog. Daw tôn 'Fflat Huw Puw' i 'nghlustiau unwaith eto, fel yn Amwythig.

Yn goron ar y cyfan mae rhagor na 500 o ddarluniau

olew a brasluniau gan yr artist lleol Jack Sullivan. Yn gyn-blismon trafnidiaeth, arferai gadw trefn yn y dociau caled. Treuliodd lawer o'i amser yn cofnodi'r bywyd lliwgar o'i gwmpas. Darluniodd y llongau, y strydoedd, y puteiniaid, a'r morwyr a'u teuluoedd o bob lliw a llun, o bedwar ban byd, wnaeth fan hyn yn gartref. Mae'r darlun *A Song for Tiger Bay*, a baentiwyd ganddo yn 1990, wedi ei seilio ar fraslun o'r 1950au, yn nodweddiadol o'i waith. Ni ellid ei ddisgrifio fel celf uchel-ael. Ond mae'n hyfyw, yn llawn plant yn chwarae, plismon yn dwrdio, llongwr yn canu ei gonsertina, a dau feddwyn yn helpu ei gilydd allan drwy ddrws tafarn y Custom House. Mae'n enghraifft benigamp o'r gwaith dehongli cymdeithasol pwysig wnaeth yr arlunydd hwn. Treuliais lawer mwy o'r pnawn yn eu hedmygu nag yr oeddwn wedi ei fwriadu. Nid fy mod i'n edifar. Bu'n chwa o awyr iach. Talp o'r Caerdydd go iawn. Nid yr un plastig lluch dafl, fel tegan newydd ar fore Nadolig, yr ydym i fod i'w weld.

Diwrnod 3

CAERDYDD I'R BARRI
8 milltir – 24 munud

Y BARRI I YNYS Y BARRI
1 filltir – 5 munud

MAE'R Barri yn un o'r ychydig drefi yng Nghymru na fûm i erioed ynddyn nhw. Tan heddiw. A dydy pethau ddim yn argoeli'n dda o'r cychwyn cyntaf.

Pur araf ac anesmwyth fu'r daith o Gaerdydd, er y golygfeydd digon trawiadol. Mae'r baned neu ddwy y gwnes i eu mwynhau wrth dreulio'r bore yn stwna yn y brifddinas, ar ôl noson ddrud o gwsg mewn gwesty oedd bedair gwaith yn rhy gostus, bellach wedi corddi'n daclus drwy'r cylla ac yn barod i ddianc. Digon araf hefyd y mae'r drysau yn clecian yn agored, efo chwythiad o aer cywasgedig, fel cath mewn cegin Tsieineaidd. Ar ben hynny mae'r tai bach dros ryw bont ar y platfform pella. Mwya'r brys, mwya'r rhwystr. Mae'n syndod mor gyflym mae rhywun yn gallu symud pan fo raid, hyd yn oed wrth orfod croesi'ch coesau yr un pryd. Ond ofer fu'r rhedeg. Roedd y bali toiledau ar gau. Felly hefyd y caffi ar y platfform, arwydd yn y ffenest yn hysbysu ei fod yn gweini'r ddishgled a'r frechdan olaf am hanner dydd. Mae'n anodd, rywsut, gweld y rhesymeg o gau caffi ychydig funudau cyn amser cinio. Ond mae rhyw dinc Celtaidd i'r holl syniad.

Efo rhyddhad dyma sylwi ar un o dafarnau anferthol cwmni Wetherspoon, wedi ei henwi ar ôl teulu'r Romilly o dirfeddianwyr lleol, ychydig gamau anghyffyrddus i lawr y ffordd. Mae'n honglad o le tywyll oddi mewn, ac mae'n anodd canfod y tai bach. Wel, dydy rhywun ddim yn teimlo fel holi rhywun pan nad oes gynnoch fwriad o wario ceiniog, yn llythrennol, yn y lle, nac ydy? Mymryn yn ddifeddwl, fel mynd â hen fodryb efo chi ar eich mis mêl. Ond yn y diwedd does dim dewis gen i, wrth i'r bledren weryru mewn protest. Mae dyn yn syllu arna i'n anniddig braidd drwy slochion ei wydr peint. Teimlwn fel gwerthwr porc peis yn Nhel Aviv. Mae golwg mor hapus â phioden mewn popty ping arno, pig ei gap stabal ar i fyny a'i drwyn mor borffor â chrys esgob. Un o'r selocaf o'r selogion, yn amlwg. Gwnaiff hwn y tro.

Mae'n oedi i feddwl, er mor syml fy nghwestiwn. Mae'n sugno ei wefus isaf i'w geg, ac yn rhwbio gên na welodd na rasel na chadach ers sawl bore. Ac mae'n oedi . . . Brysia, ddyn. Dim ond isio gwybod ble mae'r bali geudy ydw i, nid trafodaeth am waith Einstein. Daw rhyw rochian *neanderthal* drwy'r gofod lle'r arferai ei ddannedd fod. Mae'n gwthio pig ei gap yn uwch fyth, ac yn chwifio'i fraich at ddrws ar y dde. Mae gwaredigaeth o fewn fy ngafael. Bu bron i mi â chynnig peint iddo yn fy niolchgarwch. Ond penderfynais y byddai'n decach â'i arennau pe na wnawn.

Yma yn y Barri wrth gwrs y mae cyfres deledu o'r enw *Gavin & Stacey* wedi ei rhannol leoli. Dyma'r cynhwysyn diweddaraf i gael ei daflu i'r crochan hwnnw o ystrydebau gwirion Cymreig y mae rhai'n tybio ein bod yn byw ynddo. Rhyw genhinen ddiflas yn nofio'n ansicr ar wyneb potes a grëwyd o rysáit Seisnig.

Maen nhw'n dweud ei bod yn olrhain hanes carwriaeth Stacey West o'r Barri â Gavin Shipman o Essex, a'r cyfathrachu rhwng eu teuluoedd. A phan welwch fod Essex druan hefyd yn y cawlach, sylweddolwch fod y sgriptiau'n rhwym o fod yn twmpathu ystrydeb ar ben ystrydeb. Y crachach celfyddydol yn cael hwyl am ben y plebs.

Welais i erioed yr un o'r rhaglenni. Ond mae'n siarad cyfrolau am rym y cyfryngau torfol fy mod serch hynny yn gyfarwydd ag enwau Gavin a Stacey. Gwn hyd yn oed fod y cwestiwn 'What's occurrin'?' yn un o hoff ymadroddion y gyfres. Tebyg i hwnnw bellach ymuno efo *boyo* a *look you* fel ymadroddion Cymreig sy'n bodoli yn unig yn nychymyg y Saeson.

Gwyddwn hefyd fod pobol o bob cwr yn heidio am y Barri i ddilyn yn ôl traed eu harwyr ffuglennol. Wrth i'r trên ddynesu at orsaf y dre ar derfyn ei thaith hanner awr o'r brifddinas, roedd cryndod wedi llifo drosof wrth ddychmygu gyda sut chwaeth roedd y lle wedi manteisio ar ei enwogrwydd.

A chwarae teg, doedd y Barri ddim wedi cael y fath sylw fyth ers i'r clwb pêl-droed lleol golli o wyth gôl i ddim yn erbyn Porto ym Mhortiwgal yng Nghynghrair y Pencampwyr yn 2001.

Cawn ein portreadu ran amlaf fel rhyw bobol fach ystrydebol o od a lleddf. Gor-hoff o ddefaid a diod a thelynau, a phawb yn siarad ag acen y cymoedd, *look you*, hyd yn oed yng Nghaergybi. A'r un ohonon ni, wrth reswm, wedi bod cweit ym mhen draw'r popty. Nid bod cywirdeb o unrhyw bwys i'r sawl sy'n meddwl amdanon ni felly. Yn enwedig gan nad ydy hi bellach yn dderbyniol pigo'n hiliol ar y Gwyddel. Ond digon bas fu'r portread o Gymru a Chymreictod erioed, yn enwedig ym myd drama, o Shakespeare a'i Gapten Fluellen i'r sgrin fach a'r sgrin fawr.

Cofiwch, mae'n rhaid i ni'n hunain dderbyn rhywfaint

o'r bai. Bu pobol fel y diweddar Rachel Thomas yn godro'r ddelwedd yn hesb. Gorfoleddai mewn portreadu'r fam Gymreig, at ei cheseiliau mewn sebon wrth sgrwbio cefn y gŵr, mewn ffilmiau ystrydebol fel *How Green Was My Valley, The Proud Valley* a *Tiger Bay*. Hynny ydy, hyd nes i'r Bib ei hanfon yn ei henaint go iawn i gartre henoed dychmygol Bryn Awelon ym Mhobol y Cwm. Yno, bu'n cadw cwmni i garfan o actorion oedd hwythau hefyd yn ddigon aeddfed i fod yno o ddifri. Yn ôl y sôn, nid props oedd y ffyn cerdded a'r teclynnau clywed oedd wastad ar y set.

Oddi allan i swigen y byd teledu Cymraeg, hefyd, digon peth'ma ac afreal fu'r cymeriadau Cymreig fu'n llechu yng nghorneli tywyllaf y sgrin fach. Pob un ohonyn nhw mor ddefnyddiol â llwybr beicio mewn ffau llewod.

Dyna ichi'r hen het nwydwyllt Gwladys Pugh a bortreadwyd gan Ruth Madoc yn *Hi-de-Hi*. Neu'r plismon di-glem DC Jones a chwaraewyd gan Meic Povey yn *Minder*. A beth am Private Cheeseman y ffotograffydd glafoeriog o greadigaeth yr actor Talfryn Thomas yn *Dad's Army*? Wedyn roedd gynnoch chi Windsor Davies fel y twpsyn cegog Sgt Major Williams yn *It Ain't Half Hot Mum*. Heb sôn, wrth gwrs, am Daffyd – wedi ei gamsillafu yn ôl y camynganiad Seisnig – yr unig ddyn hoyw yn Llanddewibrefi yn y gyfres *Little Britain*. Wedyn y gyrrwr a'r twyllwr Thomas Watkins (John Alderton) yn

Upstairs Downstairs, a Nerys Hughes fel y nyrs gyda bwriadau da, Megan Roberts, yn *District Nurse*. Cymeriadau digon hoffus, ond heb fod â fawr o sylwedd na chrebwyll yn perthyn iddyn nhw. Ystrydebau. Stereoteips. Inspectors Clouseau pob un wan jac. Dyffars, chwedl Ifas y Tryc.

Trodd y cryndod yn chwys oer wrth gofio ymweld â Llanddewibrefi pan oedd *Little Britain* yn ei anterth, a Matt Lucas yn ei elfen yn portreadu'r Daffyd blonegog mewn trowsus byr. Bûm y diwrnod hwnnw yn Eglwys Dewi Sant, sy'n sefyll ar fryncyn uwch y pentre. Dyna lle y creda rhai i'r ddaear godi o dan draed y sant ei hun er mwyn i'r dorf ei glywed a'i weld yn well. Edmygais gerflun trawiadol o Ddewi yn yr eglwys, a chasgliad o groesau Celtaidd hynafol. Dyma hefyd ble, meddan nhw, y daeth colomen o rywle ac eistedd ar ysgwydd ein nawddsant. Lle pwysig yn seice ysbrydol y genedl, os bu un erioed.

Ond i lawr yn siop y pentre doedd dim yng nghanol y bara a'r gwin a'r tuniau ffa pob i atgoffa rhywun fod fan hyn yn lle arbennig i ni'r brodorion. Serch hynny, roedd y lle dan ei sang â chrysau-T a chofroddion rwtshlyd yn datgan bod y sawl a'u prynodd wedi ymweld â phentre Daffyd, yr unig ddyn hoyw am filltiroedd. Chwaeth, ddwedoch chi? A'r *unig* ddyn hoyw?

Nid bod yn rhaid poeni'n ormodol am faterion o chwaeth mewn trefi glan môr fel y Barri. Nid dyna'r rheswm dros eu bodolaeth. Mae'r lle'n hoffi honni mai hi oedd y dre fwya yng Nghymru. Ond mi fyddai pobol Wrecsam yn dadlau mai myopia'r Hwntws sy'n gwneud iddyn nhw gredu hynny. Datblygodd y lle'n borthladd o bwys yn sgil twf y diwydiant glo. Yn ddiweddarach bu cwmni Geest yn mewnforio bananas yma pan ddaeth diwedd ar y galw am lo Cymreig. Yn rhyfeddol bron, tyfodd y lle'n gyrchfan i ymwelwyr ac yn ganolfan ddiwydiannol o bwys ar yr un pryd. Heidiai gweithwyr yma o'r cymoedd ac o'r tu hwnt i'r ffin am flas o awyr iach y môr, a seibiant o undonedd bywyd bob dydd. Bu'r dre, ac Ynys y Barri ychydig lathenni allan ym Môr Hafren ar draws rhimyn cul o dir, yn atyniad poblogaidd am ddegawdau. Hyd nes y daeth hi cyn rhated i dalu am heulwen Sbaen a sangrïa.

Mae strydoedd o dai mawrion digon cysurus yma yn arwydd o'r cyfoeth fu yma. Ond dilyn y patrwm arferol a wna'r stryd fawr, siopau elusen yn cystadlu efo'r rhai sy'n gorfod talu trethi am hynny o arian sy'n pasio ar hyd-ddi.

Efo atgofion melys am dripiau ysgol Sul ers talwm yn fyw yn y cof, ro'n i'n byrlymu â chyffro plentynnaidd wrth gamu'n ôl ar y trên ar gyfer y daith fer i orsaf Ynys y Barri. Os taith hefyd. Sôn am gywilydd pan syl-weddolais mor agos oeddwn i 'nghyrchfan; prin hanner milltir. Prin bod fy nhin wedi cael cyfle i ymgyfarwyddo efo'r sêt pan fu'n rhaid ffarwelio â hi.

Doedd hi'n syndod yn y byd nad oedd yr un enaid arall ar y trên; ac eithrio'r gyrrwr a'r gard wrth reswm. Ni thrafferthodd y gard ofyn am fy nhocyn. Chafodd o mo'r cyfle, mewn gwirionedd. A pha dwpsyn fyddai'n ceisio osgoi talu ar daith oedd yn cael ei mesur mewn llathenni? Gwnes addewid y byddwn yn cerdded yn ôl i'r dre dros y sarn i'r tir mawr pan ddeuai hi'n bryd i mi barhau â 'nhaith.

Digon anodd fu hi i'r ynys fyth ers i Butlins gau eu gwersyll gwyliau yma yn 1996. Y math o le y byddai Gwladys Pugh wedi bod mor fodlon â Phero mewn corlan ynddo, â llety ar gyfer pum mil o ymwelwyr. Ond mae'r ynys yn gwrthod yn lân roi'r ffidil yn y to, gan geisio ail-greu ei hun ar gyfer y ganrif hon.

Arferai'r archlofrudd Fred West ddod yma ar ei wyliau, ac yma y cafodd ei lwch dieflig ei luchio i'r pedwar gwynt pan ddaeth ei ddiwedd yntau wedi iddo wneud diwedd arno'i hun. Nid fy mod yn awgrymu defnyddio gwep hwnnw ar gyfer ymgyrch farchnata. Mae gan y lle ddigon o frwydr ar ei ddwylo fel ag y mae.

Bu'r Barri yn enwog am flynyddoedd ymysg ffyddloniaid y byd trenau fel mynwent yr injans stêm. Cyrhaeddant iard sgrapio Dai Woodham i gael eu torri'n ddarnau wrth i'r rheilffyrdd droi fwyfwy at injans disel. Ond methai Dai yn ei fyw â rhoi'r farwol i'r mwyafrif ohonyn nhw. Roedd nifer yn cael eu prynu gan gymdeithasau oedd am adfer hen reilffyrdd. Os na fyddai'r arian ganddyn nhw, byddai Dai yn cadw'r injan iddynt hyd nes y bydden nhw wedi hel celc digonol.

Achubwyd 213 o injans stêm, a llai na 100 aeth yn sgrap yn y pen draw. Mae gan y rheilffyrdd wedi eu hadfer, sydd bellach yn frith drwy'r ynysoedd hyn, lawer i ddiolch i'r Barri amdano.

Dirwynodd y busnes i ben yn naturiol, a does dim ar ôl o'r iard bellach. Ond yng ngorsaf Ynys y Barri mae 'na ymdrech glodwiw i gadw enw da'r dre ymysg carwyr y cledrau. Mae Canolfan Rheilffyrdd y Barri yn cynnig gwasanaethau cynnal a thrwsio, hyfforddiant i yrwyr, ac adnoddau ar gyfer ffilmio. Ac mae eu partner-gwmni Rheilffordd Ymwelwyr y Barri, yn yr un safle, yn cynnig cyfleoedd rheolaidd drwy'r flwyddyn i'r cyhoedd i deithio ar drên treftadaeth ar ddarn byr iawn o'r rheilffordd sy'n dal yn eu meddiant.

Yn anffodus, efo'r gwynt oer yn sgubo ar hyd y platfform i rywle nad oes caniatâd iddo fynd, roedd hi fel y bedd yn yr orsaf. Doedd yr un trên treftadaeth yn rhedeg i unman heddiw. Y fath siom. Y tro nesa, efallai.

Ar draws y ffordd mae'r ffair enwog hefyd yn disgwyl am well cyfle i ddangos ei gogoneddau. Mae ganddi waith dwyn perswâd ar blant heddiw. Gwena'r chwyn yn fuddugoliaethus drwy'r ffens er gwaethaf ymdrechion y gwynt i'w chwipio o'u gwreiddiau. Mae golwg drist ar y lle, cwpanau te enfawr a cheffylau pren yn ysu am gyfle eto i droi rownd a rownd i sgrechfeydd plant.

'What's occurrin?' Dim llawer!

Does dim teithiau tywys Gavin a Stacey heddiw chwaith, teithiau sy'n eich cyflwyno i'r mannau lle cafodd llawer o'r rhaglenni eu ffilmio. Ac mae siop gofroddion efo'r neges 'What's occurrin'?' yn fras ar boster yn y ffenest ar gau. Siom ar ben siom.

Yn 1849 roedd hon yn ynys go iawn, cyn i'r sarn i'r tir mawr gael ei godi. Yn ei gyfrol *A Topographical Dictionary of Wales* a gyhoeddwyd y flwyddyn honno, disgrifiodd Samuel Lewis yr ynys fel 'tua 300 erw o dir, wedi ei gosod fel un ffarm, ond ar y cyfan mewn cyflwr gwyllt o rostir a chwningar, yn gyforiog o gwningod, ac yn cynhyrchu dim ond tyfiant prin ar gyfer ychydig o ddefaid a gwartheg'.

Dywed hefyd mai ar ochr orllewinol yr ynys y claddwyd St Baruc. Y fo ydy nawddsant dinas Corc yn Iwerddon, ac maen nhw'n credu i'r Barri a'r ynys gael eu henwi ar ei ôl. Dywedid iddo foddi ym Môr Hafren tua'r flwyddyn 700. Roedd yn hynod uchel ei barch, ac yn y Canol Oesoedd roedd pedwar ymweliad â'i fan claddu ar yr ynys yn gyfystyr ag un â Rhufain. Heb sôn am fod yn llai trafferthus o beth cythraul. Mae murddun ei gapel, gweddillion isel rhyw dair wal yn gorwedd yng nghysgod clwstwr o goed, yn dal yma hyd heddiw. Mae'n parhau i gael ei ddefnyddio'n flynyddol ar gyfer gwasanaeth Celtaidd ar Ddydd St Baruc, Medi 27ain. Nodwch o yn eich dyddiadur.

Ond hen hanes ydy'r tir gwyllt a welodd Baruc a Samuel Lewis fel ei gilydd. Fyth ers diwedd y 19eg ganrif, lle i fwynhau ac ymlacio fu yma, datblygiad yr oedd Lewis wedi ei ragweld. Ysgrifennodd yn 1849: 'A house has been erected, for the farmer, which is fitted up in summer for the reception of persons desirous of enjoying in retirement the benefit of sea-bathing.'

Mae traeth Bae Whitmore yn arbennig o dywodlyd a braf. Ond braidd yn rhynllyd ydy hi heddiw ar gyfer unrhyw syniad o ymdrochi. Tywydd croen gŵydd nid lliw haul. Serch hynny mae'r traeth yn faes chwarae ar gyfer pobol a'u cŵn ym mhob tywydd. Mae byddin fechan yn cerdded ar y tywod ar ôl eu hanwyliaid, bagiau bychain o anrhegion cŵn i'w meistri honedig yn siglo o'u bysedd. Eich ffrind gorau? Hy! Fyddech chi'n disgwyl i'ch ffrind gorau gerdded ar eich ôl efo bag plastig i godi'ch anrhegion?

Mae teulu tindrwm mewn tracwisgoedd, triawd o ddaeargwn maint llygod mawr ar denynnau wrth eu sodlau, yn chwilio am rywle i ddianc oddi wrth finiogrwydd y gwynt.

Mae caffi Romy yn un o'r ychydig fusnesau sydd ar agor. Caf gysur o eistedd yno efo cwpaned o goffi. Dylai coffi da, meddai rhai, fod yn ddu fel uffern, mor gryf â marwolaeth a chyn felysed â chariad. Tri allan o dri i hwn, felly. Sonia'r perchennog am sut y bydd cerddwyr cŵn yn ei gynnal nes daw'r twristiaid yn un haid. Ond dydy'r Tindrwmiaid ddim yn rhoi eu trwynau heibio'r drws i helpu'r achos gydag ambell geiniog. Mae'r caffi wedi ei stwffio i'r entrychion, fel cwpwrdd esgidiau Imelda Marcos, efo trugareddau'r haf. Dillad haul ac inja-roc, a hufen iâ plastig mawr a chadeiriau cochion di-chwaeth i'w gosod ar y palmant os byth daw gwres yr haul. Prin bod lle i rywun barcio ei ben-ôl arno. Dyma ddyn sy'n byw mewn gobaith. Sut oedd yr hen gân werin yn mynd, dwedwch? 'Ac ar ôl y tywydd drwg, fe wnawn arian fel y mwg.' Ffwl-la-la yn wir. Ar y wal uwchben y peiriant coffi mae llun enfawr o ŵr a merch ifanc yn gwenu'n ddigon siriol i lygad y camera. Bingo. Felly dyna Gavin a Stacey, yn y cnawd fel 'tae. O'r diwedd. Falch o'ch cyfarfod.

Wrth ddilyn y Tindrwmiaid cwynfanllyd yn ôl i'r tir mawr, er yr oerfel oedd yn ceisio ein rheibio'n rhubanau, diolchais mai rŵan fues i yma ac nid yng nghanol y tymor ymwelwyr.

'What's occurrin'?' myn diain i. Dim llawer yr adeg hon o'r flwyddyn. Ffwl-la-la, ffwl-la-la.

Diwrnod 3

Y BARRI I'R RHWS
3 filltir – 9 munud

FELLY fan hyn ydy'r orsaf drên efo'r enw hiraf ledled Prydain. A llecyn digon disylw ydy o hefyd, gyda phob parch iddo. A na. Cyn i chi geisio fy nghywiro, anghofiwch am y lle yna yn Sir Fôn efo'r enw gwneud sy'n clymu'ch tafod i'ch tonsiliau. Llanfairpwllgwyngyll ydy enw swyddogol fanno ar yr amserlenni.

Dwi newydd gyrraedd gorsaf drên Maes Awyr Rhyngwladol Caerdydd Y Rhws, 28 llythyren o deitl sy'n ymestyn i 33 os defnyddiwch y fersiwn Saesneg. Cafodd y lein ei hailagor i deithwyr yn 2005 ar ôl bod yn agored i drenau nwyddau yn unig am 40 mlynedd, fyth ers i fwyell Beeching benderfynu nad oedd y lle yn haeddu gwasanaeth. Yr hen sgamp iddo.

Nid bod yr orsaf yn werth sôn amdani. Dim goleuadau llachar, dim trwmpedwr yn cyhoeddi bod y trên wedi cyrraedd, dim mân siopau yn gwerthu byrgyrs plastig a phaneidiau mewn cwpanau cardbord. Dim o'r fath. Dim ond rhyw arhosfa bws o le i gymryd smôc anghyfreithlon yn y dirgel ynddo, a phlatfform chwynllyd, syml i gamu arno oddi ar y trên. Dim smic o uchelseinydd. Dim ond arwydd trydanol yn wincio arnoch yn flinedig wrth gyhoeddi pryd bydd y trên nesaf yn gadael am y Barri a Chaerdydd i un cyfeiriad, a Phen-y-bont ar Ogwr i'r llall.

Bellach mae cynlluniau ar y gweill i godi cannoedd o dai newydd ym mhentre'r Rhws. Mae'n anodd dadlau mai drwg o beth fyddai hynny. Mae poblogaeth Caerdydd yn chwyddo ar yr un raddfa ag y mae gweddill Cymru yn gwagio. Prin bod unrhyw beth o werth syfrdanol yn y pentref ei hun, er bod y dirwedd i'r de ohono yn eitha trawiadol.

Mae'n werth cerdded yr ychydig gannoedd o lathenni oddi yma i Drwyn y Rhws. Dyma'r man mwya deheuol ar dir mawr Cymru, er bod Ynys Echni yn y pellter fan'cw yng nghanol Môr Hafren yn hawlio'r fraint honno dros y wlad yn gyffredinol. Cewch wers wefreiddiol mewn daeareg yma, wrth i'r clogwyni o galchfaen haenog agor fel porth o'ch blaen tuag at yr heli. Yma hefyd mae cylch o gerrig a maen hir anferthol o lechen wedi eu gosod er mwyn nodi ei rôl bwysig yn naearyddiaeth y wlad.

Ond yn ôl yn yr orsaf, mae'n rhyfeddol o dawel. Dim ond sŵn ambell gar yn mynd heibio. Dim sŵn pobol. Dim sŵn awyrennau. Dim ond sŵn y gwynt yn fferru 'nghlustiau.

Wrth gwrs, nid y maes awyr ydy fan hyn mewn gwirionedd. Hon ydy'r orsaf agosaf ato. Rhyw Ryanair o orsaf, yn bell ar y naw o'r lle y mae wedi ei henwi ar ei ôl. Mae ein maes awyr tua dwy filltir i ffwrdd ar daith unig ar fws wennol. Dim ond fi a'r gyrrwr, a hwnnw'n amlwg

Maes Awyr Caerdydd - gwerth £52m o brysurdeb

wedi ei hyfforddi gan gwmni Wells Fargo yn y Gorllewin Gwyllt. Gwibiodd darluniau o faestref ddigon cyffredin heibio'r ffenestri wrth i'r bws gyrraedd ei gyrchfan fel 'tawn i ar fin methu dal yr hofrenydd olaf allan o Saigon. Doedd gen i mo'r galon i ddweud wrtho nad oeddwn i'n mynd i unman mewn gwirionedd. Rhyw chwilfrydedd oedd wedi fy nenu i unig faes awyr rhyngwladol y wlad. Roeddwn am weld beth oedden nhw'n gwario fy mhres i arno.

Daeth Llywodraeth Cymru dan y lach yn ddifrifol, llawer gwaeth na'r un dyn o wleidydd a dalodd am y pleser amheus hwnnw o dan law meistres ledrog, ar ôl gwario £52m yn gwladoli'r maes awyr. Efo'r nifer sy'n defnyddio'r lle wedi bod yn prysur leihau, gofynnodd rhai pam na allwn ni anghofio am fod yn wlad gyfoes a defnyddio meysydd awyr Lloegr i fynd ar ein gwyliau ohonyn nhw.

Wedi'r cyfan, mae cewri o wladwriaethau hollol annibynnol fel Monaco, Andorra, San Marino a Liechtenstein yn ymdopi'n iawn heb yr un maes awyr.

Yn ei lyfr *Stamping Grounds* mae'r awdur Charlie Connelly yn esbonio pam nad oes un yn Liechtenstein. Mae'r dywysogaeth mor fychan, meddai, mi fyddai pob awyren a laniai yno yn achosi digwyddiad rhyngwladol drwy bowlio i mewn i'r Swistir cyn gallu dod i stop.

Fel yr orsaf, digon dilewyrch yr olwg ydy adeilad y derfynfa yn y maes awyr. Y tu allan, ger drws a'r gair

'Gadael' mewn llythrennau plastig breision uwch ei ben, mae dynes mewn côt wlân las yn brwydro i danio'i sigarét, ei chefn wedi ei grymu tua'r gwynt. Dyma le sydd wedi ei ddynodi ar gyfer smygwyr. Yma ar gyfer y trueiniaid caeth mae dwy fainc galed, un bin, a dim cysgod. Sôn am esgymun. Y tu mewn i'r derfynfa mae hi mor dawel ag Aber-soch yn y gaeaf, pan fydd y tai haf i gyd yn wag. Dim ond ambell adyn yn llusgo cês ar olwynion gwichlyd i rywle neu'i gilydd. Mae cyhoeddiadau wedi eu recordio yn rhybuddio y bydd unrhyw fag gaiff ei adael yn cael ei gipio a'i 'ddifa', fel rhyw hen gorgi sydd newydd frathu'r gweinidog. Mae'n debyg y byddai'r lle yn falch o ryw fymryn o gyffro.

Yn y toiledau mae un o'r glanhawyr yn golchi ei mop mewn basn golchi dwylo. Does neb wrth y cownter yn y caffi i gymryd fy arian wrth i mi ysu i gael fy nannedd i ryw ddanteithyn. Caiff y cyfan aros ar y silff.

Mae'r bwrdd dyfodiadau yn datgan eu bod yn disgwyl awyrennau o Amsterdam, Paris Charles de Gaulle, Caeredin, Glasgow, Newcastle a Dulyn. Heb sôn am un o ddwy ddaw bob dydd o Ynys Môn.

Dyma eistedd yn unig yn y Fly Half Bar yn sipian hanner y llwyddais i ddarbwyllo barman i'w werthu i mi. Canfyddais y sbesimen truenus yn llechu yn y gwyll rhwng y Brains Smooth a'r gwin coch, a'i lusgo gerfydd ei sgrepan tua'r ffynnon. Mae'r waliau'n gyforiog o luniau o sêr y byd rygbi, rhai presennol a rhai o'r Oes Aur y mae'r BBC ac S4C yn rhygnu ymlaen amdani mor syrffedus. Daw ton o anesmwythyd drosof. Pam, o pam, ydyn ni mor barod i chwarae'r ffŵl a defnyddio ystrydebau gwirion i gyfleu pwy ydyn ni? Oes raid bob tro droi at rygbi a defaid a merched mewn hetiau duon a glowyr a bali corau meibion? Mae fel 'tae ein hunaniaeth wedi ei chodi oddi ar glawr tun bisgedi.

Pam, er enghraifft, na fedr ein maes awyr ddathlu cyfraniad ein gwlad fach ni i fyd hedfan ac awyrenneg? A pheidiwch â chwerthin yn y cefn. Mae i Gaerdydd a Bro Morgannwg hanes hir yn y maes. Y maes awyr masnachol cyntaf oedd Pengam yn y Sblot yn y brifddinas. Yn ddiweddarach codwyd ffatri cydrannau ceir ar y safle ar gyfer cwmni Rover a Land Rover. Bellach tai sydd yno, ar ôl i'r ffatri gael ei dymchwel. Mae nifer o'r ffyrdd yn cario enwau fel Runway Road, DeHavilland Road a Chlos Avro, er parchus gof am y gorffennol. O 1932 ymlaen gwelwyd gwasanaethau'n hedfan oddi yno yr holl ffordd ar draws Môr Hafren i Fryste. Erbyn 1935 roedd teithiau i Ffrainc yn cael eu cynnig. Yno hefyd yr un flwyddyn y dechreuodd Cambrian Airways, cwmni hedfan mwyaf llwyddiannus Cymru erioed. Bu'n gweithredu hyd 1974 pryd y cafodd ei lyncu wrth greu'r anghenfil gwladoledig British Airways.

Ond roedd gwreiddiau Pengam yn mynd llawer pellach. Yno yn 1905 bu peiriannydd ifanc lleol o'r enw Ernest Willows yn adeiladu llong awyr. Y fo oedd y person cyntaf ym Mhrydain i ddal trwydded i hedfan llong awyr, ac yntau'n ddim ond 19 oed. Ar Awst 5ed 1905, llwyddodd i hedfan ei greadigaeth ryfeddol Willows Rhif 1 am 85 munud hir o'r maes awyr ac o amgylch Caerdydd. Yn 1910 llwyddodd i lanio Willows Rhif 2 o flaen Neuadd y Ddinas. Yr un flwyddyn aeth â hi ar daith 122 milltir yr holl ffordd i Lundain. Yn ddiweddarach hedfanodd ei Willows Rhif 3 o Lundain i Baris. Dyna'r tro cyntaf i'r daith uwchben Môr Udd gael ei chwblhau yn y nos. Nid iddi heb fod ei thrafferthion, yn enwedig pan gollwyd y mapiau i'r môr oddi tani. Tebyg i'r iaith gochi ryw gymaint. Dathlodd Willows Nos Galan 1910 drwy hedfan o amgylch Twr Eiffel, er mawr ryfeddod i'r Ffrancwyr cegrwth. Onid ydy o'n fwy o arloeswr sy'n haeddu cael ei gofio mewn maes awyr na dynion gyda pheli siâp rhyfedd?

Ar Fai 5ed 1959, plymiodd awyren DeHavilland i'r ddaear eiliadau ar ôl codi o Bengam. Ffrwydrodd yn chwilfriw prin 50 llath oddi wrth Ysgol Uwchradd Cathays. Lladdwyd pawb oedd ar ei bwrdd.

Ychydig filltiroedd i ffwrdd ym Maes Awyr Llandŵ, cyn-wersyll i'r RAF a'r union safle lle cynhaliwyd Eisteddfod Genedlaethol 2012, y digwyddodd y trychineb awyr gwaethaf yn hanes Cymru. Ar Fawrth 12fed 1950, lladdwyd 80 o bobol oedd ar eu ffordd adref o gêm rygbi ryngwladol yn Iwerddon pan fethodd eu hawyren Avro Tudor â glanio'n iawn. 72 o deithwyr oedd yr awyren i fod i'w cludo, ond roedd chwe sedd ychwanegol wedi eu bolltio yn ei chynffon er mwyn cario mwy. Goroesodd dau ddyn oedd yn eistedd yno yn y gynffon, drwy ryw ryfedd wyrth. Roedd un arall a ddaeth ohoni'n fyw yn y toiled pan darodd yr awyren y ddaear a throi drosodd. Deallwyd yn ddiweddarach fod cydbwysedd yr awyren yn ddiffygiol oherwydd y gorlwytho. Dyna a achosodd y ddamwain.

Yn sgil y digwyddiadau erchyll ym Mhengam a Llandŵ sylweddolwyd bod angen gwell cyfleusterau, a rheoliadau mwy caeth, er mwyn ceisio atal rhagor o drychinebau.

Gyda chyn-wersyll y Llu Awyr yn y Rhws bellach yn rhydd o'i ddyletswyddau milwrol, erbyn y 1960au roedd yr holl weithgaredd hedfan masnachol lleol wedi symud yno. A ganwyd Maes Awyr Caerdydd, er iddo fynd o dan sawl enw cyn setlo ar yr un presennol. Bu'r lle'n hynod lwyddiannus ar un adeg. Yn ei anterth yn 2007 byddai 2.1m o deithwyr yn gadael oddi yno bob blwyddyn am bedwar ban byd. Erbyn hyn mae'r niferoedd yna wedi haneru, er bod rhai arwyddion bod pethau'n gwella eto a'r claf yn adfywio. A minnau'n ôl ar y bws i'r orsaf, dyma ddymuno'n dda iddo. Gwellhad buan, yr hen gyfaill. Gyda chymaint o'n pres wedi ei fuddsoddi ar dy driniaeth, allwn ni ddim fforddio gadael i ti fynd o dan y dywarchen.

Diwrnod 3

Y RHWS I BEN-Y-BONT AR OGWR
17 filltir – 48 munud

PEN-Y-BONT AR OGWR
I BORT TALBOT
15 filltir – 21 munud

RHYW le rhwng dau fyd fu Pen-y-bont ar Ogwr yn nrych fy nychymyg erioed, er na fûm i erioed yno. Clwb rygbi fu unwaith yn enwog, a thre fach ôl-ddiwydiannol yn sefyll yn cicio'i sodlau hanner ffordd rhwng y brifddinas ac Abertawe. Annheg, o bosib. Peth felly ydy dychymyg.

A minnau gydag amser i'w ladd wrth newid trên yno,

caf fy nifyrru gan gymanfa hynod Gymreig o ferched canol oed a hŷn sydd newydd ddadlwytho'u hunain oddi ar y gwasanaeth o Faesteg. Maen nhw'n clebran yn llawn cyffro, fel côr cydadrodd symudol, ac yn siglo'u ffordd o'r platfform ac am ganol y dre.

Er na allai fy nhrên fod yn bell, dyma benerfynu dilyn eu hesiampl a threulio rhyw gymaint o amser yn fforio yn y strydoedd o'm hamgylch. Gwn fod trenau dirifedi yn rhedeg drwy'r orsaf hon; digon hawdd fyddai dal un diweddarach. Cafodd yr orsaf ei hagor ym mis Gorffennaf 1850, wedi ei dylunio gan neb llai na'r peiriannydd mawr ei fri Isambard Kingdom Brunel. Mae'r prif adeilad o friciau coch a'r bont droed dros y traciau – sy'n dyddio'n ôl i 1877 – yn strwythurau rhestredig. Ond dim ond dau strwythur o nifer fawr sy'n ffurfio Ardal Gadwraeth Bensaernïol ydy'r rhain. Mae canol y dre yn fy nghyfareddu, ac yn ddidraffig ar y cyfan, gan chwalu drych fy nychymyg yn deilchion. Ceir cyfanswm o 37 o adeiladau rhestredig mewn ardal ddigon cyfyng. Yn naturiol ddigon, y bont gefngrwm a godwyd yn 1425 i gysylltu'r ddwy lan i afon Ogwr sy'n frenhines ar y cyfan.

Byr ryfeddol – rhy fyr o lawer – fu fy ymweliad â Phen-y-bont, wrth i bwysau'r amserlenni brofi'n fwrn. Wrth i'r trên adael a'r dre yn erfyn arnaf i ddychwelyd, dacw dwyni tywod anferthol Merthyr Mawr i'r chwith, lle cafodd golygfeydd ar gyfer y ffilm *Lawrence of Arabia* eu saethu yn y 1960au cynnar. Yno hefyd yr oedd pentref coll Treganllaw, meddan nhw, y cartrefi bach clyd bellach wedi eu hen guddio o dan y tywod gan orymdaith ddiderfyn y twyni.

Mae Penrhyn Gŵyr yn gorweddian yn y mwrllwch ar y gorwel i'r chwith, fel dyn boliog wedi ei adael yn gorff ar ryw draeth liw nos. Mae'r haul gwantan yn adlewyrchu yn erbyn ambell ffenest yn y Mwmbwls ac yn fflachio mewn rhyw fath o god ar draws Bae Abertawe, i guriad haearnaidd cyson olwynion y trên, i geisio'm hudo. Fel ffenestri cochion Amsterdam.

Nid y basai gofyn am lawer o hudo. Dyma un o fannau mwyaf atyniadol Cymru gyfan. Daw geiriau'r bardd o Ddyffryn Aman, y diweddar Bryan Martin Davies, i gof pan ddisgrifiodd daith wefreiddiol plentyndod i lan y môr yn y Mwmbwls 'yn y pensil coch o drên' yn ei gerdd 'Glas'.

Mor wahanol i'r ddelwedd o'n gwlad sydd gan nifer na fu erioed yma. Tomennydd glo a llechi ar bob cwr, adeiladau pygddu, yr awyr yn drwm o wenwyn. Ysgyfaint yn llawn llwch, a'r afonydd yn rhedeg yn ddu o lygredd. Dyna'r darlun cyffredin, er ei bod yn deg cydnabod i hynny unwaith fod yn ddisgrifiad teilwng o sawl cornel.

Do, talodd Cymru'n ddrud o ran iechyd ac o ran amgylchedd wrth grafu bywoliaeth o gynnyrch y Chwyldro Diwydiannol. Yn y cyfamser cododd y perchnogion gestyll o chwys eu gweithwyr i lymeitian gwin ynddyn nhw o amgylch y cwpwrdd diodydd.

Does ond angen yngan enw Aber-fan i gyfleu'r cyfan mewn un darlun tywyll, trist. Ond y gorffennol ydy hynny bellach, yndê? Onid ydy Thatcheriaeth wedi rhoi'r farwol i'n diwydiannau trwm? Hip, hip . . . Y werin yn dawnsio drwy ddolydd gwyrddion lle gynt bu ffatrïoedd drewllyd? Ac afon Taf yn rhedeg drwy'r brifddinas cyn laned â chroen babi, lle bu hi unwaith mor fiwnt â thraed tincer? Wel, ym . . . dydy pethau ddim cweit mor syml â hynny. Digon gwir mai cysgod yn unig o'r hyn a fu ydy gweddillion y diwydiannau trwm. Ond mae 'na gilfachau digon budron ar ôl yn y de-ddwyrain a'r gogledd-ddwyrain. A diolch amdanyn nhw.

Ond camarweiniol oedd fy rhagdybiaethau am Ben-y-bont, meddyliais eto. Toc mae'r trên yn sgyrnygu'n stond, gyda chythraul o wich, yn yr orsaf nesaf ar fy nhaith. Mae un greadures drwsgl ar frys i ddianc, fel 'tae cŵn Annwn â'u bryd ar ei mowntio. Mae'n chwythu a 'stachu wrth i'r drysau mewnol lithro ynghau ar fag mae'n ei gario, a hithau yr ochr groes. Yn y diwedd llwydda i ddianc o grafangau'r drws, gan ei heglu hi ar hyd y platfform.

Dyma orsaf Parcffordd Port Talbot, yn nhref fwyaf llygredig Cymru. Yn ôl yr ystadegau o leiaf. Nid llygredig o ran sawl cymwynas mae'n ei gymryd i gael caniatâd cynllunio, na sawl llaw sy'n rhaid eu hysgwyd yn gam yn y gyfrinfa. Am wn i. Sôn ydw i am lygredd o ran y llwch

Gwaith celf gyferbyn â'r orsaf sy'n deyrnged i weithwyr dur Port Talbot

a'r budreddi sydd yn yr awyr, ar y ffyrdd a'r palmentydd. Ac ar y golch. Ia, hyd heddiw.

Mae'n anodd canfod fy ffordd allan o'r orsaf wrth i waith datblygu gwerth miliynau fynd rhagddo. Mae fel rhyw ddrysfa cae ffair o rwystrau pren, ac mae sawl un mewn picil ynglŷn â'r ffordd allan. Clywais fwmial ambell air lliwgar wrth i lwybr oedd yn agored ddoe fod wedi ei flocio heddiw. Ymunais efo nhw o dan fy ngwynt.

Golyga'r gair 'parcffordd' yn enw gorsaf, fel arfer, ei bod ymhell o ganol y dref mae hi wedi ei henwi ar ei hôl. Nid felly yn yr achos yma. Caf fy hun yn rhydd yng nghanol Port Talbot ymhen eiliadau wedi dianc o'r ddrysfa bren, gan roi cyfle i arogleuon trefol ymosod ar fy ffroenau yn syth bin. Mae'n f'atgoffa o'r drewdod a fyddai'n fy nharo wrth ddringo ar y palmant o orsaf drên danddaearol Moorfields yng nghanol dinas Lerpwl, pan weithiwn yno i'r *Daily Post*. Rhyw gymysgedd od o ddisel o din cerbydau, a ffatrïoedd yn rhechan, a mwg baco, a phobol wedi pi-pi mewn corneli ar ben gweddillion sglodion neithiwr.

Roeddwn wedi sylwi ar gwmwl o fwg llwydaidd yn chwythu'n fygythiol at ganol y dref fyth ers i'r trên ddirwyn ei ffordd yn anfoddog tua Phort Talbot heibio Margam, gwynt o'r môr yn dod â mwy na blas yr heli efo fo. A minnau bellach efo 'nhraed ar dir llonydd, dwi bron yn gallu blasu'r aer. Mae'r gwastatir rhwng yr orsaf a'r môr tu cefn i mi fel rhyw ffilm ddu-a-gwyn herciog o'r oes ddiwydiannol a fu. Dacw'r gwaith dur enwog, ei ddyfodol ansicr wedi achosi i'r genedl ddal ei hanadl yn ddiweddar, cyn bwysiced ydy'r lle i'n heconomi. A dyna ffatri nwyon diwydiannol, a gorsaf drydan enfawr, a llu o ffatrïoedd eraill. Ac ai purfa olew dwi'n ei gweld fan acw?

Mae 'na dlodi yma, heb os. A diweithdra. Ond mae 'na ddiwydiant yma o hyd. Yn y bryniau uwchben y dref y canfyddwch chi bron y cyfan sy'n weddill o ddiwydiant glo'r wlad. Safleoedd glo brig ydyn nhw, ond mae rhyw sôn annelwig am agor pwll dwfn newydd sbon. Dyma fentro ar draws y ffordd i Heol yr Orsaf, prif stryd siopa Port Talbot. Dichon dweud mai digon trist a thlodaidd ydy hi erbyn heddiw. Siopau benthyca arian, a gwystlwyr â'u ffenestri'n llawn modrwyau priodas rhywun, a gwerthwyr bwydydd parod. Dyna pwy sydd wedi disodli'r cigydd a'r groser a'r gwerthwr esgidiau lleol. Mae'n rhaid mynd i ben draw'r stryd i'r archfarchnad neu i'r ganolfan siopa sgleiniog, enfawr i gael hynny. A hwythau'n tlodi'r economi lleol fwyfwy drwy fancio'r arian yn rhywle arall.

Mae criw teilwng yn mwynhau llymaid o gysur yn nhafarn enfawr y Lord Caradoc. Efallai mai 'mochel rhag y glaw sydd newydd ddechrau hyrddio a'r awyr ddudew maen nhw. Mae'r sgwrsio'n ffraeth, a'r acenion braf yn syth o gynhadledd dynwaredwyr Richard Burton.

Ar draws y ffordd yng nghaffi Sweetmans, lloches y merched ydy fanno. Mae'r lle'n orlawn, clonc a sgon a dishgled yn un bwrlwm soniarus. Coda stêm o ddwsinau o gotiau glaw i gadw'r hin afiach o'r golwg, gan orchuddio'r ffenestri mewn llif o anwedd.

Efallai nad oes cymaint o Gymraeg yn yr ardal y dyddiau hyn, a chapel Bethany ar draws y ffordd bellach ar werth a'i ffenestri wedi eu bordio. Ond mae'r lle'n gyforiog o Gymreictod.

Tu allan ar y palmant mae dau neu dri byrddaid o ferched yn rhynnu mewn cwmwl o nicotin, wedi tyrru at ei gilydd fel defaid wrth din clawdd. Maen nhw'n cwtsio o dan gysgod y feranda gwydr sy'n rhedeg bron hyd y cyfan o'r ochr yma i'r stryd. Mae'r blychau llwch bron cyn llawned ag y mae eu cwpanau'n wag, a'u hwynebau rhychiog yn dweud celwyddau am eu hoedran.

Mae afon Afan yn sarff frown o gyffro wrth blymio o'r bryniau moelion, yn chwythu bygythion at unrhyw un sy'n meiddio mentro'n rhy agos. Yn sydyn dyma'r tywydd yn trugarhau wrth i'r gawod drom lithro i fyny'r mynydd bron mor ddisymwth ag yr ymddangosodd hi. Mae'r awyr yn sawru'n iachach yn barod. Dwi'n clywed y ffatrïoedd i lawr ger yr arfordir yn ochneidio mewn anobaith o weld eu gwaith caled yn mynd yn ofer. Daw rhyw furmur o'u boliau wrth iddyn nhw dorchi llewys a bwrw ati i gynhyrchu mwg a tharth o'r newydd.

Ar ôl syllu i ddau neu dri o wynebau gweigion, a dioddef crymu ambell ysgwydd o anwybodaeth, mae dynes ganol oed mewn sbectol dylluan â ffrâm binc yn gallu fy nghyfeirio at Eglwys Fair. Rydw i'n awyddus i weld cofeb i un o arwyr mawr Cymru, er un anfoddog ac anfwriadol. Ond roedd yn ddyn a ysbrydolodd sawl newid hanesyddol yn y modd y mynnodd y werin bobol eu hawliau ledled Ewrop. Dydy hi ddim yn wybodaeth gyffredinol mai yma ym Mhort Talbot yn 1808 y ganwyd Richard Lewis. Daeth yn enwocach fel Dic Penderyn, wedi ei lysenwi ar ôl y pentref hwnnw i'r gogledd o Ferthyr Tudful lle bu'n byw yn ddiweddarach. Cafodd ei eni yn fanwl gywir yn Aberafan, sef yr enw ar ganol tre Port Talbot. Nid tan 1840 y cafodd yr enw hwnnw ei fabwysiadu, mewn ymgais i grafu tin teulu'r Talbot o

dirfeddianwyr. Wel, cân di bennill fwyn i'th nain . . .
Mudodd gyda'i deulu i Hirwaun ger Merthyr pan oedd
yn llencyn ifanc, wrth i'w dad chwilio am waith yn y
pyllau glo. Yn ddiweddarach aeth Dic ei hun i weithio o
dan ddaear.

Yn ystod haf 1831 cododd cythrwfl mawr ym Merthyr
wrth i'r diwydiannwr a'r tirfeddiannwr William
Crawshay gwtogi cyflogau ei ddynion yn y gwaith dur.
Bu drwgdeimlad am amodau gwaith yn ffrwtian ers
amser ymysg gweithwyr dur a glowyr yr ardal. Ac roedd
y cam hwn gan Crawshay, perchennog castell rhwysg-
fawr Cyfarthfa, yn sbardun a daniodd goelcerth o
frwydro a gwrthryfel. Honnir mai dyma'r tro cyntaf
erioed i'r faner goch gael ei defnyddio fel arwydd o
awydd y gweithwyr am chwarae teg, a hynny ar Gomin
Hirwaun. Mae peth tystiolaeth i faneri coch tebyg gael
eu defnyddio yn Ffrainc cyn hynny, ond waeth i ni
hawlio'r fraint ddim. Crëwyd y faner, yn ôl y sôn, drwy
drochi darn o liain mewn gwaed llo fel symbol o gyd-
ddioddef. Daeth y faner goch yn ddiweddarach yn
symbol rhyngwladol o sosialaeth a chomiwnyddiaeth.
Dyna fu sail baner Tsieina fyth ers y chwyldro
comiwnyddol yn 1949, a baner yr Undeb Sofietaidd
rhwng 1923 a diddymu'r wladwriaeth yn 1991.

Am wythnos gyfan bu'r awdurdodau'n brwydro i
gadw cyfraith a threfn. Yn y diwedd cafodd catrawd o
filwyr Albanaidd eu hanfon i'r dref i ddod â'r trafferthion

i ben. Ar Fehefin 3ydd bu gwrthdaro gwaedlyd rhwng y milwyr a'r protestwyr y tu allan i Westy'r Castell ym Merthyr. Cafodd 23 o'r gwrthdystwyr eu saethu'n gelain. Arestiwyd Dic Penderyn, a chafodd ei gyhuddo o drywanu un o'r milwyr. Ni fu'r milwr farw o'i anafiadau, a methodd ag adnabod y sawl oedd wedi ymosod arno. Ac er bod y dystiolaeth yn erbyn Dic yn hynod denau, ac i 11,000 o bobol ym Merthyr Tudful arwyddo deiseb yn pledio am ei fywyd, cafodd ei ddedfrydu i'w anfon i'r crocbren. Roedd yr awdurdodau â'u bryd ar rybuddio eraill rhag ceisio herio'r drefn. Cafodd Dic ei grogi'n gyhoeddus y tu allan i hen garchar Caerdydd ar Heol Fair ar Awst 13eg, yn ddim ond 23 oed, a'i wraig yn disgwyl eu plentyn cyntaf. Yn ôl y sylwebyddion oedd yno, ei eiriau olaf oedd: 'O Arglwydd, dyma gamwedd.'

Aed â'i gorff yn ôl i Aberafan i'w gladdu, miloedd o

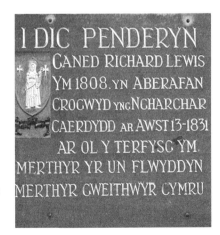

Cofeb Dic Penderyn

bobol wedi ymgasglu ar hyd y ffordd i dalu gwrogaeth iddo. Ond yn hytrach na gwasgu ar ddyheadau'r gweithwyr, y cwbl y llwyddodd yr awdurdodau i'w wneud oedd cynhyrfu'r dyfroedd ymhellach. Daeth Dic Penderyn yn ferthyr. Wyth mlynedd ar ôl ei ddienyddio cododd y gweithwyr yn erbyn eu meistri unwaith eto. Sgubodd Gwrthryfel y Siartwyr drwy Gymru a Lloegr. Roedd tân wedi ei gynnau nad oedd modd ei ddiffodd.

Flynyddoedd yn ddiweddarach, yn 1874, cyfaddefodd Ieuan Parker – yntau hefyd o Aberafan yn wreiddiol – ar ei wely angau yn yr Unol Daleithiau mai y fo oedd wedi trywanu'r milwr. Roedd wedi dianc dros yr Iwerydd rhag i'r awdurdodau gael eu dwylo arno. Mae gweddillion Dic bellach yn gorwedd o dan gofeb o groes Geltaidd a godwyd ym mynwent Eglwys Fair gan undebwyr llafur yn 1966. Daw sosialwyr pybyr yn aml i lan ei fedd i gofio amdano.

Wrth sefyll yno a'r tir yn socian o dan fy nhraed, sylwaf fod rhywun wedi gadael tusw o flodau coch o'r archfarchnad ar ei gofeb. Mae'r pris yn dal wedi ei lynu arno. A fyddai Richard Lewis wedi gwerthfawrogi gweld arwydd mor glir o gyfalafiaeth yn cael y gorau ar y siop fach leol ar ei fedd? Byddai dyrnaid o ddant y llew o Hirwaun yn nes at ei galon. Codaf beint er cof amdano heno, efallai yn y Lord Caradoc, ar ôl trefnu rhywle i osod fy mhen am y noson.

Diwrnod 4

PORT TALBOT I ABERTAWE
13 filltir – 19 munud

AC felly i Abertawe. Nid dyma'r canol dinas mwya
ysbrydoledig y dowch chi ar ei draws; mwy fel Preston
na Pharis neu Prag. Concrit dienaid ydy llawer o galon y
lle. Cafodd y rhan fwya ohono ei dywallt yma ar ôl i'r
Luftwaffe adael eu marc dros dridiau erchyll yn 1941.
Mae'n atgoffa rhywun o'r dinasoedd Stalinaidd hyll yr
arferwn ymweld â nhw yn nwyrain Ewrop cyn cwymp
Wal Berlin.

Yn ystod y cyrchoedd awyr di-baid dros dair noson ym mis Chwefror 1941, gollyngwyd 57,000 o fomiau a dyfeisiadau ffrwydrol ar y ddinas. Chwalwyd 857 o adeiladau yn llwyr a difrodwyd 11,000 arall. Lladdwyd 230 o bobol. Anafwyd 409 pellach.

Ond serch ei ffaeleddau amlwg, mae rhyw atyniad pendant i'r ddinas; rhyw Gymreictod sicr sy'n brin yng Nghaerdydd. Rhyw hyder na chewch chi ym Merthyr na Wrecsam. Gyda golygfeydd gwych o fewn tafliad carreg, mae'n cynnig rhyw flas o'r bywyd dinesig heb eich boddi gan ruthr dinasoedd mwy. Mae digon o hagrwch a thlodi i'r lle hefyd, cofiwch. Dyna ichi'r truan sy'n eistedd ar y palmant tu allan i'r orsaf wrth i mi gyrraedd. Gyda'i lygaid yn pefrio a'i wyneb yn barddu fudr, mae'n hawdd dychmygu gwair yn tyfu yn ei fogail. Byddai'n colli ambell owns o bwysau dim ond drwy gamu i'r gawod. Mae'n erfyn yn dawel arna i daflu ambell ddarn punt sy'n wastraff yn fy mhoced i ryw het leuog. Ai ei fai o ydy'r ffaith ei fod yn byw fel hyn? Neu amgylchiadau bywyd? Pwy a ŵyr? Llwyddais i osgoi ei rythu heb deimlo gormod o gywilydd.

Wrth deithio'r bore hwnnw ar y trên o Bort Talbot, ces fy hun yng nghanol criw o Wyddelod, eu boliau'n llawn o'r stwff du ond eu calonnau'n llon. Roedden nhw ar eu ffordd adref i Gorc ar ôl bod yn gwylio pêl-droedwyr Manchester United yn chwarae yn Llundain y diwrnod cynt.

Gwrthodais gynnig o dun o Guinness, ond gwthiwyd un boreol yn fy llaw serch hynny, wedi ei agor yn barod er mwyn ei gwneud hi'n amhosib i mi droi fy nhrwyn. Nid fy mod i'n anniolchgar, a minnau'n hoff o beint oer o gynnyrch Arthur J, ond eitha afiach oedd cynnwys tun fu'n rowlio mewn sach cerdded cynnes fyth ers Paddington.

Ceisiais eu darbwyllo bod coel ar yr hen stori honno mai rysáit Gymreig oedd un Guinness yn wreiddiol. Creda rhai i Arthur J efelychu cwrw du a flasodd gyntaf yn Llanfairfechan, ar ôl gorfod aros dros nos yno unwaith tra oedd ar ei ffordd adref i Ddulyn. Sôn am chwerthin. Lled debyg eu bod yn dal i chwerthin wrth ei 'nelu hi am y bar ar fwrdd y llong yn Abergwaun. Ond roedden nhw'n llwyr barod i geisio fy narbwyllo mai Cymro oedd bardd gorau'r iaith Saesneg erioed. Hyd yn oed yn rhagori ar gewri Gwyddelig fel W. B. Yeats, Samuel Beckett a Brendan Behan, meddan nhw. Sy'n dipyn o ddweud. Aeth Liam i berlewyg, ei lygaid ynghau fel Dafydd Iwan yn anterth ei gytgan, wrth geisio dyfynnu darn o gerdd enwocaf Dylan Thomas, 'Do Not Go Gentle Into That Good Night'. Daeth y datganiad i stop ar ôl y bennill gyntaf, dim ond i gael ei hailadrodd eto . . . ac eto . . . ac eto . . . Daeth y perfformiad meddw, diolch i drefn, i ben wrth i gawod o gwrw a geiriau coch fwrw dros Liam. Oedd, roedd Dylan yn dipyn o arwr, i Liam o leiaf. Ond na, doedd gan yr un ohonyn nhw y bwriad lleiaf o ddod o'r trên yn Abertawe i dalu gwrogaeth iddo dros fwy o gwrw.

Mae'n amhosib osgoi Dylan Thomas bron yn unman yn Abertawe. Nid yn bersonol, yn gorwedd mewn rhyw arhosfan bws, wrth reswm. Ond does ryfedd i'r Prifardd Twm Morys honni – cwyno, bron – bod yr awdurdodau wedi creu rhyw Ddylandod chwedlonol o'i amgylch wrth ddathlu canmlwyddiant ei eni yn 2014. Fel y dywedodd Dylan ei hun: 'Mae rhywun yn fy niflasu. Rwy'n meddwl mai fi yw e.' Ia, eicon Cymreig. Ond mae'n werth diodde'r eilunaddoli, beth bynnag a feddyliwch o'r dyn a'i waith a'i arferion. Chwythodd ei ysgrifennu chwa o awyr iach drwy lawer cornel ragrithiol a thywyll o'r bywyd Cymreig, a Chymraeg yn arbennig, pa un ai hynny oedd ei gymhelliad ai peidio.

Disgrifiodd Abertawe, efo rhyw gymysgedd o gasineb a chariad oedd yn nodweddiadol o'i agwedd at Gymru hefyd, fel 'tref salw, hyfryd . . . yn ymlusgo, yn blêr-dyfu hyd ochr arfordir crwm hir ac ysblennydd'.

Dyma neidio i dacsi a gwneud fy ffordd i ardal Uplands. Ac yn rhif 5 Rhodfa Cwmdoncyn bron na allwch ogleuo'r persawr lafant wedi ei fyseddu tu ôl i bob clust wrth i Mrs Thomas baratoi i hel ei thraed am y capel. Bron na chlywch hi'n swnian ar ei gŵr i adael ei getyn a sïo'r weiarles a rhoi ei gôt orau amdano. Bron hefyd na allwch synhwyro'u mab anarferol, plentyn od hyd yn oed, yn eistedd yn chwerw yn ei ystafell yn sgriblo'i gampweithiau cynnar.

Mae'r tŷ yn eich sgubo'n ôl i fyd cyffyrddus maestrefi dosbarth canol Abertawe yn y 1920au, cyn i gysgodion rhyfel godi eu hen bennau salw unwaith eto. Mae'n ddigon cyffredin yr olwg o'r tu allan, ond bellach yn cael ei gadw fel allor i'r athrylith ar greu delweddau a fagwyd yma.

Yn sicr lluniodd Dylan Thomas ddarluniau byth-gofiadwy o'i fywyd a'i gymeriad ei hunan, wedi eu hymestyn i'r eithafion. Pwy bynnag ddwedodd nad oes y fath beth â chyhoeddusrwydd gwael, roedd yn llygad ei le. Ffynnodd Dylan ar y peth. A beth sydd o'i le ar gofleidio ein dihirod celfyddydol llawn cymaint â'n hangylion? Iesgob, onid ydyn nhw'n llawer mwy niferus i ddechrau? Cofiwch, mae digon o le i gredu iddo droi'r chwyddwydr ben i waered er mwyn gorliwio ei gymeriad a'i ffaeleddau.

I lawr y ffordd o gartref ei blentyndod mae'r Uplands Tavern yn dal i groesawu croestoriad difyr o gwsmeriaid i'w libart swnllyd. Myfyrwyr ymhongar, darlithwyr mewn cotiau brethyn â phatsys lledr ar bob penelin, a bohemiaid celfyddydol gwalltog. Dyma un yn unig o'r mannau lle dysgodd y Dylan ifanc y grefft o oryfed a gwneud ei hun yn boen yn y parthau preifat i bawb o'i gwmpas. Nid ei fod mor unigryw yn hynny o beth ag yr oedd o'n hoffi meddwl.

Yn ôl y sôn honnodd iddo yfed 18 wisgi ar ôl ei gilydd

y noson iddo farw yn Efrog Newydd yn 1953. Broliodd sawl un yn y fath fodd yn ei dro, ond calliodd y rhan fwyaf cyn cyrraedd oedran Dylan. Ond mae nifer hyd heddiw yn dal i gredu mai marw o effaith y ddiod fu ei hanes. Byddai'r dyn ei hun wrth ei fodd. Mewn gwirionedd, mae'n llawer mwy tebygol iddo farw o effeithiau pwl difrifol o fronceitis. Ac yntau'n smygwr trwm, roedd hi'n anodd iawn iddo ers rhai dyddiau efo'r ddinas wedi ei llethu o dan gwmwl o darth. Cam-ddehonglodd y meddygon ei gyflwr. Rhoddwyd dos anferthol o forffin iddo, yn hytrach na'r gwrthfiotig roedd ei angen arno.

Ond fel yr arferwn ni newyddiadurwyr ddweud, efo'n tafodau'n dynn yn ein bochau (wir yr), pam gadael i'r ffeithiau ddifetha stori dda?

Heb fod ymhell o Rodfa Cwmdoncyn mae'r enwog Barc Cwmdoncyn. Dyma lle creodd y Dylan ifanc fyd lledrithiol rhyfeddol iddo'i hun. Mwynhaodd brofiadau yma y bu'n tynnu'n hael arnyn nhw yn ddiweddarach i liwio llawer o'i weithiau mwyaf llachar. Cafodd y parc ei adnewyddu ar gost o £1.4m ar gyfer canmlwyddiant geni'r bardd. Gwnaed joban hynod safonol o ddod â'r lle'n ôl i'w hen fri, chwarae teg.

Ond wrth i mi hel meddyliau o dan gysgod y *bandstand*, mae cymylau duon yn dechrau hel at ei gilydd ar y gorwel unwaith eto, fel bwlis mawr ar fuarth yr ysgol. Mae ambell boeriad yn gwlychu fy mochau yn

Sgwâr y Castell – cofadail i ddiffyg chwaeth bensaernïol y 1960au

barod. Efallai nad heddiw ydy'r diwrnod gorau i werthfawrogi ysblander y lle. Dyma droi fy ngolygon yn ôl at ganol y ddinas.

Yn rhyfeddol llwyddodd y castell hynafol, sy'n gorwedd yng nghysgod rhyw anghenfil o dŵr cyfoes disylw reit yng nghanol y ddinas, i oroesi bomiau'r Almaenwyr yn ystod cyrchoedd 1941. Felly hefyd Oriel Gelf Glynn Vivian ac Amgueddfa Abertawe. Codwyd y castell gan y Normaniaid yn y 12fed ganrif i gadw trefn ar y Cymry. Yn ystod y 18fed a'r 19eg ganrif cafodd rhannau ohono eu defnyddio fel carchar, neuadd tref a marchnad. Erbyn yr 20fed ganrif roedd swyddfeydd ac argraffty papur newydd y *South Wales Daily Post* wedi eu hadeiladu oddi fewn i'w furiau. Yno yn y 1930au bu'r Dylan Thomas ifanc – ia, hwnnw eto – yn minio'i bensil fel cyw gohebydd. Dyna ei fodd o ennill ambell geiniog am osod ei feddyliau ar ddu a gwyn, cyn i'w waith llenyddol fod yn ddigonol i dalu am ei gwrw a'i faco a'i ferched. Yn fuan ar ôl ymadawiad diseremoni Dylan newidiodd y cyhoeddiad ei enw i'r *South Wales Evening Post*, enw y mae wedi ei gadw hyd heddiw.

Mi allwn i'n hawdd gydymdeimlo gyda Dylan y prentis newyddiadurwr, yn ceisio cynnal bywyd bras ar geiniogau o gyflog. Dwi'n cofio'r teimlad i'r dim. Roeddwn wastad wedi bod â 'mryd ar ysgrifennu fel bywoliaeth. Dyna sut canfûm fy hun yn crafu bywoliaeth dila, fel iâr yn yr anialwch, o golbio allweddellau deinosoriaid o gyfrifiaduron yn swyddfeydd yr *Herald Cymraeg* yng Nghaernarfon, Pwllheli a Phorthmadog. Adroddwn am bopeth o losgi tai haf i losgach a dwyn dillad isa oddi ar ambell lein. Dwi'n cofio adrodd am achos llys ym Mhwllheli oedd yn ymwneud â siop gafodd ei dal yn llogi ffilmiau mabolgampau ystafell wely. Gofynnodd heddwas i mi adrodd yn y papur iddyn nhw gael eu dwylo ar restr yn enwi pob cwsmer fu'n holi beth oedd o dan gownter y siop. Wn i ddim oedd hynny'n wir ai peidio. Ond achosodd lawer o chwysu drwy'r dref.

Dro arall cefais fy nwrdio gan uchel heddwas am feiddio gwneud sbort am eu pennau. Roedden nhw wedi datgan eu bod, yn sgil canfod rhyw ddyfais ffrwydrol yn Ynys Môn, yn chwilio am ddyn a welwyd yn gwisgo *bomber jacket*. Allwn i ddim gwrthod y temtasiwn i'w gwawdio mewn colofn o'm heiddo gyda'r cwestiwn: 'Beth arall fyddai o'n ei wisgo?' Doedd gen i mo'r modd i brynu'r teiars newydd roedd eu hangen ar fy nghar, felly addewais na fyddwn yn cymryd eu hymdrechion yn ysgafn mwyach.

Yn sgil ein gorchestion newyddiadurol, byddai criw brith yr Herald yn aml yn trotian efo'n henillion tlawd i'w lluchio i dil y Blac Boi neu'r Twll yn y Wal. Lledai gwên lydan dros wynebau tafarnwyr wrth ein gweld â'n bryd ar fynd adre'n waglaw. Mae'n debyg y byddai tafarnwyr Abertawe yn neidio din dros ben pan gerddai Dylan i mewn. Hyd yn oed wrth i weddill y cwsmeriaid ei heglu hi am y drws i chwilio am dafarn arall.

Dinistriwyd swyddfeydd yr *Evening Post* yn ystod y *blitz* tridiau. Yn wyrthiol bron, cafodd muriau'r castell eu gadael yn ddestlus yn eu lle. Yn amlwg roedd gan beilotiaid y Natsïaid, cyfundrefn nad oedd yn or-hoff o wasg rydd, anncl rhyfeddol o gywir.

Er bod modd ymweld â'r castell hyd heddiw, mewn gwlad sy'n gyforiog o gestyll llawer mwy diddorol, prin ydy'r bobol sy'n trafferthu. Gallwch ychwanegu fy enw i at y rhestr.

Mae sgwâr hynod gyfoes wedi ei greu o flaen y castell, nodwedd digon disylw sy'n gofadail i ddiffyg chwaeth bensaernïol y 1960au. Mae'n bwll o goncrit gwlyb wrth i'r cymylau roi'r gorau i'w bygythiadau a gwagio'u hunain o ddifri. Mae dynes yn brwydro efo ambarél anystywallt sy'n cael y gorau arni wrth iddi frysio ar ei draws. Mae'n syllu'n syn ar ddyn sydd yn chwythu i feicroffon ar lwyfan sydd wedi ei osod o dan sgrin deledu anferthol. Mae'n amlwg na ddysgodd eto gyfri hyd at dri. Mae'n awyddus i'r sgwâr i gyd glywed yn iawn pa ryfeddodau bynnag sy'n mynd i darddu o'r uchelseinyddion unrhyw funud rŵan. Efo cynulleidfa o ddwy wylan yn sefyll yn druenus yn eu plu gwlybion, penderfynaf y gall yr adloniant wneud heb fy mhresenoldeb.

Dwi'n canfod fy hun mewn man â'r enw rhyfeddol Salubrious Place, wrth i mi chwilio am loches am y noson yno, gan fawr obeithio y cawn i fargen. Mae pob geiriadur i mi chwilio drwyddo yn rhoi'r ystyr 'iachaol, iachus' i'r gair *salubrious*. Prin y gellid meddwl am enw llai addas.

Mae'r lle'n gyforiog o fwytai cadwyn o'r math lle aiff bron popeth i'r sosban saim cyn llithro ar eich plât. Go brin, chwaith, fod y casino yn rhyw orlesol i'r iechyd.

Ar ôl cawod boeth yn y gwesty, a mymryn o *siesta* yr oedd ei fawr angen, ces fod talp enfawr o'r diwrnod wedi ei golli ym mhlu'r gwely. Dyma droi'r teledu ymlaen i wylio un o'r cant a mil o sianeli sy'n dangos canfed darllediadau o raglenni dwl ribidirês. Dyna lle'r oedd Jim Bowen yn cydymdeimlo drwy'i sbectol dylluan efo dau ddyn boliog. Mor fawr oedd y ddau nes bod eu penolau'n clapio bob tro roedden nhw'n symud. Roedd eu gwallt ill dau yn llaes dros eu gwar yn arddull y *mullet* fu unwaith, am ryw reswm anesboniadwy, mor boblogaidd. Mae'r ddau *mullet* yn edrych yn sobor o drist, eu dartiau yn eu dwylo o'u blaenau fel blodau gwywedig priodferch gafodd ei gwrthod. Mae cwch modur coch a gwyn hardd yn cael ei lusgo allan o'u blaenau ar ryw gaead bun mawr ar olwynion. 'Look at what you could've won,' parabla Jim yn ddidostur. Mae'r ddau bron yn eu dagrau. Rywfodd, ni chafodd Jim gelpan. Ni chawn eglurhad beth ar wyneb daear fydden nhw wedi ei wneud efo cwch modur, efo un yn byw yn Dudley a'r llall o Solihull. Filltiroedd o'r môr. Ond hidiwch befo, mae ganddyn nhw darw rwber yr un i fynd adre efo nhw.

Rhwng dau feddwl ai breuddwydio ai peidio ydw i, cefais ddigon ar y Prozac gweledol. Dyma godi coler fy nghôt a mentro allan i'r hin. Unwaith eto teimlwn fel Capten Oates. Ond roedd unrhyw beth yn well na throi f'ymennydd yn omlet meddal.

Cefais fy hun yn mynd i lawr rhyw ffordd gul. Dyma Salubrious Passage, sail y Paradise Alley yr ysgrifennodd Dylan Thomas amdani yn ei stori arswyd *The Followers*.

Ar un o loriau uchaf un o'r adeiladau hyn arferai Dylan ymuno ag un o'i fyrdd o gyfeillion gwallgo. Yno roedd gan Alban Leyshon weithdy lle gweithiai fel gof aur, rhwng slochian ac ysmygu yng nghwmni Dylan. Weithiau byddai'r ddau yn diddori eu hunain drwy dwymo ceiniogau ar wresogydd Bunsen, yna eu lluchio i'r stryd oddi tanyn nhw. Mawr fyddai'r miri wrth wylio pobol yn llosgi eu bysedd wrth geisio codi eu calennig annisgwyl.

Ar y gornel mae tafarn hynaf y ddinas. Dyma lle bu Dylan, Leyshon, newyddiadurwyr lu, a hufen honedig byd llenyddol a chelfyddydol Abertawe, unwaith yn ymgasglu i falu awyr a throi'r byd â'i ben i waered. Mae'r No Sign Bar yn dal i hudo hyd heddiw, er iddyn nhw ymdrechu'n galed i ddenu cwsmeriaid mwy normal. Maen nhw'n anlwcus heno. Ac wrth gamu drwy'r drws, mae'n amlwg bod elfen go wahanol yn dal i fynychu'r lle. Mae selerydd gwin y dafarn yn dyddio'n ôl cyn belled â'r 15fed ganrif, a'r lle'n gwningar o fariau ac ystafelloedd llawr pren braf. Daw'r enw anarferol yn sgil deddf o'r oesoedd a fu. Roedd yn rhaid i bob tŷ cyhoeddus a werthai ddiod feddwol gael arwydd ac enw arno fel bod modd ei adnabod. Câi'r arwyddion eu dyrannu gan yr awdurdodau. Ond gan mai bar gwin yn hytrach na thafarn oedd fan hyn, nid oedd rheidrwydd arno i gael enw nac arwydd. Ond dyrannwyd un iddo serch hynny efo'i deitl presennol.

Mentraf at y bar a chael sgwrs fer yn Gymraeg gyda'r weinyddes ifanc wrth iddi dywallt potelaid o seidr Gwynt y Ddraig i mi. Byddai Dylan wedi boddi yn ei llygaid gleision. Mae'r silffoedd ar y waliau o amgylch yr ystafell yn gwegian o dan bwysau poteli gwin llychlyd. Ac mae cadeiriau breichiau lledr wedi eu gosod blith draphlith yma ac acw. Hawdd fyddai dychmygu hen gyrnol â mwstas melyngoch yn hepian ym mhob un ohonyn nhw, o dan ddudalennau'r *Daily Telegraph,* mewn clwb crachach.

Drwy'r ffenest gwelaf ferched ifanc yn Stryd y Gwynt, teirgwaith mwy o gnawd yn y golwg nag wedi ei orchuddio, yn gwichian fel hychod yn geni gwydr wrth fentro o un bar i'r llall. Maen nhw'n siglo mewn pendro ar gopaon sodlau hirion. Cynydda'r gwichiadau wrth i ddail y coed ddiferu'n ddrygionus dros eu hysgwyddau noethion.

Ond mae hi'n glyd yn niogelwch y No Sign Bar. Caiff y lle ei drwytho gan arogl hyfryd huddyg' a mwg taro. Dim ond sŵn mwmial ambell sgwrs sydd i'w glywed, ynghyd â gwydrau'n cusanu mewn cyfarchiad, plât yn cael ei grafu'n lân, a'r coed yn clecian fel chwip Satan yn y tân agored. Yn ddisymwth daw ton wladgarol o gerddoriaeth, rywle rhwng *jazz* a chanu *gospel*, i lawr y grisiau draw fan acw i aflonyddu ar yr heddwch. Mae'n hanthem genedlaethol yn cael ei chanu, nid unwaith, nid dwywaith, ond drosodd a throsodd a throsodd. Cytunaf yn llwyr efo'r beirniaid hynny sy'n mynnu ei bod yn un o'r anthemau cenedlaethol mwyaf cyffrous. Does dim gwadu chwaith na fydd y blew ar fy ngwar yn codi fel pen brwsh sgwrio bob tro y bydda i'n clywed y bariau agoriadol yn seinio ar draws stadiwm pêl-droed neu rygbi. Ond dwi'n llai sicr a ddylid cael gormod o bwdin fel hyn. Rhywbeth i'w brefu'n aflafar ar ddiwedd nos cyn cael eich hel allan ydy hi mewn tŷ potes fel arfer.

Dyma fentro i fyny'r grisiau i chwilio am darddiad y sŵn. Mae arwydd pendant yn mynnu mai parti preifat sy'n mynd ymlaen. Ond mae'r drws i'r ystafell yn agored led y pen. Yno mae merched mewn ffrogiau sgleiniog a minlliw llachar yn codi bys bach, yng nghwmni haid o bengwiniaid mewn siwtiau *tuxedo* wedi eu gwasgu at ei gilydd. Maen nhw'n llowcio fel morloi mewn haig o bysgod. Daeth pall ar y canu, a sylweddola pawb gymaint fuon nhw'n gweiddi er mwyn cystadlu gyda'r peiriant *karaoke*. Cafodd y peiriant hwn, wrth gwrs, ei ddyfeisio er mwyn canfod pwy sydd wedi cael gormod i'w yfed. Ond cyn i bawb dynnu anadl, mae'r diawl peth yn aildanio. Daw'r nodau cyfarwydd, meddw, i lenwi'r lle eto. 'Mae he..ee..n wlashd fy nadau . . .' Roedd yn anodd gweld drwy'r mwrllwch. Wyddwn i ddim pwy oedd y llofrudd oedd yn rhoi'r farwol i'n hanthem. Ond gallwn daeru i mi weld bardd o'r gorffennol mewn cornel yn gwenu ar y cyfan drwy'i wydr wisgi. Byddai wrth ei fodd bod y bohemiaid yn dal mewn bri yn ei hoff dafarn.

Diwrnod 5

ABERTAWE I LANELLI
11 filltir – 15 munud

MAE'N anodd gwybod beth ddigwyddodd, ond rywfodd dwi newydd gamu i un o greadigaethau'r cartwnydd Gren. Efallai i rywun roi rhyw gyffur yn y cwpaned carbord o goffi grutiog y rhois ddau far o aur amdano ar y trên. Ond dyna sut dwi'n teimlo, a minnau newydd gyrraedd Llanelli a glaw mân y bore yn fy nghroesawu. Gren yn anad neb a'n gosododd ni fel cenedl ar dudalen flaen catalog yr ystrydebau hurt. Y fo a Max Boyce.

Pasiwch y genhinen anferthol a het Jemima Niclas, os gwelwch yn dda. I ddilynwyr Gren, roedden ni i gyd yn drigolion strydoedd teras Aberflyarff. Pob un gyda'i dŷ bach ar waelod yr ardd, a'i hoff ddafad bert yn ei minlliw yn pori ar friwsion glo.

Mae Llanelli yn dref sy'n portreadu'r ystrydeb i lawr i'r llymeityn olaf o gwrw Felin-foel. Tref y sosban o'r iawn ryw. Bron na ddisgwyliwn gerflun o'r chwaraewr snwcer lleol Terry Griffiths, helmed glöwr ar ei ben a phêl rygbi o dan ei gesail sbâr, yn disgwyl amdanaf ger allanfa'r orsaf. Ond doedd neb yno ond merch mewn côt ffwr ffug, yn cerdded 'nôl a blaen yn gweryru i'w ffôn symudol fel camel yn chwilio am gymar.

Dyma dref ôl-ddiwydiannol o'r iawn ryw, llawer nes at fy nisgwyliadau isel na Phen-y-bont. Mae'n brwydro i ailafael yn ei henaid ar ôl i'r diwydiannau trwm a'i creodd gael eu sgubo mor greulon oddi wrthi. Nid ar chwarae bach yr enillodd y ffugenw Tinopolis. Ar un adeg roedd 80% o holl alcam y byd yn cael ei gynhyrchu yma. Dim ond cysgod o'r bri diwydiannol a fu sydd ar ôl erbyn heddiw. Mae hynny'n drist o amlwg. Do, gwariwyd yn helaeth ar ddatblygiadau fel Parc Arfordirol y Mileniwm. Mae hwnnw'n atyniad gwirioneddol werth chweil sy'n ymestyn am 14 milltir ar hyd aber afon Llwchwr cyn belled â Phen-bre. Ond mae'r dref ei hun fel paffiwr a ddylai fod wedi hen ymddeol, sy'n gorfod parhau i roi'r menig am ei ddyrnau er mwyn talu'r morgais. Mae'n rhythu drwy lygaid gwaedlyd sydd bron â chau, yn gwegian ar y rhaffau wrth weld to newydd yn cael y gorau arno.

Mae Ffordd yr Orsaf tuag at ganol y dref yn fôr o siopau sglodion, tafarnau a siopau barbwr. Ogleua'r lle yn un gymysgedd lliwgar o gwrw, saim, baco a jel gwallt. Mae un jiarff yn sgwario i 'nghwfwr yn drewi o'r pedwar; ffatri gemegolion ar ddwy goes.

Tu allan i dafarn yr York Palace, fu gynt yn sinema, mae confensiwn o ystrydebau wedi ymgasglu yn y glaw er mor gynnar ydy hi. Gan fwytho eu peintiau a'u sigaréts mor dynn â'i gilydd, mae sawl bol cwrw wedi ei rowlio i grys rygbi coch ddau faint yn rhy fach. Mae'r dynion yn edrych hyd yn oed yn waeth. Rygbi ydy'r sgwrs pan fo'r ysgyfaint yn cael saib o'r mwg, llwyddiannau neu fethiannau'r timau lleol yn chwarae rôl hollbwysig yn seice'r dref.

Ac mae'n wir ei bod yn anodd meddwl am Lanelli heb i ddelweddau rygbïaidd lifo drwy'r cof. Dacw'r arwyr lu o'r Oes Aur ddaeth o'r ardal ac a fu'n chwarae i'r Sgarlets ac i Gymru. A phwy na chlywodd am y wyrth o drechu'r Crysau Duon yn 1972? Y diwrnod yr aeth y tafarnau'n sych. Maen nhw'n dal i gofio am hynny gyda hiraeth, hyd yn oed y rhai nad oedden nhw wedi eu geni.

Daeth buddugoliaethau hefyd yn erbyn Awstralia yn 1908, 1967 a 1992. Trechwyd Tonga yn 1974. Yn fwy rhyfeddol, efallai, trechwyd 'cewri' Tsiecoslofacia o 35-9 yn ystod taith i'r Undeb Sofietaidd yn 1957. Cipiwyd Cwpan Cymru bum gwaith mewn wyth mlynedd gorfoleddus rhwng 1985 a 1993.

Bellach rhyw is-glwb i dîm rhanbarthol y Sgarlets ydy Llanelli mewn gwirionedd. Ond mae'r ddau, serch hynny, wedi hen ennill eu plwyf yng nghalonnau'r bobol. Mae'r Sgarlets, mewn enw o leiaf, yn dîm rhanbarthol sy'n cynrychioli gogledd, canolbarth a gorllewin Cymru. Yn anffodus, dydy'r M4 ddim yn ymestyn i'r gogledd na'r canolbarth. Ni fu'r Sgarlets mo'r Heineken o ranbarth y bwriadwyd nhw i fod; yn adfywio'r rhannau nad ydy rhanbarthau eraill yn eu cyrraedd. Mae'n debyg bod hynny'n disgwyl gormod ganddyn nhw. Rhoddwyd y

gorau ers tro byd i arferiad byrhoedlog o chwarae ambell gêm yn Wrecsam mewn cydnabyddiaeth o'r rôl anghofiedig honno. Os ydy chwaraewr ifanc o'r gogledd am weld gêm broffesiynol o'r safon uchaf, ei glwb agosaf bellach ydy Sale ger Manceinion. Neu, a sibrydwch hyn, clwb rygbi'r cynghrair Warrington. Crëwyd trefn rygbi proffesiynol yng Nghymru sydd â'r cyfan o'i thimau – ac arian – wedi ei leoli ar goridor y draffordd. Prin ei bod yn syndod i ieuenctid gweddill y wlad droi eu golygon ar draws y ffin ac at bêl siâp gwahanol wrth chwilio am dimau i'w cefnogi.

Ond oes, mae hanes hir i'r Sgarlets. Nid eu bod nhw wedi bod yn gochion ar hyd y ffordd. Chwaraeon nhw yn eu tro mewn glas, ac yna du, ac yna crysau chwarterog siocled a choch. Setlwyd ar sgarlad ar gyfer gêm yn erbyn XV Gwyddelig yn 1884. Pan symudwyd o faes eiconig Parc y Strade yn 2008 i stadiwm newydd sbon danlli, tebyg bod temtasiwn i'w enwi yn Strade Newydd. Ond Parc y Sgarlets aeth â hi.

Roedd hi'n briodol iawn mai un o'r digwyddiadau mwyaf yn hanes y Strade oedd un o'r rhai olaf hefyd. Daeth 10,000 o bobol ynghyd yno ar Dachwedd 15fed, 2007, ar gyfer gwasanaeth angladd un o arwyr y clwb a Chymru fel ei gilydd. Roedd y byrlymus Ray Gravel yn llawn cymaint o actor, canwr, darlledwr a Cheidwad y Cledd ag oedd o chwaraewr rygbi. Roedd ei frwdfrydedd yn heintus, fel dwi'n cofio o gyfnod byr yn gweithio yn yr un adeilad ag o ym mhencadlys y BBC yn Llandaf. Cafodd lawdriniaeth i dynnu rhai o fodiau ei droed yn 2005, wrth i'r clefyd siwgr fynd i'r afael â'i gorff. Ei ymateb nodweddiadol oedd: 'Wel, doeddwn i fawr o giciwr ta p'un i.' Hollol addas a haeddiannol, felly, ydy bod cerflun trawiadol ohono yn sefyll y tu allan i Barc y Sgarlets.

Y deyrnged i Ray Gravel y tu allan i Barc y Sgarlets

Mae'r stadiwm newydd, a gostiodd £23m i'w godi, yn cynnig pob adnodd y gallai rhywun ei ddisgwyl. Er iddi frifo i'r byw i nifer pan fu'n rhaid gadael y Strade, fedr neb wadu nad ydy'r cartref newydd wedi bod yn gaffaeliad. Chwareodd pêl-droedwyr Cymru yma, hyd yn oed. Mae modd ymweld â'r lle, fel gyda phob stadiwm sydd am fachu ar unrhyw gyfle i lenwi'r coffrau. Mentrwch ar ymweliad â'i Lwybr Treftadaeth. Cewch eich hudo gan arddangosfa ar lun a sain o hanes y clwb ar hyd y blynyddoedd, a chlywed am rai o'r cewri fu'n chwarae yma.

Yn yr ystafelloedd newid cewch wrando ar leisiau pobol fel Phil Bennett, J. J. Williams, a'r hyfforddwr unigryw o ddawnus, Carwyn James. Nid oedd yn anarferol o gwbl gweld y dyn dysgedig hwn yn trafod llenyddiaeth a'r celfyddydau ar raglenni teledu uchel-ael. Rywfodd, alla i ddim dychmygu Gary Lineker neu Harry Redknapp yn trafod Shakespeare. 'William who, mate?'

Yn ôl yng nghanol y dref, digon di-fflach a diddychymyg ydy llawer o'r bensaernïaeth. Canolfan siopa ddigon cyffredin ydy un St Elli. Gellid dweud yr un peth am y strydoedd siopa o'i hamgylch. Eithriad prin ymysg hyn oll ydy Plas Llanelly. Dyma'r unig adeilad rhestredig Gradd I yn y dref. Wedi ei godi yn 1714 o gyfoeth teulu Stepney, mae'n adeilad llawn cymeriad. Er ei fod wedi ei fygu o dan fwgwd o niwl a glaw heddiw, mae llawer o'i ysblander yn dal i ddisgleirio drwodd.

Roedd y lle wedi dechrau mynd â'i ben iddo, hyd nes i'r dylunydd tai Laurence Llewelyn-Bowen ddod yn lladmerydd iddo. Llwyddodd i wthio prosiect i adnewyddu'r plas i rownd derfynol y gyfres *Restoration* ar y BBC yn 2003. Gwnaeth yr holl sylw fyd o les.

Bu'r pregethwr John Wesley yn aros yma unwaith. Yma hefyd yn 1843 y ganwyd John Graham Chambers, aelod o'r teulu oedd yn berchen ar Grochendy Llanelli ac oedd wedi etifeddu'r plas. Chambers fu'n gyfrifol am lunio'r rheolau i dair o gampau'r Gemau Olympaidd: athletau, paffio a rhwyfo. Bu'n rhwyfo i Brifysgol Caergrawnt, bu'n gyfrifol am ffurfio'r rhagflaenydd i'r AAA (y Gymdeithas Athletau Amatur), a bu'n ymwneud â threfnu gornestau biliards, pêl-droed, seiclo a reslo. Ond tra oedd am weld y byd athletau yn agored i bawb, roedd o'r farn ffroenuchel mai camp i'r crachach yn unig oedd rhwyfo. Mae croeso iddyn nhw ei chael. Yn 1867 lluniodd y rheolau y mae bocsio yn dal i'w dilyn hyd heddiw. Serch hynny, cawson nhw eu henwi ar ôl ei gyfaill Iarll Queensberry, oedd wedi cyflwyno'r gwobrau ar gyfer cystadleuaeth gynnar.

Ychydig a feddylia pobol i nifer o arferion cyfarwydd y byd paffio ddeillio o Lanelli, er i'r grefft gael ei hymarfer yn gyson ar ei strydoedd ar nosweithiau Sadwrn. Yr orfodaeth i wisgo menig arbennig, y cyfrif at ddeg a wna'r dyfarnwyr, y ffaith mai tair munud ydy pob rownd, a maint y sgwâr bocsio; rheolau Chambers un ac oll. Ond o leia cafodd ei gyfraniad ei gofnodi yn Oriel Ryngwladol yr Anfarwolion Bocsio yn Canastota yn yr Unol Daleithiau.

Mae enw teulu Stepney hefyd yn dal ar gof a chadw, gyda nifer o'r strydoedd wedi eu henwi ar eu hôl. Ond mae'r enwog Westy Stepney bellach wedi ei ddymchwel. Roedd yn adeilad eiconig yng nghanol y dref, ond bellach bwyty ffwrdd-â-hi digon di-nod sydd wedi cymryd ei le. Bu un o ddisgynyddion Napoléon ar ymweliad â'r gwesty ar un achlysur enwog. Yn 1865 roedd y Tywysog Napoléon Joseph Charles Paul Bonaparte a'i wraig Clotilde ar eu ffordd i gynrychioli Ffrainc mewn ffair fasnach ryngwladol yn Nulyn. Cyrhaeddon nhw Gaerdydd ar y llong *Le Jerome Napoleon*, ac arhoson nhw yn Llanelli am seibiant. Iddyn nhw a'u ceffylau. Ychydig o sylw gafodd yr ymweliad ar y pryd, efo'r Tywysog yn awyddus i gadw'r holl syrcas mor dawel â phosib. Tebyg ei fod yn pryderu y byddai'r Cymry'n trin y crachach fel y gwnaeth y Ffrancwyr ddelio â'u rhai hwythau rai degawdau ynghynt. Y ffordd yma at y bloc, Eich Mawrhydi.

Ar draws y ffordd i'r lle bu Bonaparte unwaith yn llymeitian te mae pencadlys a stiwdios cwmni Tinopolis. Dyma un o'r cwmnïau cynhyrchu teledu annibynnol mwyaf ym Mhrydain. Mae'n enghraifft o fenter Gymreig ar ei gorau, efo trosiant o fwy na £200m y flwyddyn. Y strydoedd gwlybion hyn fydd rhywun yn eu gweld yn gefndir i rai o raglenni poblogaidd S4C fel *Prynhawn Da* a *Heno*.

Dwi'n gorfod disgwyl ennyd ar y palmant wrth i ddyn hamddenol ei osgo gludo casgenni o gwrw Felin-foel i gefn rhyw dafarn. Mae wedi parcio ei lorri ar draws y palmant, heb boeni'r un iot am y glaw sy'n llifo i lawr fy asgwrn cefn. Y bwbach iddo. Oni bai ei fod yn gweithio ar orchwyl mor bwysig, byddwn wedi cael gair bach yn ei glust. Mae bragdy Felin-foel wedi dal ei dir yn rhyfeddol, yn wahanol i fragdy lleol arall. Daeth cwmni Buckleys i ben yn 1998 pan gafodd ei brynu a'i gau gan y brawd mawr o Gaerdydd, bragdy Brains. Bu'r ddau gwmni lleol mewn ras ddigyfaddawd yn 1935 i fod y cyntaf yn Ewrop i werthu cwrw mewn caniau. Roedd y rhai cyntaf wedi gweld golau dydd yn yr Unol Daleithiau ychydig fisoedd ynghynt. Gyda'r diwydiant alcam yn yr ardal o dan bwysau enfawr yng nghanol dirwasgiad eto fyth, roedd awydd mawr i'r arbrawf lwyddo. Felin-foel enillodd y ras, o ychydig ddyddiau, gan ddefnyddio'r hyn oedd mewn gwirionedd yn boteli alcam tebyg i'r rhai y gwerthir polish metel ynddyn nhw. Mynnon nhw fod eu cwrw yn blasu'n well na'r piso cath yr ochr arall i'r Iwerydd, a oedd yn cael ei basteureiddio cyn ei roi mewn caniau. Yn y cyfamser, llyncodd cwmni Buckleys andros o ful. Cyhoeddwyd hysbyseb ganddyn nhw yn y papur lleol yn mynnu iddyn nhw lwyddo i gael y blaen ar Felin-foel. Ond mynnon nhw nad oedden nhw'n gwbl hapus bod cwrw mewn tun o ansawdd boddhaol. Mae'r ddadl yn parhau hyd heddiw. Bu hi'n flynyddoedd wedyn cyn iddyn nhw fentro i'r farchnad, wrth i Felin-foel balu 'mlaen a datblygu o flwyddyn i flwyddyn. Nid oedd o bwys ganddyn nhw i'w cynnyrch gael ei lysenwi'n 'Feeling Foul'. Ac nid yn unig gan rai nad oedden nhw'n gallu ynganu ein hiaith.

Yn rhyfeddol ddigon cafodd bragdy Buckleys ei enwi ar ôl gweinidog yr efengyl efo'r Methodistiaid. Gŵr o Sir Gaerhirfryn oedd y Parch. James Buckley. Dechreuodd ymhél â bragdy bach lleol tua diwedd y 18fed ganrif. Pan fu farw'r perchennog, ei dad-yng-nghyfraith fel mae'n digwydd, cymerwyd yr awenau gan y Parchedig. Cymaint oedd ei falchder yn ei fenter, newidiodd yr enw i'w un o. Bu'r teulu'n rhedeg y cwmni hyd at 1998, ac mae cwmni Brains yn parhau hyd heddiw i gynhyrchu cwrw o'r enw Reverend James er cof amdano. Mae un o'i ddisgynyddion, Simon Buckley, yn rhedeg cwmni bragu Evan Evans yn Llandeilo.

Wn i ddim ai direidi ai peidio a'i hysgogodd i ddefnyddio enw iawn Evans Bach Nant-y-glo ar ei gwmni pan sefydlodd o yn 2004. Roedd yr Evan Evans hwnnw'n hanu o Landdewibrefi, ac yn weinidog efo'r Methodistiaid Calfinaidd. Trodd yn llwyrymwrthodwr tanbaid yn 1830, ymhell cyn i'r arfer ddod yn wirioneddol boblogaidd. Yn y pen draw aeth â'i ddaliadau gwrth ddiota efo fo i Ohio.

Daeth chwilfrydedd drosof i flasu peth o gynnyrch yr Evan Evans cyfoes. Mae Llandeilo yn sicr yn haeddu ymweliad. Tref fach gartrefol a chwrw da. Pam lai? Wrth i'r cymylau wagio gweddill eu cynnwys yn sbeitlyd dros fy ysgwyddau, dyma gychwyn yn ôl am yr orsaf. Naw wfft i'r lle. Dwi'n siŵr bod trên ar fin ymadael. Arhoswch amdana i.

Diwrnod 5

LANELLI I LANDEILO
37 filltir – 37 munud

LLANDEILO I DREFYCLO
58 filltir – 2 awr, 3 munud

TREFYCLO I AMWYTHIG
32 filltir – 55 munud

MAE'N debyg mai fy mai i ydy o, ond dwi wastad wedi cael hunllefau am Reilffordd Calon Cymru. Neu Lein y Canolbarth fel yr arferid ei galw hi. Gyda dim ond pedwar trên y dydd yn mynd i'r ddau gyfeiriad yr holl

100 milltir a mwy rhwng Llanelli ac Amwythig, a'r rheini'n gallu cymryd unrhyw beth hyd at bedair awr neu fwy, dydy'r hunllefau ddim yn syndod. O, golygfeydd gwych, dwi'n derbyn. Ond does dim yn gyffyrddus am y profiad. Nid 'mod i'n disgwyl soffa, a Miss Cymru yn fy mwydo â grawnwin cochion, na dim o'r fath.

A dwi'n sylweddoli ei bod hi'n anodd darparu cyfleusterau ar drên un cerbyd, os gallwch chi gyfeirio at un cerbyd fel trên. Bydd teithwyr cyson yn cwyno bod yr un cerbyd hwnnw yn aml yn orlawn, pawb wedi eu gwasgu at ei gilydd fel ffa pob mewn tun.

Wedyn dyna ichi'r un toiled unigol. Bydd yr hen greadur wedi gweld dyddiau gwell a glanach, yn mwmial fel adweithydd niwclear, ac yn fwyfwy drewllyd fesul milltir boenus. Nid lle i guddio ynddo rhag y gwerthwr tocynnau, yn sicr.

Be ddwedoch chi? Paned a phanini? Rhowch 'gorau iddi, wnewch chi? Ond mae sôn bod y Groes Goch weithiau yn gollwng pecynnau bwyd o hofrenydd uwchben er mwyn ceisio rhyddhau'r teithwyr o'u cythlwng.

Does dim gwasanaeth o unrhyw fath ar y trên hwn. Dim paned, dim brechdan, dim *wi-fi*, dim dŵr yfed hyd yn oed. Yng ngeiriau cwmni KwikSave 'slawer dydd, dyma deithio cyhoeddus 'No Frills' o'r iawn ryw. Mae'r trydydd dosbarth yn fyw ac iach. Gwnewch le i'r geifr a'r ieir, da chi. Y cwbl gewch chi am eich arian ydy to uwch eich pen, ffenest fudr i syllu'n ddall drwyddi, a sêt i roi eich pen-ôl arni os bydd ffawd efo chi. Mae'n fwy fel *Von Ryan's Express* na'r daith bleser drwy brydferthwch cefn gwlad Cymru y mae'r enw marchnata Rheilffordd Calon Cymru i fod i'w gyfleu.

Sychodd y wefr o flysu cwrw Evan Evans. Efo calon drom y codais docyn a llusgo fy hun at y platfform i ddisgwyl fy nhynged, fel claf yn ystafell aros y deintydd. Fflachiodd lluniau drwy fy meddwl o'r tro diwethaf i mi deithio ar y lein yma. Mis Awst 1991 oedd hi. Roedd yr Eisteddfod Genedlaethol wedi penderfynu cynnal ei jambori gogleddol ar faes y Sioe Fawr yn Llanelwedd. Y flwyddyn ganlynol symudwyd rai milltiroedd i'r gogledd i gynnal ei gŵyl ddeheuol yn Aberystwyth. Coelbrennau'r derwyddon heb eu tiwnio'n iawn, mae'n debyg. Y noson cynt ro'n i wedi cysgu yn lolfa'r Llanerch Inn yn Llandrindod, heb yn wybod i'r perchnogion. Ataliwyd unrhyw gynllun oedd gen i i sleifio'n llechwraidd o'r lle ben bore, cyn i neb sylwi ar fy mhresenoldeb, pan sylweddolais fod larymau wedi eu gosod ar y drysau i gyd. Go daria. Bu'n rhaid setlo ar soffa yn ddestlus tan i bawb godi. Rhedodd darluniau o'r larymau i gyd yn canu ac Elliot Ness a'i ddynion yn amgylchynu'r lle drwy fy meddwl gydol y nos. Yno'n eistedd yn darllen rhyw lyfr oedd wrth law oeddwn i pan ddechreuodd y gwesteion oedd wedi talu ymddangos am eu brecwast. Doedd gen i mo'r wyneb i fynd am fwyd, er cymaint y byddai mymryn o felynwy yn rhedeg i lawr fy ngên wedi plesio. Neidiais i'r car a chychwyn yn ôl am y gogledd. Cefais ryw fudr fusnesa ar y gweithgaredd ar Faes yr Eisteddfod wrth fynd drwy Lanelwedd. Yn annisgwyl clywais sŵn metel yn camu. Gwasgwyd yr anadl o'm hysgyfaint gan y gwregys. Ro'n i wedi taro yn erbyn y car o 'mlaen.

Trueni na chofiais lafargan Hywel Gwynfryn ar y radio bob bore bryd hynny: 'Gwyliwch y car tu ôl i'r car o'ch blaen chi.'

Daeth merch o'r car arall, oedd bellach fymryn yn fyrrach na phan ddaeth o'r ffatri. Sylweddolais fy mod yn ei hadnabod. 'O helô, Eleri,' meddwn, yn anadlu'n drwm, fel rhyw hen ddyn budr yn llechu tu ôl i dudalennau cylchgrawn silff uchaf. 'Dydw i ddim wedi dy weld di ers hydoedd. Sorri am falu dy gar di.' Doedd o ddim o bwys, sicrhaodd fi, gan mai car cwmni oedd o. A beth bynnag, roedd yn dal i fynd yn iawn, diolch yn fawr, tolc yn ei din ai peidio. Oedd yn fwy na allwn i ei ddweud am fy Ffordyn i. Llusgwyd o i garej gyfagos, a dechreuais ar yr hirdaith yn ôl i'r gogledd yn ddi-gar. Gan feddwl efallai dal trên yn y Drenewydd, holais yn y Ganolfan Groeso dros y bont yn Llanfair-ym-Muallt pryd y baswn i'n gallu dal bws yno. 'Dydd Mawrth,' arthiodd y ferch o'r tu ôl i ddiogelwch y cownter. Roedd hi'n ddydd Iau. Doedd ganddi mo'r clem lleiaf cymaint roedd ei Chanolfan wedi ei chamenwi. 'Ond fe gewch chi drên o Builth Road, rhyw ddwy filltir i ffwrdd.' Ncidiais i dacsi, heb ddeall yn iawn pa lwybr roedd y trên yn mynd i'w gymryd. I uffern, fel roedd hi'n digwydd.

Ces fy hun yr unig gwsmer yn y Cambrian Arms ar y platfform yn Builth Road. Bu hon gynt yn ystafell aros a bwyty ar gyfer gorsaf fu'n gwasanaethu dwy lein. Rhedai'r Mid Wales Railway rhwng Llanidloes a Llanymddyfri o 1864 hyd nes y caewyd hi ddwy flynedd yn brin o'i chanmlwyddiant, efo Rheilffordd Calon Cymru yn croesi uwchben heibio platfform arall.

Ymhen y rhawg gwichiodd ac ysgytiodd rhywbeth pardduog i stop wrth y platfform uchaf, a rhuthrais i fyny'r grisiau. Mentrais yn betrus drwy fwg dudew i'r cerbyd unigol. Gwenodd y gard pan godais docyn i Fangor, gan sylwi nad oedd gen i unrhyw gynhaliaeth arnaf. Roedd hi am fod yn ddiwrnod hir.

Es drwy leoedd na wyddwn i am eu bodolaeth. Mewn un man dinad-man bu hi'n ras gyffrous rhwng y trên a buwch yn pori mewn dôl wrth y lein. Bu'r fuwch yn anffodus i gael ei threchu o drwch blewyn glas pan ddaeth clawdd i roi terfyn ar ei hwyl.

Iawn, dydy'r daith ddim mor araf â honno rhwng Pratapnagar a Jambusar yn India. Mae honno'n cymryd tair awr a hanner i symud 27 milltir. Ond chwarae teg, maen nhw'n gorfod gofalu nad ydyn nhw'n ysgwyd pobol oddi ar y to. Ond mae'n cymharu'n anffafriol ar y naw â'r Glacier Express yn y Swistir, y trên cyflym arafaf yn y byd. Mae hwnnw'n llwyddo i deithio 180 milltir mewn saith awr a hanner, a hynny drwy'r Alpau, nid rhyw blorynnod o fryniau fel y rhain.

Ymhen rhyw dair wythnos cyrhaeddodd y trên fel rhyw rithlun o'r gorffennol pell yng ngorsaf Amwythig. Taflais geiniog i benderfynu a oeddwn am barhau â'r artaith i'r gogledd am Gaer a Bangor, neu anwybyddu'r tocyn oedd gen i a'i 'nelu hi i'r gorllewin am Ddyfi Jyncshiyn. Doedd gen i mo'r galon. Es i chwilio am westy, a bwrw ati i foddi fy ngofidiau yn arddull draddodiadol y Celt oddi cartref.

Felly dyma fi, ddau ddegawd yn ddiweddarach. Torrodd chwys oer dros fy nghorff wrth i fy ngherbyd bowlio'n llechwraidd at y platfform.

Cysuraf fy hun na fydd y profiad, siawns, hanner cyn waethed â thaith a gymerais o Fienna a thrwy'r Llen Haearn i Hwngari yn 1989. Cofiaf orfod disgwyl am oriau yn Hegyeshalom wrth i warchodwyr y ffin fynd drwy bob pasbort a fisa efo crib mân. Oedd 'The Third Man' rywle ar y trên? A dwi'n cofio aros eto am hydoedd ym mherfeddion nos yn Ferencvaros ar gyrion Budapest, ochr yn ochr â thrên arall yn cludo cannoedd o foch swnllyd a drewllyd. Bu'n rhaid teithio'r holl ffordd o Fienna yn sefyll yn y coridor. Ces fy ngwasgu yn erbyn y ffenest am dair awr gan hen wreigan â llond pen o ddannedd drwg, ei thrwyn hir fel 'tae'n chwarae'r piano arnyn nhw. Smygai sigaréts mor ddrewllyd â rhech llysieuwr. Dysgais fy ngwers. Ar y daith yn ôl es i eistedd yn y cerbyd bwyta. Yno ces i sylw di-ben-draw, bwrdd â lliain coch a gwyn del drosto, powlenaid o gwlash yn llawn twmplenni toes, a chyflenwad cyson o gwrw Borsodi. A'r cyfan am ychydig sylltau Awstriaidd, a childwrn bach i'r gweinydd yn ei wasgod borffor.

O na fyddai gwasanaeth tebyg yn fy nisgwyl heddiw. O leiaf mae digon o le ar y trên, un cerbyd ai peidio, wrth iddo lusgo ei ffordd fel malwoden tua'r gogledd drwy Rydaman a Llandybïe. Gwelaf chwarel galchfaen Cilyrychen a'i hodynau calch enwog i'r chwith. Agorwyd y chwarel yn 1857, yn bennaf gyda'r bwriad o gyflenwi cerrig at ddiben gosod gwely'r rheilffordd hon.

Ddeugain munud wedi cychwyn ar y daith, a minnau wedi fy siglo'n ôl i gyflwr rhwng cwsg ac effro, dyma gofio 'mod ar bererindod i chwilio am neithdar disgynnydd yr hen Barchedig James. Gwasgais fy hun drwy'r drws cyn iddo wasgu'n glep yn fy ngwyneb. Dyma Landeilo. Mae Llandeilo yn dref fach liwgar. Dyma lle teyrnasodd Rhodri Mawr, yng nghastell ysblennydd Dinefwr. Dyma hefyd lle bu ei ŵyr Hywel Dda yn llunio ei gyfreithiau eangfrydig. Mae'n werth yr ymdrech i ymweld â'r castell ar diroedd Parc Dinefwr, a'i yrr hynafol o geirw, ar gyrion y dref. Welais i ddim golwg o'r ceirw, cofiwch. Nac ychwaith y gyr o wartheg gwynion, bygythiol o gorniog, sydd wedi eu magu yma fyth ers dyddiau Hywel.

Yng nghanol y dref mae'r strydoedd yn gymysgedd o fewnfudwyr sy'n tyfu moron organig a Chymry lleol sy'n tueddu i siarad Saesneg clapiog. Mae'n rhyfeddod sut mae ganddyn nhw'r hyfdra i gyfeirio at y Cymry mwy amaethyddol eu natur, sy'n dewis siarad eu mamiaith, fel hambons.

Cafodd yr enghraifft gynharaf sydd gynnon ni o Gymraeg ysgrifenedig ei chofnodi yn y parthau hyn. Rhyw nodiadau ar ymyl tudalen mewn llyfr o ysgrifau crefyddol ydy'r geiriau. Maen nhw'n dyddio o'r wythfed ganrif, ac yn cyfeirio at ffrae ynglŷn â pherchnogaeth tir. Wedi eu rhwymo a'u hailrwymo yn llyfr hynod o hardd, nid ydy hi'n syndod bod Efengylau Llandeilo wedi hen hel eu traed ar draws y ffin. Cânt eu cadw yng Nghadeirlan Lichfield. Cofiwch, maen nhw yno bellach ers naw canrif a mwy; braidd yn rhy hwyr i godi llawer o stŵr. Ond mae arddangosfa drawiadol yn Eglwys St Teilo yng nghanol y dref sy'n adrodd hanes yr Efengylau. Cewch weld copïau ohonyn nhw yn ogystal.

Mae'r eglwys a'i mynwent, er bod y ffordd fawr wedi ei cherfio reit drwy ganol y beddau, yn parhau'n rhan ganolog o'r dref. Dyma esiampl glasurol o'r syniad o'r 'llan'. Yn yr oesoedd a fu byddai ffair yn cael ei chynnal yn y fynwent. Arferai'r masnachwyr osod eu nwyddau ar y cerrig beddi i'w gwerthu.

Tu cefn i'r eglwys yn Lôn y Llan mae ffynnon wedi ei gosod mewn cilfach yn wal y fynwent. Dyma Fedyddfa

St Teilo. Credir mai bodolaeth y cyflenwad hwn o ddŵr pur ysgogodd sefydlu'r llan yn y lle cyntaf. Mae'n amlwg yn dal yn bwysig yn ysbrydol. Aeth rhywun ati i osod canhwyllau yn y gilfach, a hyd yn oed blodau wedi eu plannu mewn hen esgid welington. Yr hambons wedi bod wrthi, yn amlwg.

Daeth syched arna i o rywle, fy ngheg mor grimp â gwaelod cawell bwji. Ond yn hytrach na'i ddiwallu yn y ffynnon, dyma chwilio am gynnyrch Evan Evans. Ces fy nghyfeirio at dafarn y White Horse gan ddyn canol oed â golwg arno fel llo wedi gweld drychiolaeth. Atebodd fy nghwestiwn Cymraeg yn Saesneg. Nid hambon, yn amlwg, na thyfwr moron organig.

Yn sefyll yn ei chowt ei hun o dan fwa sy'n arwain o'r stryd fawr, mae'r White Horse yn ddigon tawel yr adeg hon o'r dydd. Ond yn aros yn falch amdanaf ar y bar, fel rheng o filwyr gwlatgar ar barêd, mae rhes o bympiau cwrw casgen. Mae'r cyfan o gynnyrch bragdy Evan Evans. Maen nhw'n ymhyfrydu mewn enwau fel Warrior, Cwrw Cayo a hyd yn oed Cwrw; un gair syml, moel yn dweud y cyfan. Teimlais fel eu saliwtio. Roedd Cymreictod yn pefrio drwyddyn nhw, a pheint o'r Cwrw mor syml ei enw yn mynd i lawr fel mêl.

Brysiodd dyn i mewn yn wlyb fel nos Sadwrn ym Methesda, wedi methu osgoi cawod egr. Mae'n cwyno wrth bwy bynnag mewn iaith na ellid ei hailadrodd o flaen y ficer nad oedd y bws roedd o'n disgwyl amdano wedi cyrraedd. Cymerais gip ar fy oriawr, fel 'tawn i'n gallu cynnig unrhyw gysur iddo. Sylweddolais gyda braw fod fy nhrên yn gadael mewn deng munud. Llowciais y peint. Roedd yn rhy dda i'w wastraffu. Mae'r orsaf beth pellter o ganol y dref, ond cyrhaeddais efo 'ngwynt yn fy nwrn a sŵn cliceti-clic yn dynesu drwy'r traciau. Mor falch oeddwn o gael 'mochel yn ei cherbyd unig.

Mae'r trên mor araf, a'r daith i Amwythig mor faith, nes nad oes modd torri'r siwrne fan hyn a fan draw i ymweld eto â myrdd o leoedd y byddwn wedi mwynhau ailymweld â nhw. Dyna i chi Lanymddyfri, y bu i ni wibio drwyddi bron heb sylwi. Os oes y ffasiwn beth â gwibio yn bodoli ar y lein yma. Credwn i mi gael cip ar yr ysgol breifat enwog, a'r castell bychan yn sefyll yn browd ar ei fryncyn. Yng nghysgod hwnnw mae Darth Vader yn byw. Neu a bod yn fanwl gywir, cerflun anferthol a thrawiadol tu hwnt i gofio am Llywelyn ap Gruffydd Fychan. Ar un olwg, mae'n ymdebygu'n rhyfeddol i'r cymeriad asmatig hwnnw o'r hen ffilmiau *Star Wars*. Prin oedd neb, hyd yn oed yn lleol, wedi clywed am y Llywelyn hwn. Hyd nes y dechreuwyd ymgyrch i'w goffáu yn 2000 gan y diweddar ymgyrchydd gwladgarol Rhobert ap Steffan. Ond roedd y ddau, Llywelyn a Rhobert fel ei gilydd, yn gymeriadau oedd yn llawn haeddu cael eu cofio.

Roedd Llywelyn yn dirfeddiannwr cyfoethog, ac enw ganddo am ei hoffter o'r bywyd da. Amcangyfrifwyd unwaith fod 400 o boteli gwin yn cael eu mwynhau yn ei lys bob un wythnos. Galwai'r gert ailgylchu'n ddyddiol. Cafodd ei grogi a'i ddiberfeddu ger gatiau'r castell ym mhresenoldeb Harri IV, brenin Lloegr, ar Hydref 9fed 1401. Roedd yn fwriadol wedi hudo milwyr y brenin i redeg ar ôl cysgodion, a hwythau'n credu eu bod yn cael eu tywys at guddfan Owain Glyndŵr yn anterth ei wrthryfel. Roedd y math yma o ddienyddio ymysg y creulonaf a ddyfeisiwyd gan ddyn erioed. Yn gyntaf cafodd Llywelyn ei godi â rhaff gerfydd ei wddf hyd nes ei fod bron yn anymwybodol. Roedd yn bwysig i'r dienyddiwr beidio â'i ladd, er mwyn iddo deimlo poen gwirioneddol. Yna cafodd ei sbaddu, ac agorwyd ei fol a thynnwyd ei berfedd a'i organau mewnol. Llosgwyd ei goluddion o'i flaen, cyn i'w gorff gael ei hacio'n ddarnau. Digwyddai'r cyfan yn gyhoeddus. Atseiniai ei sgrechiadau yng nghlustiau'r werin bobol fel rhybudd i wrthod unrhyw syniad o ddangos teyrngarwch i Lyndŵr.

Crëwyd y cerflun gan y brodyr Toby a Gideon Petersen o San Clêr, a chostiodd £60,000 o arian y loteri. Am unwaith gellid dweud ei fod yn werth pob ceiniog. Wedi ei lunio o ddur di-staen sgleiniog, mae'n 16 troedfedd o daldra ac yn sefyll ar garreg enfawr 17 tunnell yn uchel ar dir y castell. Mae'n cyfleu dyn mewn mantell laes, a'i helmed yn wag fel arwydd o'r hyn a wnaed iddo. Tra bod ein gwlad yn gyforiog o gofebion i ryfeloedd tramor, digon amharod ydyn ni i gofio ein hanes ein hunain. Mae hon yn enghraifft glodwiw o sut i fwrw ati

Cerflun y brodyr Petersen

efo chefnogaeth frwd y bobol leol. Galwaf i ryfeddu eto pan gaf gyfle.

Yn fuan aethom drwy dwnnel hir, mil o lathenni o dywyllwch llaid, gyda'r trên yn tuchan a gwichian fel ysgyfaint chwarelwr i fyny rhiw 1:60 cyn cyrraedd arhosfa Dinas y Bwlch. Ni allwn ond dychmygu'r mwg fyddai wedi llenwi'r twnnel yn nyddiau stêm, gydag injan ychwanegol yn aml yn gorfod gwthio o'r cefn i roi help llaw i'r un oedd yn tynnu ar y blaen. Dyma'r Sugarloaf i'r Saeson, ar ôl y bryncyn siâp pwdin Dolig sy'n esgyn uwch ei phen. Does dim pentre o fath yma, a rhoddwyd yr arhosfa yma er hwylustod i weithwyr y rheilffordd arferai fyw mewn bythynnod gerllaw. Âi eu plant ar y trên i'r ysgol yn Llanwrtyd, a'u gwragedd i siopa ym marchnad Llanymddyfri bob dydd Gwener. Prin ryfeddol ydy'r teithwyr sy'n defnyddio'r lle erbyn heddiw, dim ond ambell gerddwr. Ond mae'r golygfeydd o gopa Dinas y Bwlch yn ymestyn dros bedair sir ar ddiwrnod clir. Medden nhw. Cymerais eu gair am hynny.

Dyma'r orsaf leiaf ei defnydd drwy Gymru gyfan. Ambell flwyddyn bydd cyn lleied â 59 o eneidiau wedi ei defnyddio, yn cyrraedd neu'n gadael, gydol y deuddeng mis.

Os llwyddwyd i godi miloedd teilwng tuag at goffáu Llywelyn ap Gruffydd Fychan, mor wahanol oedd hi pan aed ati yn 1956 i godi cofeb i Lywelyn Ein Llyw Olaf. Syrthiodd yr apêl i godi'r £1,750 yr oedd ei angen, er mwyn gosod maen hir o wenithfaen o chwarel Trefor yng Ngwynedd yn ei le yng Nghilmeri, yn fyr iawn o'i tharged. Bu'n rhaid i'r hen Gyngor Sir Gaernarfon, er bod Cilmeri yn bell tu hwnt i'w ffiniau, dyrchu i'w goffrau er mwyn arbed cywilydd i'r genedl. Wylit, wylit, Lywelyn . . .

Ychydig funudau o waith cerdded sydd o orsaf

Cofeb Llywelyn ein Llyw Olaf yng Nghilmeri
– Wylit, wylit Lywelyn

Cilmeri at y gofeb, nid bod gen i'r amser heddiw, gwaetha'r modd. Ond mae'r maen hir i'w weld yn glir o'r trên wrth ddynesu at yr orsaf, a daw rhyw gyffro drosof wrth feddwl fy mod heb fod ymhell o'r man lle llofruddiwyd ein Llyw Olaf. Digon di-hid, serch hynny, ydy'r dyrnaid o gyd-deithwyr wrth iddyn nhw aros ym mherfeddion eu cylchgronau sgleiniog a'u ffonau clust a'u pacedi caws a nionyn.

Hynod flêr a thrist o ddi-barch oedd y safle pan fûm ar ymweliad sawl blwyddyn yn ôl bellach. Ond ar ymweliad diweddarach ces fy siomi o'r ochr orau o ganfod y lle'n daclus, efo hysbysfyrddau wedi eu gosod yn adrodd hanes y tywysog, a sut y cafodd ei ladd ar lan afon Irfon gan filwyr Seisnig yn 1282. Roedd safle'r ffynnon gerllaw lle credir i un o'r milwyr olchi pen y tywysog, cyn ei gludo fel tlws at ei frenin, hefyd yn urddasol, gyda chist addurniadol wedi ei gosod drosti. Dim ond gobeithio y cedwir y glendid a fu. Galwaf i weld drosof fy hun y tro nesaf.

Mae 'nghalon yn codi wrth sylwi bod golwg daclus o amgylch y Cambrian Arms oddi tanom wrth drolio drwy Builth Road. Hyderaf ei bod yn un dafarn wledig o leiaf sydd wedi goroesi ymosodiadau Mamon.

Daw tref sylweddol o friciau cochlyd unffurf i'r golwg, ploryn poenus yng nghanol milltiroedd meithion o lesni diddiwedd. Mae'r lein yn rhedeg ochr yn ochr â'r A483 wrth ddynesu'n araf at Landrindod, ac mae dau o blant yng nghefn car yn cael modd i fyw yn gwneud 'stumiau wrth ganfod eu bod yn gallu teithio'n gyflymach na thrên.

Tref ydy hon a ddatblygodd fel cyrchfan i dwristiaid yn nyddiau Fictoria, pan gyrhaeddodd y rheilffyrdd gyntaf. Roedden nhw'n awyddus i flasu ac ymdrochi yn nŵr y ffynhonnau, yr oedd rhai yn credu ei fod yn llesol. Ffyliaid ofergoelus. Craffaf i geisio gweld yr Ystafell Bwmpio enwog ar y dde, ym mhen pella'r parc lle mae'n sefyll. Ceisia rhyw hen gono egluro wrth ei wraig mai dyna brif atyniad y dre. Fel hi, wela i ddim byd ond coed moelion. Daw pobl yma o hyd, er nad yn yr un heidiau swnllyd ag ynghynt. Yn sicr mae'r Amgueddfa Feiciau

Genedlaethol yn hen fodurdy'r Automobile Palace, dafliad carreg o'r orsaf, yn werth ymweld â hi. Mae'n cynnwys popeth o beni-ffardding a'r *hobby horse* i feiciau plygu a beiciau rasio cyfoes. Mae yno oriel o luniau'r anfarwolion, a beiciau adnabyddus fel yr un o eiddo'r enwog Bill Bradley yr enillodd y Ras Laeth arno yn 1960.

Bu bron i mi â gofyn i'r surbwch o docynnwr a oedd gen i amser i bicio yno, wrth i'r trên din-droi am hydoedd yn yr orsaf wrth ddisgwyl i un arall basio tua'r de-orllewin. Ond mae taith hir o 'mlaen, a'r gwely sydd wedi ei drefnu yn Amwythig rywbryd heno yn ym-ddangos yn hynod o bell i ffwrdd. Mae'n rhaid bodloni ar gamu allan ddim pellach na'r platfform, gan ymuno efo

Gorsaf Llandrindod. Ydi un cerbyd yn drên?

smygwr neu ddau sy'n awchu am dalp o awyr iach. Dwi'n addo i fi fy hun y rho i rai dyddiau i fwynhau'r daith hon yn iawn ryw ddiwrnod, heb orfod eistedd mewn trên am oriau bwygilydd fel hyn. Ond dwi'n awyddus i gyrraedd Trefyclo, neu Drefyclawdd, lle rydw i wedi trefnu i ymweld ag un o'i phrif atyniadau.

Tra bod Canolfan Clawdd Offa yn y dref wastad yn werth ymweld â hi, yn ogystal â'r Clawdd ei hun wrth reswm, dwi wedi cael digon ar hanes am y tro. Dwi am gael cip i'r dyfodol, hyd yn oed os bydd peth ohono yn ddigon i godi arswyd.

Mae Trefyclo yn dref fach hynod ddel sy'n gorwedd yn llythrennol ar y ffin, efo'i gorsaf yr ochr arall yn Lloegr, a'i phrif strydoedd serth yn gadarn ym Mhowys. Mae sŵn gwartheg yn brefu yn Lloegr yn cystadlu am fy sylw efo cloch cloc y dref ar frig yr allt yn taro'r awr yng Nghymru. Mae peth gwaith cerdded o 'mlaen i gopa'r bryn fan acw, lle mae gwylfa sêr a phlanedau'r Spaceguard Centre. Yma cewch weld y telesgop mwyaf yng Nghymru. Cewch hefyd eich tywys i'r planedariwm, cromen dywyll â lle i 25 eistedd ynddi i ryfeddu at lun rhyfeddol o awyr y nos wedi ei daflunio ar y nenfwd. Ond nid rhyfeddu at y sêr a'r bydoedd eraill ydy gwir bwrpas na gwaith y Ganolfan, fel yr awgryma'r enw. Cafodd ei sefydlu gan Jay Tate yn 2001 er mwyn cadw golwg ar asteroidau, comedau, ac amrywiol gerrig anferthol eraill a allai fygwth dyfodol ein daear pe bydden nhw'n ein taro. Ces bregeth hir am y peryglon gan y sylfaenydd ei hun, a minnau'r unig ymwelydd yn y lle. Digon yn wir i godi ofn.

Cafodd y Ganolfan ei hagor yn swyddogol ym mis Medi 2001 gan y diweddar Syr Patrick Moore. Y fo oedd y bwgan brain o seryddwr a darlledwr fu'n cyflwyno *The Sky At Night* ar y BBC am 55 mlynedd. Roedd yn cael ei adnabod am ei ddaliadau gwleidyddol asgell dde eithafol. Bu'n gadeirydd ar yr United Country Party, plaid oedd yn credu nad oedd llywodraeth Margaret Thatcher yn ddigon pell i'r dde. Roedd yn edmygwr mawr o gyfundrefn Liechtenstein, lle mae tywysog unbenaethol yn penderfynu ar bopeth. Yn ddiweddarach canfu ei wir gartref gwleidyddol pan fu'n ymgynghorydd ariannol i'r Official Monster Raving Loony Party.

Roedd y cyn-wleidydd Lembit Öpik yn gefnogwr brwd o waith y Spaceguard Centre pan fu'n Aelod Seneddol dros Faldwyn, efo seryddiaeth yn ei waed. Roedd ei daid, Ernst Julius Öpik, yn seryddwr o fri o Estonia. Cafodd asteroid ei enwi ar ei ôl, hyd yn oed. Sy'n fwy nag y gellid ei ddweud am ei ŵyr. Dyma ddyn sydd i'w weld yn hoffi godro cyhoeddusrwydd. Mae wedi perfformio ar fideo pop, wedi cymryd rhan mewn pantomeim, ac wedi camu i'r sgwâr reslo. Bu ei barodrwydd i fod yn bric pwdin yn ddigon i ennill sawl gwahoddiad iddo ymddangos ar y sioe deledu ddychanol *Have I Got News For You*. Bu'n golofnydd efo'r *Daily*

Sport, papur oedd fwyaf enwog am ei luniau lled bornograffig o ferched. Rhedodd y papur straeon fel honno'n honni mai merch oedd Adolf Hitler, neu un arall yn mynnu bod bws deulawr wedi ei ganfod ar y lleuad. Papur â'i fys ar byls ei ddarllenwyr.

Efallai mai annheg oedd y modd dilornus y deliwyd gyda chwestiynau Lembit Öpik yn Nhŷ'r Cyffredin pan godai'r perygl i'n daear gael ei difrodi gan asteroid. Ond roedd yn gofyn amdani. Câi ei wawdio yn union fel y bobol hynny a welwch yn chwifio placardiau yn rhybuddio bod diwedd y byd ar gyrraedd. Os nad yfory, yna'r diwrnod canlynol. All neb wadu nad oedd ei rybuddion yn gwbwl ddi-sail. Ond nid oedd y ffaith mai Lembit Öpik oedd yn eu datgan yn help tuag at gael y maen i'r wal. Sut mae modd cymryd perfformiwr pantomeim a reslar rhan-amser o ddifri?

Ac mae'n gwestiwn gen i a oedd ei gefnogaeth yn ychwanegu at hygrededd y Spaceguard Centre. Collodd ei sedd ym Maldwyn i'r Ceidwadwr Glyn Davies yn 2010, a'i cadwodd hi yn 2015, ar ôl iddi fod yn nwylo'r Rhyddfrydwyr bron yn ddi-dor ers dyddiau Lloyd George. Oes angen dweud mwy?

Diwrnod 6

AMWYTHIG I'R WAUN
21 milltir – 23 munud

MAE'R ddynes mewn sedd gyfagos wedi bod yn rhochian chwyrnu fyth ers i'r trên cynnar adael Amwythig, fel twrch yn clora yn y coed. Mae'n gwlychu ei gweflau wrth gael ei hysgytian yn effro. Mae gwên dorfol yn sgubo drwy'r cerbyd, wrth i'r twrch roi ei llaw am ei cheg i sicrhau bod y glud dannedd wedi gwneud ei waith. Doedd o ddim.

Mae'n ddigon i godi cyfog ar rywun ben bore fel hyn. Ac yn enwedig pan fo'r rhywun hwnnw wedi bod yn

Croesi'r ffin: traphont a phont ddŵr y Waun

mwynhau'r lletygarwch ym mar y gwesty yn Amwythig hyd yr oriau mân ar ôl coblyn o ddiwrnod hir ddoe. Ond, wir i chi, ni fûm ar gyfyl y Loggerheads a'r ferch ifanc efo'i sgwis bocs.

Rydan ni wedi arafu'n sylweddol wrth groesi *viaduct* neu draphont uchel y Waun. Mae'n taflu cysgodion hirion dros ddyffryn gwastad yn isel oddi tanom wrth i ni ganu'n iach i Loegr. Prin ddau gan llath ydy'r Waun yr ochr gywir i'r ffin, sy'n dilyn llwybr afon Ceiriog fan hyn. Mae'r draphont yn un o gampweithiau'r peiriannydd a'r diwydiannwr Albanaidd Henry Robertson. Roedd yn ddyn oedd â'i fys, heb sôn am ei arian, mewn sawl brywes yn yr ardal. O'r rheilffyrdd i'r pyllau glo, a gwaith dur Brymbo, roedd enw Robertson rywle yn y cawl.

Yn cydredeg â'r draphont, ond yn is, mae cychod camlas yn crafu mynd dros un o bontydd dŵr enwog Thomas Telford. Rhaid fydd mynd i'w gweld.

Deallodd pob Sioni Twp ym mhedwar ban fod cloddio glo wedi bod yn allweddol yn natblygiad cymoedd y de. Llawer llai sy'n ymwybodol hyd heddiw, hyd yn oed mewn rhannau eraill o Gymru, fod y gogledd-ddwyrain hefyd wedi bod â'i ddiwydiant glo hynod ffyniannus. Does ryfedd yn y byd felly mai hen bentre glofaol sy'n fy nisgwyl. Prin y byddai'r dreflan fawr mwy na dyrnaid o dai heb ddylanwad y glofeydd. Cyflogai pyllau fel Bryncunallt a Black Park rai cannoedd o ddynion o'r ardal yn eu bri. I fyny'r cwm yng Nglyn Ceiriog, ceibio llechi o'r ddaear mewn chwareli llwydlas fyddai'r rhai nad oedden nhw'n amaethu. Mae'r diwydiannau hynny, ill tri, wedi sicrhau bod y Gymraeg a Chymreictod wedi dal eu gafael yn llawer gwell na'r disgwyl mor agos â hyn i'r ffin. Er bod y gweithfeydd glo a llechi wedi hen ddiflannu.

Mae cynlluniau ar y gweill, y math o gynlluniau fydd yn aml ar y gweill am flynyddoedd lawer, i godi colofn enfawr yma a cherflun o ddraig ar ei brig i nodi'r ffin. Y freuddwyd a'r gobaith ydy hudo ymwelwyr i weld y campwaith. Roedd y cynllun, a fyddai'n cynnwys canolfan ddiwylliannol, i fod i gostio £9m pan gafodd ei grybwyll gyntaf. Cafwyd rhyw fath o addewid o du'r Cynulliad am gyfraniad at y casgliad. Tebyg i'r addewid honno fynd i'r pedwar gwynt Brecsitaidd gyda chymaint o rai eraill.

Yr unig beth sy'n hofran yn yr awyr wrth i mi gamu o'r trên ydy cwmwl enfawr o fwg gwyn, wrth i ffatri Kronospan chwythu ei chroeso. Yn wreiddiol o Awstria, dyma'r cwmni mwya drwy'r byd ym maes cynhyrchu paneli a lloriau pren laminedig. Mae'r ffatri hon ymysg deg cwmni cynhyrchu mwya Cymru. Mae eu hiard enfawr ger y rheilffordd, wedi ei gorchuddio â rhisgl a choed yn barod i'w drin, yn dyst i hynny.

Teimlaf ddwy fron enfawr yn fy nghefn, fel gwn dwy faril, wrth i'r twrch wthio heibio am y drws efo'i gwynt yn ei dwrn a'i ddannedd yn ei phoced. Mae hi'n amlwg yn hwyr ar gyfer rhyw orchwyl. Gwersi cwrteisi, efallai?

Mae arwydd ger y platfform yn cyhoeddi bod Tramffordd Dyffryn Ceiriog ar fin cyrraedd. Ond waeth i mi heb â disgwyl. Casglaf nad ydyn nhw'n golygu yn yr eiliadau nesaf. Na munudau, oriau, na hyd yn oed misoedd. Cynllun tymor hir ydy hwn i adfer hen dramffordd, roddodd ei gwich olaf yn 1935. Roedd yn arfer cludo llechi o chwareli Glyn Ceiriog, a theithwyr o'r pentrefi yn y cwm. Ymunai yn wreiddiol â chamlas Llangollen, ac yn ddiweddarach efo'r rhwydwaith rheilffyrdd.

Os cewch gyfle ryw dro, piciwch i westy'r Glyn Valley ym mhentre Glyn Ceiriog. Dyna bencadlys answyddogol y gwirfoddolwyr sy'n ceisio adfer y dramffordd. Cewch gyfle i wrando arnyn nhw'n hel atgofion a malu awyr fel 'tasen nhw'n ddigon hen i gofio'r peth yn rhedeg. Ond mae yna hefyd arddangosfa ddigon diddorol o hen luniau yn ymwneud â'r dramffordd. A'r cyfan am bris peint neu baned.

Hefyd yn werth ei weld yn y pentre mae'r Institiwt, neu Neuadd Goffa Ceiriog. Codwyd hi yn 1911 er cof am y beirdd Ceiriog, Cynddelw ac Eos Ceiriog, dynion lleol ill tri a ddaeth yn enwog drwy'r wlad. Wedi ei dylunio gan T. Taliesin Rees, mae'n cael ei defnyddio fel amgueddfa leol erbyn heddiw. Mae ynddi ffenest wydr hardd sy'n cofio'r tri.

Yn yr ardal yma hefyd y magwyd y llenor Islwyn Ffowc Elis. Nid ar chwarae bach y cafodd ei lysenwi'n dad y nofel Gymraeg gyfoes. Ysgrifennodd glasuron fel *Cysgod y Cryman*, *Wythnos yng Nghymru Fydd* a *Ffenestri Tua'r Gwyll*. Dwi'n dal i gofio darllen *Y Blaned Dirion* fel llyfr gosod yn yr ysgol. Cofiaf y wefr a'r syndod o sylweddoli bod straeon gwyddonias ar gael yn Gymraeg. A bod estroniaid o'r blaned Zog, neu ble bynnag, yn ddigon bodlon cyfathrebu yng Nghymraeg rhywiog Dyffryn Ceiriog.

Oedd, roedd y cwm yn fagwrfa i rai o'n cewri llenyddol. Nid bod hynny'n werth taten i'r penbyliaid oedd yn rhedeg corfforaeth Warrington, 50 milltir i ffwrdd dros y ffin yn Sir Gaer. Fel cynghorau Seisnig eraill o'u blaen, ac eraill a'u dilynodd, roedden nhw â'u bryd ar foddi darnau godidog o'n gwlad. Yn 1923 cyhoeddwyd cynllun ganddyn nhw fyddai wedi gwneud i'r dinistr achoswyd wrth foddi Llanwddyn, Cwm Elan a Chwm Tryweryn ymddangos fel chwarae plant mewn twb metel o flaen y tân.

Cyflwynwyd cais i San Steffan i glirio ardal o 13,600 erw er mwyn codi dau argae i ddal dyfroedd afon Ceiriog. Mi fyddai tri phentref, eglwys, pum capel, dwy fynwent, dwy swyddfa bost, dwy ysgol, chwe siop, 82 o dai, a 45 o dyddynnod a ffermydd wedi mynd dan y dyfroedd. Heb anghofio am ddwy dafarn. Byddai 400 o bobol wedi cael eu hel o'u cartrefi. Cododd gwrthwynebiad chwyrn drwy Gymru i'r bwriad. Nid yn lleiaf oherwydd mai un o'r rhesymau pam roedd Warrington am gyflawni'r glanhau ethnig hwn oedd i gael dŵr pur ar gyfer ei ddiwydiant bragu pwysig. Roedd hynny'n dân ar groen llwyr-ymwrthodwyr amlwg fel David Lloyd George.

Ond roedd cefnogwyr y cais yn gwbl ddi-hid. Mewn trafodaeth ar y Mesur yn Nhŷ'r Cyffredin ar Fawrth 13eg 1923, gofynnodd yr aelod Torïaidd dros Warrington, y Capten Alec Stratford Cunningham-Reid:

'Is it right that a few isolated inhabitants, in an out-of-the-way village, should be considered before the vital needs of an enormous working-class community such as exists in Warrington and in the districts around – a matter of 300,000 people?'

Roedd pobol fel Lloyd George, meddai, wedi disgrifio'r cwm fel 'darn bach o'r nefoedd ar y Ddaear' ac yn rhygnu ymlaen am harddwch y lle. Ond roedd y Tori'n rhagweld y byddai codi'r cronfeydd yn ychwanegu at ei harddwch. Neidiodd Lloyd George, fu'n Brif Weinidog hyd y flwyddyn flaenorol, ar ei draed. Taniodd ymateb ato yn yr iaith oes o'r blaen honno y bydd gwleidyddion yn ei defnyddio i ddisgrifio eu gelynion pennaf: 'The honourable and gallant gentleman says that it will be all the more beautiful for being submerged. There are many other places of which that is true, including Warrington.'

Am unwaith y Cymry enillodd y dydd. Bu'n rhaid i fragwyr Warrington lygadu rhywle arall. Achubwyd y cwm ar gyfer y dyfodol.

Ar un cyfnod hyd y 1990au bu un o'r bragwyr hyn, cwmni Greenall Whitley, yn berchen ar gadwyn fawr o dafarnau yng ngogledd Cymru. Ces i, fel sawl un arall, fy addysg ddiod gadarn yn gwneud 'stumiau wrth slochian cynhyrchion o'u heiddo. Roedd gwell blas ar yr asiffeta yr arferai fy nain estyn amdano bob tro y bygythiai rhyw aflwydd dychmygol fy nghadw o'r ysgol. Nid diodydd i'r gwangalon oedd cynhyrchion fel y lager gwenwynig Grünhalle, cwrw chwerw Festival neu'r annioddefol Red Rose Stout. Sawl gwaith bu bron iawn i mi â rhoi'r ffidil yn y to a throi at Coca Cola. Roedd y llwyrymwrthodwyr yn llygad eu lle yn mynnu bod bragwyr Warrington yn cadw at ddŵr Lloegr. Nid ar chwarae bach y cafodd cynnyrch y cwmni y ffugenw 'Green and Sickly'.

Dyheuwn am i 'nhafarn leol werthu rhywbeth mwy blasus fel cwrw Border neu Wrexham Lager. Neu dail gwartheg wedi ei fwydo mewn merddwr. Âi'r yfwyr profiadol ati i geisio gwella blas y cwrw drwy ychwanegu potelaid o frown êl at hanner o gwrw chwerw neu feild mewn gwydr peint. Cyflwynwyd fi i'r brown mics enwog. Un o'm gwersi cynta, a minnau prin allan o fy nghlytiau yfed, oedd cael fy anfon at y bar i brynu brown mics efo'r cyfarwyddyd: 'A chofia ddweud wrtho am roi lot o feild i ti.' Bu bron i'r tafarnwr â chwythu ffiws a dangos y drws i mi.

Bellach does yr un bragdy mawr ar ôl yn Warrington: un fuddugoliaeth olaf i Lloyd George.

Dwi newydd gerdded ar hyd Rhodfa'r Orsaf at faes chwarae'r dre. Mae casgliad o seddau o dan do sinc simsan yn dynodi mai dyma ydy cartref y clwb pêl-droed lleol. Roedd clwb y Waun ymysg sefydlwyr Cymdeithas Bêl-droed Cymru yn 1876; clwb a gipiodd Gwpan Cymru bum gwaith rhwng 1887 ac 1894. Roedd y rhan fwyaf o'u chwaraewyr yn gweithio un ai i stad y crachach lleol yng Nghastell y Waun, neu yng nglofa Black Park. Un o'r glowyr rheini oedd Billy Meredith, a ddechreuodd ei yrfa yma ym mis Medi 1892. Buan y daeth y clybiau mawr i glywed amdano, a bu'n chwarae i Manchester City a Manchester United yn eu tro. Y fo heb os oedd archseren gyntaf y byd pêl-droed, *Galactico* ei ddydd heb os. Yn 1906 cafodd ei wahardd am flwyddyn am wthio papur deg punt i law Alex Leake, amddiffynnwr Aston Villa, i'w berswadio i geisio colli gêm. Nid angylion mohonynt bryd hynny chwaith.

Chwaraeodd ran flaenllaw yn sefydlu Undeb y Chwaraewyr, y PFA erbyn heddiw. Chwaraeodd 48 o weithiau i Gymru, er iddo gael ei ddewis am 71 gêm yn olynol. Yn aml gwrthodai ei glybiau yn Lloegr ganiatáu iddo chwarae, agwedd na newidiodd dros y degawdau. Adroddwyd iddo 'wylo'n hidl' ar ôl helpu Cymru i drechu Lloegr 2-1 yn Highbury yn Llundain yn 1920, gan gipio Pencampwriaeth y Pedair Gwlad am yr ail dro yn unig. Yn 45 mlwydd a 229 diwrnod oed, dyna oedd ei gêm olaf yn y crys coch. Hyd heddiw mae'n cael ei gydnabod fel y pêl-droediwr hynaf erioed drwy'r byd i gyd i chwarae i'w wlad.

Cofiaf yrrwr tacsi yn Reykjavik, yn ceisio tynnu fy sylw oddi wrth y cyfanswm hurt o ddrud oedd ar gloc ei gerbyd yn sgil ein taith hanner milltir, yn mynnu mai gan Wlad yr Iâ yr oedd tîm pêl-droed gorau'r byd. Ni feiddiwn biffian chwerthin. Nid pan gofiwn pa mor aml y mae'r wlad fechan honno wedi rhoi sbocsen yn nhrol ein gobeithion. Awn ni ddim i sôn am Loegr. Yna ychwanegodd: 'Per capita.'

Os felly, mae i'r Waun record hyd yn oed mwy rhyfeddol. O dre sydd heddiw â phoblogaeth o ddim ond 4,000, yn ychwanegol at Billy Meredith, bu hogia lleol fel Stan Davies, William Egan, Hugh Morris, Lot Jones, Di Jones a Mike Jones hefyd yn cynrychioli Cymru. Yr olaf oedd y gôl-geidwad Paul Jones. Pan enillodd ei 50fed cap yn erbyn Slofacia yng Nghaerdydd yn 2006, eilliodd y rhif '50' yn ei wallt i ddathlu. Mi fasai'n well 'tasai heb drafferthu. Cafodd gêm drychinebus. Dioddefodd Cymru ein canlyniad gwaethaf mewn gêm gartref ers 98 mlynedd. Enillodd Slofacia o bum gôl i un. Gwell syniad fyddai llosgi '5-1' i'w sgalp gyda heyrn gwartheg i'w atgoffa o'r sgôr am byth.

Mewn munudau cyrhaeddaf y bont ddŵr a welais o'r trên. Mae traphont Robertson yn esgyn i'r cymylau yn uchel uwch ein pennau, a theimlaf ryw gryndod yn siglo drwy hyd yn oed y meini cryfion hyn wrth i drên ei chroesi ar ei ffordd i Gobowen.

Agorwyd y bont ddŵr yn 1801 fel modd o gludo cyfoeth mwyngloddiau Sir Ddinbych i'r canolfannau diwydiannol mawr. Y rhyfeddod ydy nid yn unig bod y gamlas yn dal i gael ei defnyddio ddwy ganrif yn ddiweddarach, ond nad ydy'r bont yn dangos fawr o ôl traul chwaith. Bellach ym mherchnogaeth yr Ymddiriedolaeth Camlesi ac Afonydd, cychod pleser ar y cyfan sy'n defnyddio Camlas Llangollen heddiw, cangen o gamlas fwy y Shropshire Union. Os gallwch chi alw teithio dwy filltir mewn awr yn bleser. Mwy fel purdan. Saif un pen i'r bont yn Lloegr a'r llall yng Nghymru. Sylwaf wrth gerdded drosti fod y dŵr dugoch budr, yn llawn deiliach a slafod, yn llifo'n araf tuag at Loegr. A da o beth ydy hynny, cymaint y maen nhw wedi ysu i gael eu bachau ar ein dŵr ar hyd y blynyddoedd. Hwdwch hwn, gyda chyfarchion cynnes.

Mae'r Ymddiriedolaeth, chwarae teg iddyn nhw, wedi ymdrechu i gynnig croeso dwyieithog i'n gwlad ar ein pen ni i'r bont. Trueni i'r heniaith gael ei thyrchu o berfeddion Google Translate.

'Croeso I Cymru' meddai'r arwydd haerllug, heb dinc o gywilydd.

Ar yr ochr ogleddol mae twnnel camlas hiraf Cymru, sydd ddim llawer o gamp mae'n rhaid cyfaddef. Prin ein bod yn gyforiog o dwneli camlas, wedi'r cyfan. Ond hwn oedd y twnnel cyntaf o'i fath drwy'r ynysoedd hyn i fod â llwybr tynnu yn rhedeg drwyddo. Dwi'n gweld rhyw frycheuyn o oleuni yr ochr bellaf, 460 llath i ffwrdd tuag at Langollen, fel pen gwyn ar bloryn. Mae'n werth mentro trwy'r twnnel, gan geisio peidio hel meddyliau am ystlumod a llygod mawr, ar daith gerdded tair milltir at bont ddŵr arall o waith Telford. Dyma gampwaith syfrdanol sy'n llawn haeddu ei lle fel Safle Treftadaeth Byd-eang.

Mae Pont Ddŵr Pontcysyllte yn hofran yn ansicr yn y gwynt a'r cymylau isel, 120 troedfedd uwch afon

Pont ddŵr Pontcysyllte
– mil troedfedd o bendro pur!

Dyfrdwy. Mae hi'n 1,000 troedfedd o bendro pur o un pen i'r llall iddi, cafn haearn bwrw ar goesau o gerrig efo llwybr troed ynghlwm â hi. Bob rhyw ddegawd caiff y bont ei gwagio er mwyn i beirianwyr ei harchwilio. Bydd 1.5m litr o ddŵr yn plymio i afon Dyfrdwy dros ddiwrnod neu fwy, ar ôl tynnu plwg mawr yn union fel plwg bàth reit ar ei chanol. Pan gafodd ei gwagio yn 2003, dyflwydd yn brin o'i dau ganmlwyddiant, y cwbwl roedd ei angen arni oedd côt o baent ac ychydig o waith cynnal a chadw ar y llwybr troed. Roedd yr uniadau 200 oed, wedi eu llenwi efo cymysgedd o galch a gwaed buwch, bron fel newydd. Mynnodd y peirianwyr y 'dylai fod yn iawn am 200 mlynedd arall'.

Ar y llwybr rhwng y Waun a Phontcysyllte, dof ar draws nifer o gychod sydd yn amlwg wedi eu hangori yma ers dyddiau Billy Meredith. Mae mwsog yn tyfu'n braf ar ambell un. Ar eraill caiff coed tân eu storio'n ddestlus ar eu toeon, mwg croesawgar ac arogl derw iddo yn byrlymu o'u cyrn. Mae dyn tebyg ei wedd i Gapten Birdseye yn sefyll yng nghefn un. Coda stêm o baned yn ei law. Welodd ei ddillad mo bowdr golchi er pan oedd Lloyd George yn herio'r bragwyr. Mae'r tyfiant o amgylch ei geg wedi hen felynu o effaith coffi a nicotin. Mae'n fy nghyfarch yn ddigon cyfeillgar yn Saesneg, llond ei geg o farblis poethion. Yna mae'n plymio o'r golwg i gysur ei gartref bach clyd fel llygoden ddŵr flewog yn ei nyth.

Dyma gyrraedd y bont ddŵr. Llyncaf fy mhoer yn galed cyn dechrau cerdded ar ei hyd, ar ôl pendroni'n hir ynglŷn ag a oedd angen ei cherdded ai peidio er mwyn llawn werthfawrogi ei mawredd. Camaf arni heb boeni'r un iot. Neu felly dwi'n ceisio darbwyllo fy hun i mi ei wneud. Ond dwi'n sicrhau nad ydw i'n edrych i fyny i'r cymylau, nac i lawr at afon Dyfrdwy ddofn. Neidiaf mewn braw wrth i gwch ganu corn yn gynddeiriog tu cefn i mi, ar ôl llithro yno mor dawel ag Apache â'i fryd ar flingo pen. Mae 'nghoesau yn crynu fel cae ŷd mewn tes. Dwi'n ddiolchgar bod canllaw cadarn rhyngo' i a'r dyfnderoedd. Codaf fy llaw ar y criw ifanc o ymwelwyr sydd wrth lyw'r cwch, golwg o ryfeddod yn eu llygaid wrth fwynhau'r eiliad. Mae fel bod mewn llong awyr, gwichia un ferch efo gwên lydan yn hollti'i hwyneb. Dwi'n cytuno, ac yn troi'n ôl. Roedd cyrraedd hanner ffordd yn ddigon o gamp i mi. Wedi'r cyfan, mae gen i stomp hir yn ôl i'r Waun a thrên i Wrecsam i'w ddal. Diolch byth.

Diwrnod 6

Y WAUN I WRECSAM

9 milltir – 13 munud

MEDDYLIWCH am Barcelona a daw cadeirlan enwog y Sagrada Familia i'r meddwl. Rhufain? Y Colosseum, wrth reswm. Llundain? Pwy ddwedodd Aelodau Seneddol yn hawlio costau ar bwrs y wlad? Chwi o ychydig ffydd. Tŵr cloc San Steffan roeddwn i am ei awgrymu.

Yn yr un modd, mae'n anodd meddwl am Wrecsam heb i'r Cae Ras ddod i'r meddwl. Wrth gwrs bod gan Wrecsam ei Sagrada Familia ei hun ar ffurf Eglwys Sant Silin, er bod hon yn hen orffenedig, yn wahanol i'w

Y Cae Ras – stadiwm pêl-droed rhyngwladol hyna'r byd

chyfnither Gatalanaidd. Ond pethau mwy daearol sy'n mynd â 'mryd.

Y Cae Ras fu prif stadiwm chwaraeon y gogledd ers canrif a mwy. Ac yn wir, prif stadiwm pêl-droed y genedl gyfan am ddegawdau. Yma y cynhaliwyd y nifer mwyaf o gemau cartref Cymru erioed. Trechwyd Romania yma dair gwaith mewn gemau rygbi hefyd.

Does syndod yn y byd i lwmp o hiraeth fygwth fy nhagu wrth gamu o'r trên yng ngorsaf Wrecsam Cyffredinol, reit yng nghysgod y Cae Ras. Bu hi'n daith o'r Waun drwy dirwedd oedd yn atgoffa dyn sut y dioddefodd ac y ffynnodd y rhan hon o Gymru yn sgil diwydiant. Gwelais olion pyllau glo, a ffatrïoedd drewllyd

197

cyfoes yn chwythu gwenwyn i'r aer fel Fidel Castro yn ei anterth.

Daeth dyn a'i gi plaen yr olwg, budr ei flewiach, ar y trên yng ngorsaf Rhiwabon. Rhyfeddais at wirionedd y gred bod cŵn a'u meistri yn ymdebygu i'w gilydd. Penderfynodd y meistr honedig fod gan ei gyfaill blewog berffaith hawl i sedd wrth ei ochr, er na chostiodd y daith ddim i'r ci. Glafoeriai dros y ffenest wrth syllu drwyddi a'i drwyn oer yn dynn yn ei herbyn. Yn y cyfamser, eisteddai'r ci yn dawel gyda golwg ddeallus ar ei wyneb.

Yn Wrecsam mae dynes, mymryn yn rhy fawr i'w chroen, yn simsanu ar sodlau uchel wrth geisio llusgo cês anferthol ar hyd y platfform. Gallai fod wedi stwffio corff ei gŵr iddo. Rhyw ffrae wirion, efallai. Posib iddo awgrymu mai'r peth cyntaf a wnâi pe gwelai ei fam yng nghyfraith yn rowlio mewn poen fyddai ei saethu hi eto. Does dim cymorth o fath yn y byd yn cael ei gynnig na'i estyn i'r ddynes. Nid gan y teithwyr. Ac nid gan y gard, sy'n sefyll ar ganol y platfform fel postyn lamp yn disgwyl ci.

Yn yr orsaf hon y gwnaeth Joe Pannell dipyn o enw iddo'i hun yn 2011. Fflachiodd lluniau ohono ar draws y byd mewn rhaglenni teledu ac ar y we. Y fo oedd y dyn o dras y teithwyr Gwyddelig geisiodd brynu tocynnau iddo fo a'i ferlen wen i fynd i Gaergybi. Pan wrthodwyd y tocynnau iddo, gwthiodd ei geffyl i'r lifft, ac aeth y ddau i'r platfform yr ochr draw i ddisgwyl y trên beth bynnag. Am ryw reswm anesboniadwy gwrthodwyd mynediad i'r trên iddo a'i gyfaill mynwesol gan y gard. Oni chlywodd y brawd erioed am y Pony Express?

Yn ddiweddarach gwelwyd y ddau mewn tafarn yn y dref. Gwelwyd nhw hefyd yn Ysbyty Maelor, lle roedd y Gwyddel yn ceisio trefnu apwyntiad i'w ferlen feichiog weld arbenigwr. Cafwyd adroddiadau hefyd i'r ferlen redeg yn wyllt ar y strydoedd, ac iddi bicio i mewn i siop ddillad. Yn chwilio am ffrog famolaeth, mae'n debyg.

Yn taflu ias o oerfel dros yr orsaf, un o ddwy yng nghanol Wrecsam, mae Eisteddle Iâl y Cae Ras. Mae'r Ddraig Goch a baner goch a melyn chwarterog Tywysogaeth Gwynedd, neu Faner Glyndŵr fel y daeth i gael ei hadnabod, yn cyhwfan yn wyllt ar y to yn y gwynt heulog. Nid bod rhyw wladgarwch tanbaid wedi peri i faner Glyndŵr fod yno. Mae a wnelo fwy â'r ffaith mai Prifysgol Glyndŵr ydy perchnogion y Cae Ras bellach, efo'r stadiwm reit yng nghanol y campws. Cafodd darn o'r maes parcio ei hawlio i godi lletty myfyrwyr arno.

Ond roedd ymyriad y brifysgol i'w groesawu pan brynon nhw'r stadiwm yn 2011. Rhoddodd derfyn ar ddegawd o ansicrwydd yn nwylo perchnogion oedd â mwy o ddiddordeb mewn datblygu'r tir nag yn y clwb. Bellach mae'r clwb a'r brifysgol yn rhedeg academi ar y cyd. Ac mae'r brifysgol yn cynnig cyfle i chwaraewyr ifanc i astudio am radd wrth geisio datblygu eu gyrfaoedd pêl-droed.

Wrth gerdded o amgylch y stadiwm wag, cofiaf y tro diwethaf i mi fod yma. 2014 oedd hi, ac roedd y Cochion yn chwarae gartref yng nghynghrair y Conference, y tîm bellach wedi ymdrybaeddu ym mhumed lefel y gêm yn Lloegr ers sawl blwyddyn. Af i ddim i ddilorni'r gwrthwynebwyr druain. Ond dros y blynyddoedd bûm yma i weld cewri fel Manchester United, West Ham, Roma, Newcastle, Anderlecht, Real Zaragoza, Arsenal, Sunderland, Porto, Hadjuk Split, Chelsea, ac enwi dim ond rhai. Yn aml byddent yn gorfod mynd tua thre gyda'u cynffonnau rhwng eu coesau. Roedd hi rywsut yn anodd cael blas ar Wrecsam yn erbyn Nuneaton Borough, efo mwy o apêl yn y cwpaned drud o ddŵr poeth blas buwch ges i ar yr egwyl.

Ond mae hanes hir iawn i'r clwb, fel i'r maes. Dyma'r clwb proffesiynol hynaf ond dau yn y byd. Yn Wrecsam hefyd y cafodd Cymdeithas Bêl-droed Cymru ei sefydlu, yn 1876. Yma y bu ei phencadlys hyd nes y penderfynwyd bod yn rhan o'r dylifiad tua'r brifddinas. Trueni nad oes neb wedi gweld gwerth mewn agor amgueddfa bêl-droed barhaol yn y Cae Ras.

Fel mae arwydd uwchben un o'r mynedfeydd ar Ffordd yr Wyddgrug yn nodi, dyma'r stadiwm sydd wedi cynnal gemau pêl-droed rhyngwladol am y cyfnod di-dor hwyaf yn y byd. Chwaraewyd y gêm gyntaf yn erbyn yr Alban ymhell bell yn ôl, yn 1877.

Nid bod y tîm cenedlaethol wedi chwarae yma ers

pan drechwyd Norwy yn 2008, cofiwch. Arhosodd mapiau ffyrdd y Gymdeithas Bêl-droed yn hel llwch yn yr un cwpwrdd â rhai'r Sgarlets. Ond mae'n parhau i fod yn bwysig, hyd yn oed os nad cweit ar ei orau y dyddiau hyn, ac er i Barc Eirias ym Mae Colwyn bellach sefydlu ei hun fel pencadlys rygbi'r gogledd.

Mae'r Kop enwog o risiau concrit y tu ôl i un gôl, y safais arnyn nhw mor aml yn y gorffennol, yn goedwig o chwyn. Wynebai Triffids John Wyndham frwydr galed i gael y gorau arnyn nhw. Mae'r Kop wedi ei hen gau gan reolau iechyd a diogelwch, sefyllfa ddiangen i glwb sy'n ffodus i ddenu 3,000 a'u cŵn i'w gemau. Mor wahanol i'r 34,000 a wasgodd yma i weld Manchester United mewn gêm yng Nghwpan Lloegr yn 1957. Neu'r 29,000 ddaeth yma yn 1936 i weld gêm gynghrair yn erbyn Caer. Ia, Caer, yr hen elyn o'r ochr draw i'r ffin.

Bûm i yma i weld Tsiecoslofacia, pencampwyr Ewrop ar y pryd, yn cael chwip din o 3-0 gan Gymru yn 1977. Gwelais fechgyn Mike England, enw eironig os bu un erioed, yn colbio Lloegr o 4-1 mewn gêm orfoleddus yn 1980. Yn 1985 rhoddwyd crasfa o 3-0 i Sbaen ar noson pan rewodd y Sbaenwyr yn y crochan swnllyd. Cofiaf y person wrth f'ochr yn dirmygu'r golwr Luis Arconada, ar ôl iddo wneud smonach o bethau a rhoi gôl ar blât i Ian Rush. 'Dwi'm yn meddwl llawer o'r boi Anaconda 'ma,' meddai. A dyna oedd gêm olaf yr hen greadur i'w wlad, cyn iddo lithro i ffwrdd i gorsydd ebargofiant.

Dwi'n cofio hefyd griw lleol yn ein gwawdio am siarad Cymraeg mewn gêm ddi-sgôr ddiflas yn erbyn yr Undeb Sofietaidd yn 1981. Creden nhw, y ffyliaid, mai Rwsieg roedden ni'n ei barablu. Adlais trist o'r gêm honno bum mlynedd ynghynt yn erbyn Iwgoslafia.

Rhywbeth arall mae rhywun yn ei gysylltu â'r dref, o ddyddiau ffôl ieuenctid, ydy cwrw. Ia, hwnnw. Roedd yr ardal yn nodweddiadol am ei dŵr perffaith at ddibenion bragu. Ar un adeg bu'r lle yn un môr o ddrewdod wrth i'r amrywiol fragdai fwrw ati i droi'r dŵr hwnnw yn Ddiod y Diafol. Yn yr 1860au roedd cymaint â 19 ohonyn nhw yn y dref, nifer hefyd yn dafarndai oedd yn bragu i'w diben eu hunain.

Mae dipyn o olion y diwydiant i'w gweld o hyd, er iddo grebachu'n eithriadol dros y blynyddoedd. Yr un cyntaf i mi ddod ar ei draws ar ôl gadael yr orsaf ydy Clwb Cymdeithasol Lager Wrecsam. Mae'r lle yn dal ar agor, er i'r cwmni bragu gwreiddiol ddod i ben sawl blwyddyn yn ôl. Tu cefn iddo dim ond adeilad brics coch Fictorianaidd, ar ffurf rhyw fath o gastell bychan Bafaraidd, sy'n weddill o'r gwaith bragu enfawr fu yma. Caiff ei ddyluniad anarferol ei egluro gan y ffaith i'r cwmni gael ei sefydlu gan ddau Almaenwr, Ivan Levinstein ac Otto Isler, yn 1882. Yn ddiweddarach ymunodd Almaenwr arall, Robert Graesser, â nhw. Roedd hyn ymhell cyn i lager ddod yn ddiod boblogaidd yn unman arall drwy'r ynysoedd hyn. Ysbrydolwyd yr

Almaenwyr gan hiraeth am gwrw eu mamwlad. Yn wreiddiol, cwrw du oedd y lager a gynhyrchwyd ganddyn nhw, yn groes i'r hyn a feddyliai rhywun heddiw. Bu'r ddiod yn llwyddiant ysgubol, a Lager Wrecsam yn rhan o ddiwylliant y dref a'r ardaloedd cyfagos hyd at 2000. Efo'r cwmni erbyn hynny wedi ei feddiannu gan y bragwyr Eingl-Ddanaidd Carlsberg Tetley, daeth yr hen draddodiad balch i ben. Caewyd y bragdy.

Ond yn 2011 ailddechreuwyd bragu Lager Wrecsam yn y dref. Prynwyd yr hawl ar yr enw gan yr Aelod Seneddol lleol Martyn Jones am £1, ac addawodd ei drosglwyddo i unrhyw un a ddymunai ailafael ym mhethau. Gyda theulu lleol y Robertsiaid bellach wrth y

llyw, edrychwyd ymhell ac agos am yr offer gorau i sicrhau'r blas gwreiddiol i'w cynnyrch. Treuliodd cwmni Kaspar Schulz o Bamberg yn yr Almaen dri mis yn gosod yr offer mewn bragdy newydd sbon. Cwblhawyd y cylch Almaenig 130 o flynyddoedd ar ôl ei gychwyn.

Cysylltiad rhyngwladol arall y mae Wrecsam yn ymfalchïo ynddo ydy hwnnw ag Elihu Yale. Roedd yn un o fân grachach stad Plas-yn-Iâl ger Llanarmon-yn-Iâl, ei gyfenw yn Seisnigiad o enw'r cwmwd. Y fo oedd llywodraethwr yr East India Company ym Madras am 20 mlynedd. Gwnaeth ei ffortiwn drwy drafodion drws cefn na wyddai'r cwmni ddim yn eu cylch. Pan gafodd ei hun yn y drefedigaeth Americanaidd tua dechrau'r 18fed ganrif, bu mor hael ei gefnogaeth i goleg yn Connecticut nes iddo gael ei enwi ar ei ôl. Mae Prifysgol Yale yn parhau i fod yn un o'r rhai uchaf eu bri yn y byd hyd heddiw. Ymysg ei chyn-fyfyrwyr mae Bill Clinton a'i wraig Hillary, yr actorion Paul Newman, Jodie Foster a Meryl Streep, a Samuel Morse, dyfeisydd y cod enwog. Yn llai ffodus, yma hefyd y cafodd George H. W. Bush ei addysg. Aeth ymlaen i ddefnyddio'r addysg honno fel 41fed Arlywydd yr Unol Daleithiau, a phrif ben dafad y byd yn ei ddydd.

Dywedodd unwaith: 'I have opinions of my own, strong opinions, but I don't always agree with them.'

Dro arall sylwodd: 'It's no exaggeration to say the undecideds could go one way or another.'

Yn ystod ymweliad â gwersyll llofruddio'r Almaenwyr yn Auschwitz yn 1989 dywedodd: 'Boy, they were big on crematoriums, weren't they?'

Disgrifiwyd o gan y Democrat Ann Richards fel dyn 'wedi ei eni gyda throed arian yn ei geg'.

Caiff enw Yale ei grybwyll mewn sawl lle yn Wrecsam. Yr amlycaf erbyn heddiw ydy tafarn yr Elihu Yale lle bu Joe Pannell a'i ferlen yn chwilio am gynhaliaeth. Ar un adeg bu sefydliad addysg bellach o'r enw Coleg Iâl, heddiw yn rhan o Goleg Cambria, yn cario ei enw. Ond yn 1999 bu'n rhaid newid ei enw'n swyddogol i Goleg Iâl Wrecsam/Yale College Wrexham. Daeth hyn ar ôl i'r brifysgol Americanaidd fygwth mynd â'r cyngor sir i gyfraith am feiddio efelychu eu nod masnach. Rhyfedd o fyd. Americanwyr yn mynnu mai nhw sydd â'r hawl ar yr enw Iâl. Yn union fel y gwnaethon nhw efo'r bragwyr Tsiecaidd Budweiser, nod masnach oedd unwaith yn dynodi bod y cwrw yn dod o dref Budvar, neu Budweis yn yr Almaeneg. Ar ôl rhoi caniatâd i fragdy yn America gynhyrchu fersiwn o'u cwrw yn y 19eg ganrif, tyfodd y busnes yr ochr draw i'r Iwerydd yn anferthol. Cymaint nes i'r Tsieciaid druan erbyn heddiw orfod newid enw eu diod i Budvar.

Eglwys Sant Silin – un o Saith Ryfeddod Cymru

Ar ôl mynychu cwrs galwedigaethol undydd yng Ngholeg Iâl unwaith, arferwn gellwair gydag unrhyw un a holai pa goleg a fynychais: 'Yale, a chythraul o ddiwrnod caled oedd o hefyd.'

Er iddo farw yn Llundain, cafodd Yale ei gladdu yn Wrecsam ym mynwent Eglwys Sant Silin. Dyma glamp o eglwys anferthol y caiff ei thŵr ei gydnabod yn y rhigwm

bach digon plwyfol yna sy'n rhestru Saith Rhyfeddod
Cymru. Mae'n tra-arglwyddiaethu ar y gorwel, ac i'w
gweld bron o bobman yn y dref. Af draw ati i chwilio am
feddrod Yale, ac yn wir mae'n hawdd ei ganfod. Mae
cwpwl o Americanwyr, yn amlwg wedi eu noddi gan
McDonalds, yn cwynfan fel colomennod o gwmpas y
bedd. Aiff pawb arall heibio'n ffwr-bwt gan siglo'u bagiau
Tesco. Teimlaf mai parchus fyddai i minnau hefyd aros
ennyd wrth y bedd, 'tasai ond i ddiolch iddo am fy
niwrnod o hyfforddiant galwedigaethol.

Mae'r beddargraff hirwyntog ar ei gist garreg yn
cynnwys y geiriau canlynol:

> Born in America, in Europe bred,
> In Africa travell'd, and in Asia wed,
> Where long he lov'd and thriv'd;
> At London dead.

'Born in America,' myn diain i. Dim syndod bod y
colomennod blonegog mor uchel eu cloch. Teimlaf fel
taflu mymryn o india corn atyn nhw.

Troais ar fy sawdl ac ar fy mhen i mewn i'r eglwys.
Mae hi'n sicr yn werth ymweld â hi, yr eglwys ganoloesol
fwyaf trawiadol yng Nghymru o ddigon. Dechreuwyd
codi'r tŵr enwog yn 1506, ac mae'r tu mewn i'r eglwys yn
gyforiog o gerfiadau a lluniau hynafol. Fel gyda nifer o
eglwysi, digon eironig ydy gweld y lle yn orlawn o

symbolau a baneri sy'n ymwneud â rhyfel. Ei glodfori, mewn gwirionedd. Ceir sawl cyfeiriad at y Ffiwsilwyr Cymreig, ac yn wir ceir yma Gapel Coffa iddyn nhw. Mae'r waliau'n fôr o blatiau pres yn cofio'r rhai a gollwyd. Ymysg yr amlycaf mae un yn cofnodi dyn efo clamp o deitl, na ellir gwneud daioni â'r rhwysg ond drwy ei ddyfynnu fel mae'n ymddangos: 'Maj Gen The Hon Sir Savage Lloyd-Mostyn KCB.' Y fo oedd cyrnol y Ffiwsilwyr bron hyd at ddechrau'r Rhyfel Mawr. Bu'n lledaenu neges ddyngarol yr Ymerodraeth drwy India, y Crimea a gorllewin Affrica cyn hynny, efo chymorth dryll, cleddyf a chwip lle roedd angen.

Rhyfeddol sut y bu i'w rieni roi enw bedydd mor addas iddo, er iddo yntau ddisgrifio'i elynion felly.

Yr ochr arall i'r dref, digon pitw mewn cymhariaeth ydy Eglwys y Santes Fair. Mae hi'n cuddio'n swil rhwng maes parcio aml-lawr a goleuadau traffig. Ac eto dyma'r gadeirlan ar gyfer esgobaeth Babyddol Wrecsam. Mae rhyw dawelwch rhyfeddol y tu mewn i hon hefyd. Mae yma gysegrfa i Sant Richard Gwyn. Merthyr Pabyddol oedd o a gafodd ei grogi a'i ddiberfeddu ym marchnad Wrecsam ar Hydref 15fed, 1584, am ddim byd mwy na mynnu'r hawl i ddilyn ei ffydd. Roedd yr Anglicaniaid yn awyddus i ddileu'r hen ffydd Babyddol o dir Cymru, ac eisoes yn codi eu teml drawiadol newydd i Sant Silin. Nid oedd unrhyw drugaredd i fod i'r rhai a fynnai lynu at eu credoau traddodiadol. Ond nid tan 1970 y cafodd

Richard Gwyn ei ganoneiddio, a hynny gan y Pab Pawl VI mewn gwasanaeth yn y Fatican. Bellach dim ond enwi'r eglwys hon ar ei ôl sydd ei angen er mwyn creu cylch cyflawn arall.

Diwrnod 6

WRECSAM I SHOTTON
12 milltir – 28 munud

SHOTTON I'R RHYL
22 milltir – 25 munud

ROEDDWN yn ysu am gyrraedd y Rhyl, tref fy mreuddwydion pan oeddwn yn blentyn, wedi fy swyno ganddi ers dyddiau'r gwibdeithiau Ysgol Sul ers talwm.

Ond bu'n rhaid treulio awr neu ddwy ar Lannau Dyfrdwy ar fy ffordd yno, wedi canfod bod gen i amser i'w ladd wrth newid trên yn Shotton. Yno mae'r lein o Wrecsam i Bidston yng Nghilgwri yn croesi dros reilffordd arfordir y gogledd.

Dewisais beidio â mynd i lawr un orsaf ynghynt ym Mhenarlâg, er y demtasiwn i ymweld â Llyfrgell Gladstone. Cafodd y llyfrgell ryfeddol hon o 250,000 o eitemau ei henwi ar ôl William Gladstone, fu'n Brif Weinidog Rhyddfrydol bedair gwaith, ac a fu'n byw gerllaw. Mae modd cael tocyn dydd am ddim i chwilota drwy'r casgliad.

Wedi ei fagu yn fab i fasnachwr o Lerpwl, ni lwyddodd ei addysg yn Eton a Rhydychen i bylu ei acen Glannau Mersi gydol ei oes. Priododd i deulu aristocrataidd y Glynneiaid, oedd yn berchen ar Gastell Penarlâg, lle yr ymgartrefodd. Serch hynny, roedd yn gredwr cryf mewn datganoli. Roedd yn cefnogi hunan-lywodraeth i Iwerddon, ac am ryddhau'r Anglicaniaid Cymreig o grafangau Eglwys Loegr.

Felly dyma ganfod fy hun yn cicio fy sodlau ar strydoedd budron Glannau Dyfrdwy. Casgliad o faestrefi i ddinas Caer yr ochr draw i'r ffin ydy fan hyn mewn gwirionedd. Serch hynny, maen nhw i gyd yng Nghymru o drwch blewyn, yn ddaearyddol os nad yn ysbrydol. O'r 50,000 sy'n byw yma, ganwyd llai na'u hanner yng Ngwlad y Gân. Prin affwysol ydy unrhyw arwyddion o Gymreictod.

Yn sicr mae'r acen a glywch ar y strydoedd yn atgoffa rhywun nad ydych ymhell o Lannau Mersi. Ond mae ambell un o'r parthau hyn wedi ceisio fy narbwyllo dros y blynyddoedd mai'r Sgowsars sy'n eu dynwared nhw.

Cymysgedd o acenion Cymreig a Gwyddelig ydy un Lerpwl, meddan nhw. A does dim dwywaith nad honno ydy'r ddinas fwyaf Celtaidd ei naws ledled Lloegr, er nad ydy hi mwyach yn denu'r Cymry yn eu degau o filoedd i chwilio am waith.

Mae'n anodd dweud pryd mae rhywun yn gadael un dref a chyrraedd un arall yma yng Nglannau Dyfrdwy, un yn llifo i'r llall fel paent yn rhedeg. A'r un mor ddiddorol. Es i lawr stryd fawr Shotton, a chanfod fy hun yn ddiarwybod yng Nghei Connah. Mae siop barbwr yn Shotton union gyferbyn â siop garpedi yng Nghei Connah.

Lle dwi'n tybio bod y ffin rhwng y ddau le, mae cofgolofn ryfel yn sefyll. Arni mae cwpled o waith Rudyard Kipling, sy'n disgrifio i'r dim amwysedd y rhan yma o'n gwlad ynglŷn â'i hunaniaeth:

What stands if freedom fall?
Who dies if England live?

Kipling, wrth gwrs, er iddo wrthod cael ei wneud yn farchog, oedd yr archimperialydd a ysgrifennodd gerddi ffiaidd o ymfflamychol fel 'The White Man's Burden'.

Mae Parc Gwepra yng Nghei Connah yn llecyn digon tawel i dreulio amser ynddo, pob un o'r 160 erw ohono. Mor wahanol i sut bu pethau yma yn y gorffennol pell. Oddi fewn i'r parc, yn ymochel yng nghysgod catrawd o goed tal, mae gweddillion Castell Ewlo. Dechreuwyd ei godi yn 1157 ar ôl i fyddin Owain Gwynedd drechu Harri'r Ail a'i filwyr ym Mrwydr Cwnsyllt, yma yn y coed hyn. Dim ond drwy ryw ryfedd wyrth y llwyddodd Brenin Lloegr i ddianc â'i groen yn iach. Cwblhawyd y gwaith ar y castell gan Lywelyn Ein Llyw Olaf.

Er nad ydy'r Fflint ond cwta bum milltir o Shotton, mae mwy o waddol Cymreictod yma rywsut, er nad yn yr acen na'r iaith. Pan wrthododd llywodraeth haerllug Llundain osod blwch ar ffurflen y Cyfrifiad yn 2001 i alluogi pobol i ddisgrifio'u hunain fel Cymry, dewisodd 18% o bobol y Fflint ddifetha'r ffurflen drwy ysgrifennu 'Welsh' arni. Roedd ymysg y ganran uchaf drwy Gymru i wneud hynny.

Yma hefyd y magwyd y cyn-bêl-droediwr Ian Rush. Cafodd ei eni yn Ysbyty H. M. Stanley yn Llanelwy, ar ôl i'w dad wrthod gadael i'w wraig groesi'r ffin i'r ysbyty famolaeth agosaf yng Nghaer. Rush ddywedodd flynyddoedd yn ddiweddarach, ar ôl cael ei drosglwyddo o Lerpwl i glwb Juventus yn Yr Eidal: 'Mae fel bod mewn gwlad arall.'

Dwi'n cofio dod i'r dref yn 2004, yn fy ngwaith fel newyddiadurwr efo'r *Daily Post*, ar gyfer protest gan blaid asgell dde'r British National Party y tu allan i swyddfeydd Undeb y Gweithwyr Cludiant. Roedden nhw'n honni i aelod o'r blaid, oedd yn anhygoel bron yn gweithio i'r undeb, gael ei drin yn annheg. Roedd criw o amrywiol ddynion go fygythiol yr olwg, rhai mewn siwtiau drud ac eraill mewn denim ac wedi siafio'u pennau, yn sefyll ger y swyddfa mewn carnifal swnllyd o faneri Jac yr Undeb. Daeth hen wreigan ddigon musgrell ei chorff, ond bywiog ei henaid, ataf i holi mewn acen Glannau Mersi gref beth oedd yn mynd ymlaen. Eglurais, ac ar hynny camodd i ganol y môr o goch, glas a gwyn. Bytheiriodd ar y siwtiau a'r denim i stwffio'u baneri i rywle anarferol o dywyll a chynnes, ac i hel eu traed yn ôl am eu gwlad eu hunain. Neu eiriau cyffelyb. Roedd yr olwg o syndod ar eu hwynebau o gael eu galw'n estroniaid, wrth i'r wreigan frasgamu am adref, yn bictiwr.

Ond doedd gen i mo'r awydd i alw y tro hwn. Caf gip ar gastell arall eto fyth, bron yn furddun ers i nifer o'i waliau gwympo yn 1848, wrth i'r trên godi un neu ddau o deithwyr o orsaf y dref. Sylwaf ar gerflun metel o droed anferthol ger y fynedfa. Hwn ydy *The Footplate*, a gafodd ei ddylunio gan Brian Fell, y mae llawer o'i waith hefyd i'w weld o amgylch Bae Caerdydd.

Yn nes ymlaen yn Llannerch-y-môr daw golygfa ryfeddol i'r golwg. Llong enfawr sy'n un twmpath o baent gwyn a rhwd haearn, ac yn ymddangos fel 'tae hi wedi ei hangori yng nghanol cae. Hon ydy'r *Duke of Lancaster*, llong fferi fu unwaith yn eiddo i'r Rheilffyrdd Prydeinig, yn y dyddiau gwladoledig hynny pan oedd rhwydd hynt iddyn nhw gynnig gwasanaethau ar wahân i deithiau trên. Cafodd ei hadeiladu ym Melffast a'i lansio yn 1955.

Bu'n cludo hyd at 1,800 o deithwyr ar y tro rhwng Heysham yn Sir Gaerhirfryn ac Iwerddon, ac ar brydiau ar y llwybr rhwng Caergybi a Dún Laoghaire, hyd at 1978. Defnyddiwyd hi hefyd ar gyfer mordeithiau moethus i'r Alban a Norwy. Cafodd ei llusgo i Lannerch-y-môr o Lerpwl y flwyddyn ganlynol, ei gyrru ar y lan yn fwriadol ar benllanw, a'i choncritio'n gaeth yn y fan a'r lle cyn i neb gael cyfle i gwyno. Bu hi yn ei thro yn glwb nos ac yn archfarchnad, ond daeth hynny i ben yn 1986 yn sgil trafferthion cynllunio ac ofnau ynglŷn â diogelwch. Bellach dydy hi'n ddim ond sgerbwd trist o'r gogoniant a fu, yn gorwedd mewn bedd agored yn disgwyl am ei thynged.

Ac felly, o'r diwedd, dyma gamu i ganol bwrlwm y Rhyl. Ofnaf y bydd pethau wedi dirywio ymhellach fyth ers fy ymweliad siomedig diwethaf er, fel ym Mhort Talbot, mae ôl gwario sylweddol ar yr orsaf yma. Nid mai dyna sy'n fy mhryderu. Rargian, onid oedd y dref angen dipyn bach o faldod?

Mawr fyddai'r disgwyl ers talwm am ddiwrnod mawr y trip Ysgol Sul, pan fyddai bws Robin Huw yn chwyrnu i stop wrth ddrws y capel. Dyma ein llwgrwobr am fynychu'r Band o Hôp, os nad yr Ysgol Sul ei hun, yn festri ddrafftiog Horeb ym mherfeddion gaeaf. Hen, hen fws fyddai o fel arfer, wedi gweld ei ddyddiau gorau ond rywfodd wedi osgoi mynwent y cerbydau. Wel, doedd coffrau Horeb ddim yn orlawn, nac oedd? Nid fel capel

'Sunny Rhyl' – gwerth o hyd i'r brand Cymreig hen ffasiwn

yr hen Fedyddwyr dosbarth canol 'na. Safai'r goleuadau yn stond fel llygaid malwod ar briciau haearn bychain ar y tu blaen. O dan drwyn main y bonet byddai'r injan yn peswch ac yn tagu yr holl ffordd i lan y môr, a'r egsôst yn rhechu mwg i wynebau'r ceir tu cefn i ni. Teimlai fel 'tae'n cymryd dyddiau i gyrraedd, pawb yn croesi'u bysedd y byddai'r hen greadur yn medru mynd mor bell heb chwythu piston.

Ac er i Mr Tomos y gweinidog ffieiddio ein bod yn rhoi coel ar gredoau paganaidd felly, cyrraedd wnaeth o bob tro. Y bws a'r gweinidog fel ei gilydd. Mymryn o ffydd, Mr Tomos bach. A gwyliwch y gath ddu 'na.

Weithiau bydden ni wedi bod yn tin-droi ym Metwsy-coed ar y ffordd, er mwyn i'r hen gonos gael pi-pi cyn iddi fynd yn rhy hwyr arnyn nhw. Mawr fyddai'r diflastod i ni'r plant, a ninnau'n gwingo yn ein hesgidiau eisiau cyrraedd. Onid oedd gynnon ni bres yn ein pocedi a chandi-fflos i'w brynu? Ond o'r diwedd, byddai'r hud cyfarwydd yn llifo ar draws afon Clwyd wrth groesi'r bont las enwog. Codai bloedd pan welem gae ffair enwog yr Ocean Beach ar y gorwel. Waeth befo gynnon ni pa gastiau oedd yn mynd â bryd y blaenoriaid yn y dref amrwd hon wrth iddyn nhw ddiflannu am y diwrnod. Roedd gynnon ni ein cae ffair a'n harcediau peiriannau hapchwarae i luchio ein pres ynddyn nhw.

Un flwyddyn penderfynwyd drwy bleidlais ein bod yn mynd i'r Bermo yn hytrach na'r Rhyl, y to ifanc prin yn cael eu trechu gan ddymuniadau'r hen gojars oedd yn dal i fynychu'r Ysgol Sul. Tywalltodd y glaw drwy'r dydd. Buan iawn y gwnaethon ni flino ar yr hances boced o gae ffair. Cafwyd llond bol ar gael ein llusgo drwy siopau inja-roc neu i eistedd mewn caffis.

Fues i erioed ar drip Ysgol Sul wedyn. Aeth y to ifanc yn Horeb yn brinnach fyth, a surais braidd efo'r lol democratiaeth 'ma.

Mae'n rhaid cyfaddef, dwi'n dal i'w chael yn anodd maddau i'r Bermo am chwalu rhan o 'mhlentyndod. Roedd y siom llawn cymaint â chanfod nad oedd Siôn Corn yn byw ar lawr uchaf siop Nelson yng Nghaernarfon, lle yr arferwn ei weld.

Y tro diwethaf i mi fod yn y Rhyl, sawl blwyddyn yn ôl bellach, ar wahân i basio trwodd ar y trên, ces fy siomi'n ddirfawr. Roedd fel 'tae'r dref wedi newid lle efo Dresden yn syth ar ôl y rhyfel. Roedd yr atyniadau cae ffair bron i gyd wedi diflannu, dim ond tir diffaith lle yr arferid clywed sŵn plant yn sgrechian mewn gorfoledd. Ond oedd, roedd y Tŵr Awyr ar y prom yn agored. Dwi'n cofio, a minnau yn fy oed a'm hamser, sefyll yn y soser o beth oedd yn troelli'n araf i frig y tŵr metel i gael golygfa fendigedig dros y dref. Golygfa o siopau wedi cau am yn ail â rhai wedi eu rhoi ar dân. Dim ond rhai eneidiau penderfynol oedd i'w gweld yn dal i agor eu drysau i werthu cychod simsan, bwcedi a rhawiau plastig, a hetiau gwirion.

Dioddef roedd y dref o'r dirywiad cyffredinol mewn gwyliau glan y môr traddodiadol. Efo gwyliau tramor yn rhad fel baw, a hithau'n aml yn costio llai i fynd i haul Sbaen na glaw Cymru, cafwyd cannoedd o fflatiau gwyliau yn y Rhyl nad oedd defnydd iddyn nhw mwyach. Cawson nhw eu llenwi gan bobol o ddinasoedd Lloegr, yn aml gyda thrafferthion enbyd yn pwyso ar eu hysgwyddau. Penderfynu wnaeth nifer na fyddai waeth iddyn nhw dderbyn pres y dôl wrth fyw ger y môr yn hytrach nag yng nghanol dinas fyglyd. A phwy all eu beio, mewn gwirionedd?

Wyddwn i ddim, felly, beth oedd yn mynd i fy ngwynebu wrth gyrraedd y Rhyl. Maen nhw'n credu i enw anarferol y lle ddeillio un ai o Yr Hill neu Yr Heol. Mae dogfennau o 1506 yn enwi'r dref fel Hyll. Dim chwerthin yn y cefn, os gwelwch yn dda, blantos.

Ar draws y ffordd o'r orsaf mae hen dafarn y Bee, lle oedd yn arfer bod yn llawn o gymeriadau brith. Er ei blerwch, bu'n gartref cysurus os myglyd i'r sin werin leol am flynyddoedd lawer hyd nes iddi gau ei drysau yn 2005. Mae'r waliau allanol wedi eu gorchuddio â theils gwyrddion trawiadol o oes Fictoria. Mae'r geiriau 'Commercial Bee Hotel' i'w gweld o hyd mewn ysgrifen euraid yn y ffenest hanner lleuad uwchben un drws. Ond Canolfan Fusnes sydd yma erbyn hyn. Serch hynny, mae'r adeilad wedi ei restru fel enghraifft dda o dafarn Fictorianaidd glasurol.

Ers blynyddoedd cafodd rhannau o'r Rhyl eu hystyried fel y rhai mwyaf difreintiedig drwy Gymru gyfan. Mae sawr tlodi ar y strydoedd.

Caf fy nharo'n aml mewn lleoedd difreintiedig sut mae llawer mwy na'r cyffredin yn dal i smygu, er bod yr arfer yn prysur fynd allan o ffasiwn yng ngweddill y wlad. Felly hefyd yn y Rhyl heddiw. Mae un ddynes ganol oed yn gwthio pram, ei hwyneb yn grychiog o flaen ei amser, a sigarét fawr wenwynig wedi ei stwffio rhwng y minlliw sgarlad fel papur degpunt ar dân. Teimlaf mor falch i minnau hefyd ymuno efo'r mwyafrif sawl blwyddyn yn ôl bellach.

Mae stondin wedi ei gosod yng nghanol cyntedd

llydan Canolfan Siopa'r Rhosyn Gwyn yn gwerthu sigaréts trydanol. Maen nhw'n mynnu bod modd eu hysmygu 'yn unrhyw le'. Ond er nad ydy hi'n anghyfreithlon eto i wneud, gwn am nifer o siopau, caffis a thafarndai na fydden nhw'n caniatáu'r ffasiwn beth.

Ychydig i ffwrdd mae canolfan siopa arall, Canolfan y Queens, a llawer llai o sglein a goleuadau llachar o'i chwmpas. Caf y teimlad ei bod yn anelu mwy at y werin datws dlotach fyth. Yn wir mae'n f'atgoffa o farchnad dan do lwm ond anferthol GUM ar y Sgwâr Coch ym Mosco pan oedd y comiwnyddion yn swyddogol yn dal mewn grym.

Dyma benderfynu anelu am y promenâd, lle ces gymaint o hwyl ers talwm. Wrth i'r haul frwydro i wneud ymddangosiad gwantan, caf y teimlad bod rhyw newid yn y gwynt. Do, diflannodd y caeau ffair, a llonydd ydy'r Tŵr Awyr. Mae hyd yn oed yr Heulfan enwog o atyniadau yn ymwneud â dŵr wedi mynd dan y don hyd nes y bydd gan rywun syniad beth i'w wneud efo'r lle. Ond mae seiniau cerddoriaeth gyfrifiadurol Jean Michel Jarre yn dal i seinio o'r arcêds i'ch hudo i helpu'r *penny fountain* i lyncu'ch ceiniogau, fel plentyn tew mewn bwyty McDonald's.

Ym mhen pella'r prom mae'r trên bach yn dal i stemio o amgylch y Marine Lake pan mae'n teimlo fel gwneud. Roedd yn un o uchafbwyntiau'r tripiau Ysgol Sul rheini. Bu'n cylchdroi fel top rownd y llyn ers mwy na chanrif, yr injans nerthol os bychan i gyd wedi eu hadeiladu yma yn y Rhyl. Gwirfoddolwyr sy'n cadw'r sioe ar y cledrau mwyach. Ond does na siw na miw na chwiban i'w clywed heddiw, na chwmwl o fwg yn codi yn unman. Dwi'n cael ar ddeall fod Amgueddfa Rheilffordd Fach y Rhyl hefyd yn werth ymweld â hi, os cewch chi'r lle ar agor.

Mae pont newydd sbon, efo'r enw uniaith Gymraeg Pont y Ddraig, wedi ei chodi i groesi aber afon Clwyd ac i gydgysylltu Llwybr Arfordir Cymru ar y ddwy lan. Mae'r tir diffaith lle yr arferai'r cae ffair fod bellach wedi ei glirio yn barod ar gyfer ei ddatblygu yn westy ac yn atyniadau twristaidd cyfoes.

Y pen arall i'r promenâd i gyfeiriad Prestatyn, ar drai eithriadol mae modd gweld olion hen goedwig hynafol. Daw bonion mwy na 100 o goed i'r golwg, a'r rheini (maen nhw'n credu) yn hyd at 6,000 o flynyddoedd oed. Mae gweddillion coed bedw, derw, cyll, llwyfen a gwernen yn eu mysg, y cyfan wedi eu cadw'n rhyfeddol ar hyd y canrifoedd yn y tywod llaith.

Mae'r dref ar yr wyneb mor Gymreig â sombrero, er bod yr iaith a'r hunaniaeth wedi dal eu gafael yma ac acw. Ac mae 'na ryw ymwybyddiaeth o werth y brand Cymreig o hyd, hyd yn oed os gwneir defnydd braidd yn hen ffasiwn ohono. Mae'r lle'n ddreigiau coch a chennin Pedr a lluniau merched mewn gwisg genedlaethol hyd y gwelwch chi.

Ond ni fwriadwyd y dref erioed ar gyfer y Cymry. Datblygwyd hi er mwyn denu ymwelwyr. Hyd yn oed mor gynnar â 1829 rhedai llongau stêm yn rheolaidd rhwng fan hyn a Lerpwl. Pan gyrhaeddodd y rheilffordd yn 1848, buan iawn y tyfodd y lle i'w anterth, a bathwyd y ffugenw 'Sunny Rhyl'. Trueni na ddywedodd neb wrth yr haul.

Ond mae 'na ryw awgrym o ysbryd ffres o gwmpas y lle unwaith eto, mae'n rhaid cydnabod. Fyddai neb mor wirion â honni ei bod hi ar ei ffordd yn ôl i'w hen fri. Ond does bosib na all y dref naddu dyfodol newydd iddi'i hun. Efallai y gall efelychu'r awdur Mark Twain drwy fynnu: 'Mae'r adroddiadau am fy marwolaeth wedi eu gorliwio'n ddirfawr.' Dyma groesi bysedd unwaith eto. Sori, Mr Tomos.

PENNOD 17

Diwrnod 6

Y RHYL I GONWY

16 milltir – 38 munud

MAE gen i gof plentyn o'n gorsaf leol ym Mhen-y-groes yn Nyffryn Nantlle, cyn i Beeching roi'r farwol iddi, fel rhywle oedd yn dipyn o bictiwr. Gwelyau blodau lliwgar a borderi bach taclus. Gweision mewn lifrai balch yn smygu Wdbeins. Ac adeiladau trwsiadus o friciau cochion wedi eu duo'n hyfryd gan ganrif a mwy o fwg.

Dwi'n cofio hefyd gael ein martsio yno, haid swnllyd o blant fawr mwy na phedair oed, fel nythaid o gywion melyn y Pasg yn disgwyl yn ddiniwed am ymweliad y llwynog. Roedd rhyw faner goch, glas a gwyn fach blastig wedi ei gwthio'n wladgarol i ddwylo pob un ohonon ni.

223

Flynyddoedd wedyn y deallais mai yno i groesawu Brenhines Lloegr oedden ni. Ta waeth, roedd y wefr o beidio â bod yn ein dosbarthiadau yn bleser pur. Codai'r cyffro wrth i sŵn trên yn dynesu gyrraedd ein clustiau. Curai ein calonnau bychain fel dwsinau o ddyrnwyr ar ddiwrnod cynhaeaf. Cawsom ein hannog gan ein hathrawon i chwifio'n baneri nerth ein breichiau bach tila, fel cae o ŷd o flaen awel ddiwedd haf. 'Dyma hi'n dŵad,' bloeddiodd un ohonyn nhw, bron ar ei liniau mewn gwrogaeth ac â'i dafod at ei fogail. Yn amlwg roedd rhywun llawer iawn gwell na ni'r werin dlawd ar fin cyrraedd. Rhywbeth i'w wneud â gwaed glas, yn ôl y sibrydion âi o un pen y platfform i'r llall.

Gwibiodd rhyw drên heibio'n trwynau ar 80 milltir yr awr mewn un enfys wyntog o liw a smwt. Cafodd ein baneri eu chwipio'n gyrbibion gan y corwynt. Doedd angen i'r un ohonon ni sychu ein trwynau am wythnosau. Ewadd, am hwyl. A thybed ai *hi* efo'r gwaed glas welais i efo'i thrwyn wedi ei wasgu yn erbyn y ffenest, meddyliais ar fy ffordd yn ôl i'r ysgol. Pwy bynnag oedd *hi*. Ond ni sylwais ar yr un goron yn disgleirio ar ben neb. Efallai fod honno yng ngofal y gard.

Eithriad ydy'r diwrnod hwnnw. Fel arall, atgofion digon di-ddim sydd gen i o orsafoedd y gwledydd hyn. Ran amlaf oherwydd mai'r unig reswm rydych yn sefyll yno gyhyd ydy oherwydd bod eich trên yn hwyr. Ac onid oes 'na bobol ryfeddol o od yn stelcian ar blatffformau rheilffyrdd liw nos? Mae'n debyg eu bod hwythau'n meddwl yr un peth. Dwi'n cofio'r bar digysur yng ngorsaf Crewe yn cau am y noson, a'm hel i allan i blatfform mor gysurus ag ystafell bost-mortem. A minnau wedi bod yn disgwyl am ddwy awr neu fwy am y ceffyl haearn tuag adre. Dwi'n cofio hefyd gicio fy sodlau sawl gwaith yng ngorsaf danddaearol iasol Moorfields yn Lerpwl. Pawb yn disgwyl am y sŵn o bell a'r gwynt cynnes a'i rhagflaenai, fel twrch daear yn tisian, oedd yn dynodi bod trên ar ei ffordd. Efo pawb yn dechrau edrych ar eu harddyrnau, byddai rhyw lais yn clecian drwy'r uchelseinydd yn rhoi gwybod i ni yn llon fod gweithwyr Merseyrail ar streic ers awr. Eto. A gobeithio y bydd y 'ffernols yn tagu ar eu swper, meddyliwn, wrth hel fy nhraed i chwilio am frechdan wy a bws.

Felly maddeuwch i mi os na fydda i'n rhyw ganmoliaethus iawn o orsaf Cyffordd Llandudno. Gwn ei fod hefyd yn enw ar dref bellach, er bod yr enw gwreiddiol Tre-marl yn un llawer pertach, ac er bod yr enw Cyffordd Llandudno yn cael ei yngan mor anaml ag un Cyffordd Dyfi. Ond mae fy ngwaradwydd yr un mor wir am y dref a'r orsaf, y naill fel y llall.

Digon gwir i mi dreulio ambell awr ddigon hapus yn llymeitian yn y Station Hotel yno. Digwyddai hynny pan fyddwn yn yr argraffty gerllaw yn tycio'r Herald Cymraeg i'w wely o dro i dro. Ac eto wedyn, o bryd i'w gilydd, pan gododd y *Daily Post* ei bac o Lerpwl a phenderfynu adleoli yno. Teg cydnabod i mi fwynhau bod wrth far y Killer, fel y câi ei lysenwi, lawer mwy na bod yn y swyddfeydd. Fel pob newyddiadurwr gwerth ei halen.

Cofiaf y Tywysog Charles yn galw yn swyddfeydd y *Daily Post* unwaith. Nid ar hap wrth basio ar ei ffordd i ryw arddwest i stwffio'i wyneb â brechdanau ciwcymbyr, ond wedi ei wahodd i agor y pencadlys ar ei newydd wedd. Roedden ni i gyd wedi derbyn llythyr o gyfarwyddyd o ryw balas neu'i gilydd yn dweud wrthym sut i ymddwyn o'i flaen. Fel 'tae ei deulu o yn bictiwr o ymddygiad doeth. Gwyrwch eich pennau, galwch fo'n 'Syr'. Gadewch iddo fo ddod atoch chi yn hytrach nag fel arall. A pharatowch eich tafod am orchwyl digon anghynnes. Iawn, wna i gyfaddef i mi wneud yr un olaf 'na i fyny. Ond gwrthwynebais y gweddill yn llawn mor daer ag y byddwn wedi gwrthwynebu'r olaf.

Awgrymwyd gan y penaethiaid efallai y byddai'n syniad pe byddwn i, ac ambell benboethyn arall, yn encilio i'r Killer neu lle bynnag. Unrhyw le ond o dan draed Ei Fawrhydi. Yna byddai yntau'n cael rhwydd hynt i ymlwybro'n ofalus ar fodiau'i draed rhwng yr holl bobol oedd am ymgreinio ar eu gliniau o'i flaen. A dyna fel y bu hi. A do, hawliais y costau'n ôl hefyd. Iechyd da, 'rhen Brins.

Cyffordd Llandudno hefyd oedd dewis an-ysbrydoledig ein Cynulliad Cenedlaethol ar gyfer eu llysgenhadaeth ogleddol. Mae'n honglad o adeilad, yr oedden nhw'n mynd i'w lenwi efo 500 o staff oedd yn mynd i symud yma o Gaerdydd. Yn wirfoddol. Ia, dwi'n gwybod. Prin 'mod innau wedi rhoi'r gorau i chwerthin chwaith. Mae'r adeilad yn dal bron mor wag â phen gwleidydd.

Adeilad Fictorianaidd lle mae teithwyr yn newid ar gyfer y sbrint byr i Landudno neu'r marathon drwy Ddyffryn Conwy i Flaenau Ffestiniog ydy'r orsaf. Neu weithiau i barhau â'r daith i Gaergybi, pan fydd ambell drên o Fanceinion yn gwyro'n uniongyrchol am Landudno. Caffi bach di-fflach, toiledau y gallai Daniel Owen fod wedi eu defnyddio, swyddfa docynnau, dau blatfform a phont. A dyna chi.

Ceir golygfeydd gwych o'r trên allan ar draws Bae Lerpwl wrth ddynesu at Dre-marl. Dacw lafnau hollol lonydd fferm wynt anferthol yn sefyll ar y gorwel fel llond cae o gaws llyffant.

Ond ro'n i eisoes wedi penderfynu gwibio drwy Fae Colwyn a Chyffordd Llandudno fel ei gilydd. Doedd gen i mo'r amser i gerdded at y Sw Mynyddig enwog ar y bryniau uwchben Bae Colwyn. A ro'n i eisoes wedi gweld Canolfan Chwaraeon Dŵr Porth Eirias drwy ffenest y trên, datblygiad uchel ei gloch a gostiodd filiynau o bunnau, ac a wobrwywyd drwy ei roi ar restr fer Gwobr Dylunio Carbwncl y Flwyddyn yn 2013. Dwi ddim yn credu bod angen dweud mwy.

Roedd ail ymweliad â Chanolfan Wybodaeth y

Gorsaf Conwy

Cynulliad yn Rhodfa'r Tywysog hefyd yn ormod i feddwl amdano. Treuliais bum munud mwyaf diflas fy mywyd yno unwaith. Profiad unwaith mewn oes, wir i chi.

Ces air sydyn efo'r gard, ac ymhen rhyw funud wedi gadael Cyffordd Llandudno daeth y trên i stop yng ngorsaf 'ar gais' Conwy. Mae'n gorwedd yn llythrennol yng nghanol yr hen dref gaerog, y lein yn pasio o dan fwa trawiadol drwy'r muriau canoloesol a fylchwyd ar ei gyfer yn y 1840au.

Dyma fy hoff dref ar arfordir Seisnigedig y gogledd. Digon gwir mai Saesneg ydy iaith y mwyafrif o dipyn. Ond mae'r Jac-do cyffredin – fel y cyfeirir at y bobol leol, er mewn gwirionedd caiff Jac-do go iawn ei eni oddi fewn i furiau'r dref – yn ddigon ymwybodol o'i wreiddiau a'i Gymreictod. A dyna i chi furiau. Hon ydy'r dref gaerog fwyaf cyflawn yng Nghymru, wedi ei britho'n lliwgar â strydoedd culion a thai sy'n tynnu eu hanadl er mwyn ffitio i'w mynwes. Caiff ei chydnabod fel Safle Treftadaeth y Byd. Prin bod unrhyw dref o'i maint drwy Gymru â mwy i'w gynnig i'r ymwelydd. Mae oriel gelf yr Academi Frenhinol Gymreig yn ei lordio hi i fyny un o'r strydoedd culion. Ac mae tai hynafol Tŷ Aberconwy a Phlas Mawr, y ddau'n agored i'r cyhoedd, heb fod ymhell. Yn y Ganolfan Groeso mae arddangosfa wefreiddiol ar hanes Tywysogion Gwynedd. Ceir caffis a bwytai a thai coffi ribidirês. Ac er mai cael eu codi wnaethon nhw i'n cadw ni'r Cymry allan, mae'r muriau a'r castell yn gampweithiau pensaernïol canoloesol i ryfeddu atyn nhw.

Caf fymryn o bendro wrth fentro ar hyd y muriau, y canllaw isel mewn mannau mor ddefnyddiol â blwch llwch ar foto-beic. Dwi'n gorfod gwasgu fy hun yn arwrol yn erbyn y wal mewn un man i wneud lle i ddynes nobl ddaw i 'nghwfwr. Mae hi mor gron fel na feiddiwn ofyn iddi symud am yn ôl, rhag i'w thin ddechrau larymu fel lorri ludw. Ond caf olygfeydd bendigedig dros doeon llechi'r dref tuag at gastell bygythiol yr olwg Iorwerth I. Mae'r tai'n goglais cesail y waliau mewn sawl man, a chaf fy hun yn gwrido wrth edrych yn uniongyrchol i erddi a chartrefi pobl.

Mae un teulu'n dadlau rownd y bwrdd dros bryd o fwyd. Gwelaf gysgod yn symud drwy ffenest arall na allai fod mewn unman ond stafell molchi. Dylai Conwy wahodd cynhadledd Cymdeithas Sbecwyr Cymru.

Afon Conwy draw fan acw oedd y ffin rhwng tiriogaeth y Cymry a'r Saeson ar un adeg; mewn un ffordd mae'n parhau i fod. Heb os mae'n ddigon mawreddog i alw 'chi' arni. Bu unwaith yn amddiffynfa gadarn rhag y gelyn; bellach mae pedair croesfan arni. Ni fu pont o gwbl drosti tan 1822, pan godwyd y bont grog hardd gan Thomas Telford. Cynt, dal cwch oedd yr unig ddewis. Pont i gerddwyr yn unig ydy campwaith

Golygfa hyfryd o'r castell, gyda Phont Stephenson ar y dde

Telford heddiw, a chodir tâl am ei chroesi. Yna yn 1848 agorwyd pont reilffordd Stephenson ar ffurf tiwbiau ar goesau, strwythur sy'n dal yn ei le. Aiff y rhan fwyaf o geir a lorïau bellach ar hyd yr A55 a thrwy'r twnnel oddi dan yr afon. Trafnidiaeth leol ar y cyfan sy'n defnyddio'r bont ffordd 'newydd' a godwyd yn 1958.

Porthladd pysgota ydy Conwy, yn anad dim, er mai prinhau mae'r cyfleoedd i ennill bywoliaeth o'r môr. Hyd at yr Ail Ryfel Byd enillai bron iawn pawb yn y dref ei geiniog neu ei cheiniog o'r môr, neu o weithgaredd yn gysylltiedig â'r môr. O bysgotwyr i siopwyr, teilwriaid, cryddion, tafarnwyr ac – wrth reswm mewn porthladd – merched rhad eu ffafr. Wela i'r un o'r rheini heddiw. Dim ond gwylanod haerllug yn eu dillad gorau yn paredio 'nôl a blaen ar y cei yn chwilio am damaid o fath gwahanol.

Ond mae 'na naws borthladdol i'r lle hyd heddiw, arogl yr heli yn sgubo dros y dref i gyd. Ar y cei prysur mae modd trefnu teithiau pysgota, neu daith i fyny'r afon mewn cwch caeedig â bar a chegin ar ei fwrdd. Mae swyddfa'r harbwrfeistr yn dal yma, felly hefyd orsaf a siop y bad achub. Gallwch brynu cregyn gleision wedi eu medi o'r aber, er mai rhyw 100 tunnell y flwyddyn gaiff eu cynaeafu bellach. Hyd at y 1930au byddai deg gwaith hynny yn cael eu codi.

Yn un pen i'r cei mae arogl coed ffres newydd eu trin yn taro fy ffroenau. Caf fy hudo draw ganddo a chan sŵn morthwylio a lli gron yn troi. Tu ôl i ffens wifren mae tri o ddynion wrthi fel lladd nadroedd mewn gweithdy agored. O dan draed mae traeth o flawd lli, a gerllaw mae llond berfa neu whilber o naddion coed. Maen nhw'n brysur yn trin styllod yn barod i'w hoelio ar sgerbwd cwch pysgota digon mawr ei faint, sy'n 'mochel o dan helm o beth. Mor brysur yn wir fel nad ydyn nhw'n sylwi ar eu cynulleidfa fechan ond brwdfrydig, nac yn malio amdani chwaith.

Hon ydy Helen II, cwch pysgota gafodd ei adeiladu yma yng Nghonwy yn 1910 gan gwmni Crossfield. Mae'n cael ei adnewyddu gan griw o wirfoddolwyr ar y cyd â myfyrwyr o Goleg Cambria yn Llandrillo-yn-Rhos. Caiff cychod fel hyn eu rasio yn ogystal â'u rhoi at waith. Bob mis Awst bydd nifer ohonyn nhw'n herio'i gilydd fel rhan o weithgaredd Gŵyl Afon Conwy.

Mae dyn ar ei gythlwng yn eistedd ar wal yr harbwr yn rhofio pysgodyn a sglodion i'w geg o lestr polystyren. Daw pâr o wylanod rheibus yr olwg i'w lygadu, eu hadenydd y tu ôl i'w cefnau fel dau blismon plod ar wyliadwriaeth. Efallai eu bod yn gwneud yn siŵr na fydd yn taflu sbwriel. Mwy tebygol eu bod nhw â'u bryd ar ei fygio, un yn tynnu ei sylw tra bod y llall yn lladrata ei ginio. Ond mae o'n rhy effro i'w castiau, ac yn rhy hoff o'i ginio. Mae un wylan yn sgrechian mewn cynddaredd wrth iddo fyseddu'r gronyn olaf o daten grimp hallt i'w geg, a chau'r caead polystyren. Ar ei ffordd i'r bun sbwriel, mae'n aros i sgwrsio. Keith ydy o, meddai, ar ei ffordd yn ôl i Ynys Môn ar ôl bod yn Wrecsam. A do, yn wir, roedd wedi troi oddi ar yr A55 i alw'n arbennig yng Nghonwy i brynu pysgodyn a sglodion o'i hoff siop *chips* yn y byd i gyd. Nodiodd at lwybr cul yn arwain o'r cei, fel un o'r seiri rhyddion yn datgelu lle mae ei gyfrinfa. Mynnodd fod sglodfa gudd yn llechu yn fanno, yn gwerthu danteithion poeth drwy dwll yn y wal. 'Ewch i brynu rhai – byddwch yn siŵr o ddod yn ôl eto unwaith i chi wneud,' erfyniodd arnaf. Roedd arddeliad yn ei lais na chlywch fel arfer dim ond gan werthwr ceir ail-law. Diolchais iddo, a disgwyliais iddo ddiflannu rhag iddo weld nad oeddwn am dderbyn ei gyngor doeth. Pawb â'i deimladau, ond roedd gen i gynlluniau mwy uchelgeisiol.

Roedd fy llwnc mor sych â chesail camel. Daeth hi'n bryd i mi ganfod ffynnon yn rhywle. Mae'r Liverpool Arms ar y cei, sy'n gorffwys yn ddiog yn erbyn muriau'r dref, bob tro yn lle dymunol i dreulio awran yn gwrando ar y selogion yn mwydro a rhegi. Ond heddiw dwi am fentro am yr Albion. Dyma dŷ potes o'r iawn ryw, heb na theledu na *junk box* na hyd yn oed bwyd yn cael ei gynnig. Yn dafarn nodweddiadol o'r 1920au, mae'n cael ei rhedeg ar y cyd – ac yn llwyddiannus iawn – gan bedwar bragdy lleol. Daw pobol yma i ymlacio, i sgwrsio, i fynd drwy'r papurau newydd sy'n cael eu darparu, neu i fod yn anghymdeithasol hollol yn eu byd bach cyfrifiadurol eu hunain.

Mae hi'n orlawn yma, cymaint felly nes bod rhaid i mi gilio i'r ystafell gefn. Drwy'r twll gweini dwi'n archebu peint o seidr Cymreig o bwmp llaw. Mae ambell un yn codi ei ben o'i bapur newydd i weld pwy ydy'r dieithryn yn eu plith, cyn dychwelyd at bêl-droed neithiwr. Ond mae un ferch yn ddigon siaradus wrth i mi wasgu i fyny i wneud lle iddi hi a'i gŵr. Wrth iddyn nhw godi gan ymddiheuro pan ddaw bwrdd arall yn wag, dwi'n estyn copi wythnos oed o *Golwg* dwi newydd ei brynu mewn siop bapur newydd. Diawliaf nad oes fyth groesair ynddo. Daw dyn â thrwyn coch fel pen-ôl babŵn o gwmpas y byrddau, yn holi yn yr iaith fain ai'r *Daily Mail* sy'n cael ei ddarllen. Roedd o am weld rhywbeth ynddo, meddai wrth bob bwrdd yn ei dro. Daeth y diwn gron ata i. Eglurais y byddai'n well gen i roi'r papur hwnnw rhwng fy nwy foch na rhwng fy nwy law. Cynigiais fenthyg fy nghopi o *Golwg* iddo. Edrychodd arna i fel 'tawn i newydd estyn darn o blwtoniwm. Aeth i boeni rhywun arall, gan fwmial rhywbeth digon hyll o dan ei wynt.

Mae awyrgylch hamddenol y lle ar ôl i'r swnyn adael yn fy swyno. Dwi'n mwynhau'r cyfle i hel atgofion melys ym mol y seidr. Cymaint felly nes i mi gael fy ysgwyd yn ôl i'r presennol gan sŵn trên yn siglo'r lle i'w sylfeini. Dratia. Dwi wedi colli'r trên yn ôl am Gyffordd Llandudno ro'n i wedi bwriadu ei ddal, er mwyn parhau â 'nhaith i fyny Dyffryn Conwy am Flaenau Ffestiniog.

Hidia befo, meddwn i wrthyf fy hun. Rhyw chwarter awr o daith gerdded ydy hi ar draws yr afon.

Dwi'n llowcio'r seidr ac yn cychwyn am y drws. Mae'r trwyn babŵn yn parhau i blagio pobol o fwrdd i fwrdd mewn ystafell arall. 'Dach chi 'di gweld y *Daily Express*?' mae'n holi. Dyn heb dast mewn papurau newydd, mwy nag sydd ganddo gwrteisi, meddyliaf. Ond o leiaf mae'r diwn yn un wahanol. Os yn dal yn un gron.

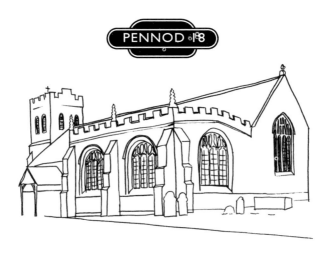

Diwrnod 6

CYFFORDD LLANDUDNO I LANRWST

11 milltir – 22 munud

CES y gorau ar y cymylau, gan frasgamu'n ôl o Gonwy dros y bont 'newydd', a thrwy arogleuon heli'r afon i ddrewdod disel gorsaf Cyffordd Llandudno. Ond roedden nhw reit wrth fy nghwt, yn fy ngwatwar wrth i mi gyflymu fy ngham.

Mentrais am y caffi ar ben pella'r platfform y byddai Daniel Owen wedi ei adnabod. Roedden nhw ar fin cau, meddai'r ferch tu ôl i'r cownter, gan anghofio pob dim a ddysgodd yn y cwrs undydd ar ofal cwsmeriaid. Ond cytunodd i werthu brechdan gaws sych i mi oedd yn

236

crymu o dan ryw gaead plastig, fel gwên hen fodryb heb ei dannedd, ar y ddealltwriaeth fy mod allan o'r lle mewn pum munud union. Twt-twtiodd dyn oedrannus drwy ei fwstás i ddangos nad oedd yntau wedi gwirioni ar y gwasanaeth. Llowciodd waddod beth bynnag oedd yn ei gwpan, a gadael heb drafferthu tynnu'r drws ar ei ôl.

Ni fu hi'n hir cyn i gwmwl du arall ddod i guddio'r gorwel, wrth i drên Blaenau Ffestiniog ruo'n ansicr at y platfform fel llew â'r ddannodd. Ymunais â llond dwrn o eneidiau dewr eraill yn ei fol. Ar ôl tin-droi cryn dipyn, cawsom gychwyn ar ein taith fel cynhwysion coctel yn cael eu hysgwyd yn ddidrugaredd.

Bob gaeaf, bron, daw adroddiadau bod rheilffordd Dyffryn Conwy wedi ei chau ar ôl i'r cledrau gael eu sgubo i ffwrdd gan ddŵr. Sydd ddim llawer o syndod, mewn gwirionedd. Mae'r lein yn glynu at lannau'r afon bron hyd at Fetws-y-coed. Dwi'n mwynhau golygfeydd gwerth chweil o'i haber llydan, braf, draw at gastell Conwy fan acw a phont rheilffordd Stephenson yn ei ystlys. Mae ambell gwch wedi mentro i'r dŵr, yn brwydro yn erbyn y llif wrth i'r cymylau uwchben Blaenau Ffestiniog chwerthin yn harti.

Mae'r ardal hon â llawer mwy na'i siâr o'r stwff gwlyb. I ddechrau, mae terfynfa'r rheilffordd yn un pen ym Mlaenau Ffestiniog 710 troedfedd uwch lefel y môr. Ac yn ail, mae'r glaw sy'n syrthio dros ardal fynyddig anferthol o fwy na 220 milltir sgwâr yn gorfod canfod ei ffordd i'r môr ar hyd afon Conwy. Methu ag ymdopi fyddech chithau hefyd.

Er i arian sylweddol gael ei wario dros y blynyddoedd i geisio gwarchod y lein 27 milltir o Landudno i'r mynyddoedd, bob hyn a hyn bydd yr hen gnawes yn chwydu peth o'i chynnwys dros y cledrau. Ond dyna'r risg o redeg rheilffordd reit wrth y dŵr.

Am ryw reswm mae'r gard yn edrych yn syn, fel ci newydd gael proc efo esgid, wrth i mi ofyn am docyn i Lanrwst. Mae'r olwg ar ei wep yn awgrymu 'mod i wedi holi ynglŷn â'r llong ofod nesaf i'r blaned Neifion. 'O', meddai, mewn acen bwytäwr pwdin gwaed, ac i sŵn ceiniog yn disgyn, 'D'ya mean Clanroost, or North Clanroost?' Lledodd rhyw grechwen ar ei wyneb wrth iddo sylweddoli ei fod wedi fy nal. Llwyr anghofiais fod dwy orsaf, am ryw reswm, yn y dref fach hon o 3,300 o bobol. Barus 'ta beth? Dewisais 'Clanroost', heb fod unrhyw reswm penodol. Mae'n debyg ei fod yn swnio'n nes at y canol, a chyrhaeddais yno a chamu o'r trên bron cyn i'r gard ollwng yr arian yn fuddugoliaethus i'w gwd lledr.

Mae gen i ryw hoffter arbennig tuag at y dref fyth ers i'r Eisteddfod Genedlaethol ymweld â hi yn 1989. Dyna oedd y Brifwyl gyntaf i mi weithio ynddi fel newydd-iadurwr. Bu hi'n wythnos galed ar allweddell cyfrifiadur oedd wedi ei osod mewn pabell ar y Maes. Roedd yn anghenfil o beth mawr a sgrin ddu-a-gwyn iddo, y bu

Noa yn cofrestru ei anifeiliaid arno unwaith. Roedd yn rhaid stwffio disg blastig lipa i'w fol cyn dechrau sgwennu. Cam yn unig ar y blaen i beintio lluniau ar waliau ogofâu oedd o. Yn gweithio'n llawn mor galed â'r cyfrifiadur bu fy iau, neu fy afu. Yn ôl rhai adroddiadau, gwelwyd stêm yn codi o'r ddau fel ei gilydd ar brydiau.

Mae hi'n fwriad gen i flasu pryd Bangladeshaidd heno ym mwyty Asha Balti, sydd wedi ennill clod yn y gorffennol fel y tŷ cyrri gorau yng Nghymru. Ond dyletswyddau mwy syber sydd ar y gweill gen i'r funud hon. Dwi ar fy ffordd heibio'r elusendai ger y sgwâr at Gapel Gwydir, reit wrth furiau Eglwys St Crwst neu Grwst. Cafodd ei godi gan Richard Wynne o Gastell Gwydir yn 1633-34, fel rhyw fodd o ganu clodydd ei deulu ei hun. Mae iddo nenfwd rhyfeddol o bren cerfiedig sy'n werth ei weld. Ond y rheswm yr ydw i yma, a pham y daw'r rhelyw sy'n ymweld â'r capel, ydy i dalu gwrogaeth i un o wir linach frenhinol y Cymry. Nid fy mod, fel y deallwch yn barod, yn frenhinwr o fath yn y byd. Ond roedd llinach frenhinol Cymru yn bodoli mewn amseroedd gwahanol. Heb arweinyddiaeth gref, hawdd iawn y byddai'n cenedl wedi syrthio'n ysglyfaeth i bob math o anwariaid oedd â'u bryd ar ein rhwystro rhag bod yn gyfwerth. Roedd angen ein tywysogion arnon ni bryd hynny.

Mae drws y capel yn gilagored. Dwi'n ei wthio'n agored led y pen, ac mae chwthwm nerthol o wynt yn fy nilyn i mewn, gan ddod â thwr o ddail crin efo fo. Mae dyn oedrannus oedd yno o fy mlaen yn neidio mewn braw, yr olwg ar ei wyneb fel cath mewn rhewgell. Fyddai waeth bod Peter Cushing a Christopher Lee wedi cerdded i mewn efo'i gilydd yn eu mentyll duon. Disgwyliwn glec o daran y byddai stiwdios Hammer wedi bod yn falch ohoni, a dyn yn ysgwyd darn o sinc rhychiog yn y cefndir. Ond ddaeth hi ddim.

Yno yng nghanol y llawr mae arch garreg, oeraidd, agored. Yn gorwedd ynddi mae tarian o liwiau coch a melyn chwarterog Tŷ Brenhinol Gwynedd. Dyma arch Llywelyn Fawr, taid neu dad-cu Llywelyn Ein Llyw Olaf.

Arch Llywelyn Fawr

Mae wedi ei gwneud o'r un garreg yn union, wedi ei chloddio o'r un chwarel ger y Parlwr Du, â honno a ddefnyddiwyd i lunio arch ei wraig Siwan. Mae honno i'w gweld yn Eglwys Biwmares.

Wrth ymyl arch y tywysog mae delwedd garreg o Hywel Coetmor yn gorwedd ar wastad ei gefn. Yn aml caiff hon ei chamgymryd am gaead yr arch. Roedd Hywel yn ddisgynnydd i Lywelyn Fawr ac, efo'i frawd Rhys Gethin, yn amlwg fel swyddog ym myddin Owain Glyndŵr yn ystod ei ryfel annibyniaeth.

Cafodd arch Llywelyn Fawr ei symud â chwch i fyny'r afon i Abaty Maenan o Abaty Aberconwy pan gafodd hwnnw ei chwalu gan ddynion Iorwerth I i wneud lle i Gastell Conwy. Yn 1536 symudwyd hi eto wrth i Harri VIII ddiddymu'r mynachlogydd yn sgil rhyw gam-ddealltwriaeth efo'r Pab, ac wrth iddo ddwysáu ei ymdrechion i Seisnigo Cymru. Yn ôl pob tebyg tros-glwyddwyd yr arch i ofal y Wynneiaid yng Nghastell Gwydir er mwyn ei diogelu. A bellach dyma hi, yng nghanol y deiliach mewn capel oer a dilewyrch.

Mae 'na rywbeth am feddrodau pobl bwysig. Dwi wedi sefyll wrth gorff stwffiedig Lenin mewn arch wydr yn ei feddrod personol ar y Sgwâr Coch, yn cysgu am byth mewn rhyw wawl pinc. Wiw i chi oedi i lygadrythu. Cewch eich gwthio ymlaen, fel buwch â phrocer trydan yn ei chymell, gan handlen reiffl milwr ifanc â'i wyneb llewpartaidd yn frech o blorynnod. Cofiaf sylwi ar y blewiach coch ar gefn llaw Lenin, yn sefyll yn stond fel blew brws pastio. Cymaint oedd fy chwilfrydedd nes i mi ailymuno â'r rhes ar ôl dod allan, er mwyn cael mynd yn ôl i mewn.

Tu allan yn gorwedd o dan benddelw mwstasiog roedd bedd y diafol ei hun, Stalin. Ac yn wal y Cremlin gerllaw roedd llwch neb llai na'r gofodwr Yuri Gagarin, un o arwyr mawr fy mhlentyndod.

Yn Buenos Aires dwi'n cofio'n glir yr haid o gathod gwyllt oedd yn ymgasglu o gwmpas gorffwysfa Eva Peron. Roedd wedi ei chladdu ym meddrod ei theulu, strwythur o garreg ddu hardd, ym mynwent anferthol Recoleta. Sbeciais drwy ffenest fechan yn y beddrod, yn disgwyl gweld wn i ddim beth.

Ac yn y Pantheon yn Rhufain, gwelais wirfoddolwyr yn gwarchod beddrodau'r brenhinoedd Vittorio Emanuele II ac Umberto I, ynghyd â'i wraig yntau Margherita. Yn ddiweddarach yr un diwrnod, des ar draws pobol ar eu pedwar mewn gweddi o flaen man claddu'r Pab Ioan Pawl II yn selerydd y Fatican.

Lleoedd yn llawn sbloets, pob un ohonyn nhw. Lleoedd sydd yn amlwg wedi aros yn fy nghof. A thra bod pobloedd fwy imperialaidd yn arbenigo ar roi eu harweinwyr a'u harwyr i orwedd mewn steil, braidd yn gyndyn ydan ni'r Cymry. I lawr i'r twll, a nos da.

Does ond angen meddwl am fedd Dafydd ap Gwilym yn Ystrad Fflur, ac mor anodd ydy hi i'w ganfod hyd yn oed. Ein bedd enwocaf ni o ddigon ydy un i gi nad oedd yn bodoli.

A thra bod Capel Gwydir yn ddigon teilwng o Lywelyn, mae 'na rywbeth rywsut ar goll. Gallwch gyffwrdd yn yr arch, gorwedd ynddi hi efo thun o lager yn eich llaw hyd y gwela i, heb unrhyw rwystr. Nid oes dim i atal fandaliaid. Prin ydy'r wybodaeth am y tywysog, ar gyfer yr anwybodus. Hollol absennol ydy unrhyw arwyddion yn y dref yn cyfeirio at fan ddylai fod ymysg y pwysicaf yn y wlad.

Wrth gladdu fy nghyw iâr *vindaloo* yn ddiweddarach y noson honno, allwn i ddim llai na rhyfeddu cyn lleied o sylw gaiff y creiriau syfrdanol hyn. Aeth cwestiynau lu drwy fy meddwl. Faint ŵyr y byrddaid o bobol leol draw fan'cw, swnllyd fel clagwyddau ar eu ffordd i'r ffair, am yr hanes rhyfeddol sydd i'w gael prin dri chan llath i ffwrdd? A wnaeth unrhyw un hyd yn oed drafferthu dweud wrthyn nhw yn yr ysgol ers talwm? Ac oes 'na fara *naan* ar ôl?

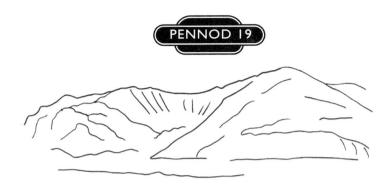

Diwrnod 7

LLANRWST I FETWS-Y-COED
4 milltir – 9 munud

BETWS-Y-COED I DDOLWYDDELAN
6 milltir – 17 munud

DOLWYDDELAN
I FLAENAU FFESTINIOG
7 milltir – 20 munud

EFO effaith y *vindaloo* yn dal yn gryf yn fy nghylla, balch oeddwn mai taith fer os ysgytwog oedd yn fy ngwynebu i Fetws-y-coed y bore canlynol ar ôl noson a droi a throsi mewn gwely mor esmwyth â chae maip.

Mae'r pentre'n un digon trawiadol, yn llawn siopau blingo ymwelwyr. Ac mae'r orsaf mor ddel a thaclus â set rhyw ffilm ddu a gwyn o'r gorffennol Seisnig pell, lle

244

bydd dynion anystwyth mewn siwtiau anghyffyrddus yn cystadlu am sylw efo'r injans stêm wrth dynnu ar eu cetynnau.

Ond efo tair awr i'w lladd yma, alla i ddim dychmygu difyrru fy hun ar y trên chwarter maint sy'n gwibio o amgylch rhyw filltir o drac drwy erddi'r orsaf. Mae'r gyrrwr o leiaf i'w weld yn mwynhau, wedi ei wasgu i'w injan fel dyn tew mewn siwt rhy fychan, ac yn bygwth byrstio ohoni unrhyw funud. A phan sylweddolaf mai modelau o drenau sydd yn yr amgueddfa ar y platfform, dyma ddigalonni ymhellach.

Yn sicr mae rhyw awyrgylch Alpaidd i'r pentref, y bryniau yn eu cotiau o goed Dolig yn closio o amgylch i

Trên bach go iawn!

hel clecs efo'i gilydd. Bu'n hafan i doreth o arlunwyr yn ystod oes Fictoria.

Does dim dwywaith nad ydy Betsi Cod, fel y caiff enw'r lle ei lurgunio ran amlaf, ar frig y rhestr o leoedd i ymweld ag o ar ddiwrnod o wibdaith. Ac eto, alla i yn fy myw roi fy mys ar beth sy'n denu'r heidiau mewn cweit cymaint o niferoedd. Wrth i fws arall ddadlwytho ei gargo yn y maes parcio tu allan i'r orsaf, mae rhai yn siglo'u boliau yn syth i gyfeiriad y siop hufen iâ. Mae un neu ddau mor fawr, dwi'n sicr fod ganddyn nhw eu cod post personol. Aiff eraill i'r myrdd o siopau sy'n gwerthu cofroddion Cymreig wedi eu cynhyrchu yn Tsieina neu Hong Kong. Wel, mae'n cadw rhywun mewn gwaith. A dacw fflyd gwrtais o Siapaneaid draw fan'cw. Maen nhw'n symud yn osgeiddig efo'i gilydd i symffoni o gliciadau camerâu ac yn clwcian fel cwt ieir ar draed.

Daw rhes o ddynion yn eu hoed a'u hamser o rywle ar reng o feiciau rasio. Maen nhw'n laddar o chwys yn eu dillad beicio llawer rhy dynn, sy'n gadael dim i'r dychymyg. Fel mintai o ddawnswyr bale wedi colli eu ffordd, maen nhw'n tyrru i'r Alpine Cafe i ddisychedu ac ailgaffeineiddio eu hunain.

Mae gen i hen ddigon o amser i gerdded at y Rhaeadr Ewynnol, enw sydd wedi ei gamddehongli a'i gam-gyfieithu gan y Saeson yn Swallow Falls ers cantoedd. Dyma lle mae afon Llugwy yn plymio ar ei phen dros ddibyn serth. Mae'r rhuo sy'n boddi'r clustiau, a'r anwedd dŵr sy'n cosi'r bochau, yn wefreiddiol.

Yn ôl ar y trên ar fy ffordd i fyny Dyffryn Lledr, toc ar ôl croesi Pont Gethin, traphont sylweddol o saith bwa, gwichiodd y ddau gerbyd i stop annisgwyl yng ngorsaf Pont y Pant. Dyma enw a allai fod wedi ei dyrchu o storïau Ivor the Engine. Dringodd dyn hipïaidd yr olwg efo gitâr yn ei law, fel rhyw rith o'r Meic Stevens ifancach, i'r trên. Dechreuodd diwnio ei offeryn gan hymian yr un pryd. Dwi'n ansicr ai balch neu siomedig ydw i o gyrraedd fy nghyrchfan yn Nolwyddelan a gorfod gadael cyn i'r cyngerdd ddechrau.

Caf fy hun yn cerdded eto, ar fy ffordd at y castell enwog sy'n sefyll yn ffroenuchel ar graig serth tua milltir o'r pentref. Chwiliaf yn ofer am gaffi arferai fod ar y gornel gyferbyn â thafarn y Gwydyr. Ces fy niddori'n fawr unwaith gan arwydd yn y ffenest yn hysbysu bod y lle'n cau am ginio rhwng 12.30 a 1.30. Adlais o'r caffi caeedig yng ngorsaf y Barri. Dydy hi'n syndod yn y byd nad ydy'r lle yn agored mwyach.

Cafodd y castell ei godi gan Lywelyn Fawr. Coel gwrach, felly, ydy'r stori mai yma y cafodd ei eni. Mewn gwirionedd, cafodd ei eni yn Nhomen y Castell gerllaw. Yn y maes parcio mae plentyn bach yn sgrechian yn afreolus wrth ochr ei thad. Mae hwnnw'n dal hances ar ei ben ac yn mwmial rhywbeth am fod wedi brifo. Cadi ffan, meddyliais. Pam nad aiff pobol o'r dinasoedd fel y rhain i lyfrgell neu amgueddfa ddiogel os ydyn nhw am ddysgu am hanes? Bu bron i mi ei gyfeirio at Arddangosfa'r Tywysogion yng Nghonwy.

Mae'r castell yn sefyll ar fryncyn moel, y gwynt yn chwyrlio ac yn chwibanu drwy'r lle wrth i mi esgyn drwy ei amrywiol loriau. Wrth ddod i un llawr sydd wedi ei orchuddio â phren ryw bryd yn y gorffennol nid mor bell â hynny, mae dwy Americanes ifanc yn ebychu rhywbeth rhwng gwich ac ochenaid. 'Gee, will ya look at that?' meddai un. 'It's horrible.' A newydd gyfarfod ydan ni. Ond dyma ni unwaith eto, ochneidiais. Ymwelwyr o'r Unol Daleithiau yn methu amgyffred bod hanes yn bodoli cyn dyddiau Wyatt Earp. 'No, seriously, some-one's been murdered,' meddai eto gan bwyntio, gan nad oeddwn yn amlwg wedi talu unrhyw sylw iddi.

O'r nefoedd, be mae'r het wirion wedi ei weld rŵan? Trodd ei hasedau tuag ata i. Roedd yn llygad ei lle. Roedd afonig o waed yn llifo i lawr y grisiau cerrig, llithrig, yn casglu'n bwll bach browngoch wrth gymysgu efo'r cen. Does bosib! Nid yn Nolwyddelan yn yr unfed ganrif ar hugain. Cofiais am y cadi ffan a'i hances boced. Felly nid mynd dros ben llestri roedd y creadur; roedd yn amlwg wedi syrthio ar ei ben ac mewn poen go iawn.

Gwnes fy ffordd yn ôl at y maes parcio yn llawn addewidion am beidio â phasio barn fyth eto. Roeddwn â 'mryd ar gynnig pob cymorth iddo. Efallai galw'r ambiwlans awyr i'w sgubo ymaith. Ond collais fy nghyfle i fod yn Samariad trugarog; roedd o a'i deulu wedi mynd.

Y cwbwl oedd ar ôl oedd smotiau o waed yn y mwd.

Go brin bod yna unrhyw ddyffryn ledled Cymru sy'n gymaint o gymeriad siaced fraith â Dyffryn Lledr. Bydd yn newid y lliwiau mae'n eu gwisgo mor aml ac mor llwyr â chameleon; o las a gwyrdd i lwyd a gwinau, ac yna i wyn rhynllyd ym mherfeddion gaeaf. Heddiw mae cymylau boliog, duon, mawrion yn gwasgu ar gopaon y mynyddoedd fel ymaflwr codwm *sumo* yn ceisio mygu ei wrthwynebwyr mewn cnawd. Cymaint ydy'r caddug fel nad ydy'r cysgodion yn medru dianc o'u cuddfannau. Ond mae 'na ryw grandrwydd yn perthyn i'r olygfa lydan sy'n llithro heibio ffenest y trên fel sioe sleidiau, wrth i'r olwynion riddfan fel giât fynwent rydlyd yn yr ymdrech i ddringo tua'r copa. I fyny fan acw mae lorri dindrom yn chwythu fel gwiber wrth geisio gwthio ei hun i fyny Bwlch Gorddinan. Ar ôl cyrraedd y top, mae'n cymryd saib i afael yn dynn yn ei het ar gyfer y daith cae ffair i lawr yr allt yr ochr arall i Flaenau Ffestiniog.

Yn draddodiadol, y bwlch yma oedd y darn cyntaf o ffordd fawr drwy Gymru i gau'n llwyr pan welai ardaloedd eraill eu pluen gyntaf o eira. Gwenu fyddai'r trenau fan hyn wrth sglefrio ymlaen am y dref. Bellach mae'r ffordd wedi ei lledu a'i gwella nes bod yr eira yn ei chael hi'n anodd cau'r Blaenau yn ei chroth oer ei hun.

Mae'r bwlch yn anffodus yn fwy adnabyddus yn ei ffurf Saesneg, y Crimea Pass. Mae sawl stori ynglŷn â sut y cafodd y ffugenw. Dywed rhai i'r ffordd drwy'r bwlch gael ei hadeiladu gan garcharorion rhyfel o Rwsia a gwledydd cyfagos yn ystod rhyfel y Crimea. Ond fy hoff esboniad i ydy bod tafarn ar frig y bwlch a godwyd er mwyn disychedu'r llafurwyr Gwyddelig a lifodd i mewn i'w hadeiladu. Beth bynnag oedd ei henw go iawn, cafodd y llysenw y Crimea oherwydd bod y lle mor anystywallt â'r penrhyn cythryblus hwnnw. Mae olion y dafarn i'w gweld hyd heddiw ar ymyl y ffordd lle mae'n gwastatáu ar drum y bwlch.

Yn sydyn caiff y golygfeydd dwi wedi eu mwynhau ers Ddolwyddelan eu diffodd. Mae fel 'tae taflunydd y sinema wedi syrthio i gysgu wrth i'r seliwloid dorri. Mae'r trên wedi plymio fel mochyn daear i dywyllwch y twnnel trac sengl hiraf drwy'r ynysoedd hyn. Cloddiodd y Fictorianiaid y mwy na dwy filltir hyn o dwnnel, 3,726 llath a bod yn fanwl gywir, drwy galon Moel Dyrnogydd dros bedair blynedd o waith dirdynnol o galed.

Mae'r newid yn y tirlun pan ddaw'r trên allan y pen arall, gan amrantu'n ddall a rhwbio'i lygaid yn y goleuni, yn syfrdanol. Diflannodd y dolydd eang sy'n amgylchynu afon Lledr a'i nentydd fel troi'r swits trydan i ffwrdd. Funud a hanner yn ddiweddarach mae tirwedd anhygoel ôl-ddiwydiannol fel wyneb y lleuad yn tyrru o'n hamgylch, fel bechgyn ysgol anferthol yn ceisio codi ofn ar y newydd-ddyfodiad i'w plith. Mae'r tomennydd dyfrlliw o wastraff llechi yn ceisio atal hynny o oleuni sy'n dianc o'r awyr rhag ein cyrraedd. Maen nhw'n talu gwrogaeth i'r diwydiant llechi a greodd y dref yn y lle cyntaf. Yn sicr gadawodd ei farc, er iddo gilio o ran pwysigrwydd ers degawdau.

Ni fedr neb gamgymryd y Blaenau am unrhyw beth ond tref lechi, er mai cael ei gloddio o'r ddaear roedd y llechfaen yma yn bennaf yn hytrach na'i chwarelu fel mewn ardaloedd eraill. A chyda chymaint â 90% o'r garreg a gloddiwyd o fol y mynydd yn wastraff, does ryfedd ei fod yn edrych mor syfrdanol o gael ei bentyrru uwchben y rhesi ar resi o dai unffurf.

Daw'r trên i stop i fôr o Gymraeg rhywiog, criw o ferched wedi bod mewn bore coffi fu'n fy niddanu'n ddiarwybod gydol y ffordd o Ddol'elan, fel y maen nhw'n

Blaenau Ffestiniog – môr o Gymraeg

ynganu enw'r pentref. Cafwyd twt-twtian cytûn ynghylch pa mor 'gywilyddus' oedd y cyhoeddiad uniaith Saesneg a gafwyd yno wrth i'w trên ddynesu at y platfform. Nid yn gymaint am ei fod mewn iaith estron, ond yn fwy am y ffordd erchyll y bydd Trenau Arriva Cymru yn darnio enwau pert fel Dolgarrog, Tal-y-cafn, Dolwyddelan a Phont y Pant trwy eu hynangu fel 'taen nhw'n lleoedd ar wyneb y lleuad. Brysia'r gwragedd am y stryd wrth i'r platfform wagio mor gyflym ag y llenwodd, mor falch ydyn nhw o fod yn ôl adref. Mae pennau nifer wedi eu gorchuddio efo sgarffiau lliwgar wedi eu clymu o dan eu genau. Caf fy sgubo'n ôl i ryw dref go wyllt ym mherfeddion Hwngari y bûm ynddi ryw bryd.

Bygwth poeri ar fy mhen mae'r cymylau wrth i mi gamu o'r orsaf i Sgwâr Diffwys gyferbyn. Bu yna orsaf arall yn fanno unwaith, pan oedd dau gwmni prif lein yn rhedeg gwasanaethau i'r dref o wahanol gyfeiriadau. Gwnaed ymdrechion i wella edrychiad y dref yma ac acw, nid yn lleiaf yn y sgwâr hwn. Mae cerfluniau trawiadol o lechfaen wedi eu codi i groesawu'r heidiau ddaw oddi ar drên bach Ffestiniog, sy'n rhannu'r un orsaf. Mae rhan o'r sgwâr wedi ei phalmentu â cherrig, ac enw pob un o'r 360 o chwareli llechi fu yng Nghymru ar un adeg wedi ei naddu iddyn nhw. Cerfiwyd pob enw ar garreg o'r lliw oedd yn nodweddiadol o'r chwarel honno.

Gafaelodd y dref yn ei sgrepan ei hun wrth i

ddiweithdra fygwth gwasgu ei henaid ohoni, efo'r chwareli a'r mwyngloddiau yn cau fel dominos ar ras. Bellach mae'r Blaenau yn un o brif ganolfannau campau antur Cymru. Dyma brifddinas adrenalin y wlad.

Cewch wibio ar gyflymder gwallgo wedi eich clymu i wifren; cewch adlamu fel plant bach drwg ar drampolîn tanddaearol anferthol. Cewch ddringo a cherdded mynyddoedd, neu hyrddio eich hun ar gefn beic i lawr llwybrau serth. Daw pobl yma i ganŵio. Ac mae 'na sôn am greu *velorail,* gyda beiciau trymion pedair olwyn yn rhedeg ar gledrau, ar yr hen drac rhwng fan hyn a Thrawsfynydd. Roedd hwnnw'n cael ei ddefnyddio ar un adeg i gludo gwastraff niwclear o'r atomfa yno i gael ei 'ailbrosesu' yn Sellafield.

Bu sawl un yn ddilornus o'r dref dros y blynyddoedd. Câi ei gwawdio am ei glaw di-baid, y defaid a grwydrai ei strydoedd, ei thlodi a'i hagrwch arwynebol. Cymharwyd hi gan rai â phen deheuol mul oedd ar daith tua'r gogledd. Tipyn o bric pwdin fu Blaenau Ffestiniog i weddill pobol y gogledd-orllewin. Ond rydw i wastad wedi gweld rhyw harddwch od yn yr hagrwch. Does yr un dirwedd debyg yr ochr yma i ble plannodd Neil Armstrong ei droed yn 1969. Ac mae 'na ruddin yn perthyn i'r bobol; rhyw bengaledrwydd sy'n golygu nad ydyn nhw'n fodlon ildio.

Dyna pam bod yr iaith yn dal ei thir cystal yma, er gwaetha swm sylweddol o fewnfudo. Dyna hefyd a esgorodd ar sin roc hynod fywiog sydd wedi rhoi rhai o'r bandiau Cymraeg gorau erioed i ni, yn eu plith Anweledig, Mim Twm Llai, Llwybr Llaethog, Twmffat, Frizbee, Brython Shag a Gwibdaith Hen Frân. Cafodd hen orsaf yr heddlu ei gweddnewid yn ganolfan greadigol o dan yr enw CellB, lle caiff gigiau hynod boblogaidd eu cynnal. Dyma lle canfyddwch chi'r unig eglwys uniongred yn yr holl fyd sy'n cynnal talpiau helaeth o'i gwasanaethau yn Gymraeg, o dan ofal yr enwog a'r anfarwol Dad Deiniol. Trueni na fu'r Eisteddfod Genedlaethol nac Eisteddfod yr Urdd ar ymweliad â'r Blaenau yn ddiweddar. Dyna be fyddai chwistrelliad o egni a Chymreictod go iawn.

Mae hen wreigan mewn gwth o oedran yn brwydro efo'r elfennau i gadw ei het orau ar ei phen. Mae'n lluchio rhyw ''N oer tydy?' yn Gymraeg tuag ata i, y dieithryn ar ei strydoedd, wrth frysio heibio gan gamu mor fras ag y gallai. Mae'r tomennydd yn rhedeg i mewn i'r dref i 'mochel wrth i'r poerion glaw droi'n bigiadau. Mae swyddfa'r Cyngor Tref ag arwydd Nadolig Llawen mawr parhaol ar ei thalcen mewn rhyw raff drydanol o beth. Y cwbwl y bydd angen ei wneud pan ddaw'r ŵyl heibio eto fel chwyrligwgan mewn rhai misoedd fydd canfod rhywun pwysig i'w droi 'mlaen.

Yn ffenest siop Dafydd Edwards y cigydd mae gwasgod ail-law yn hongian, ac arwydd yn nodi ei bod ar werth, ynghyd â throwsus i'w fatsio. A dydy Siop

Lyfrau'r Hen Bost yn amlwg ddim wedi sylwi nad ydy'r defaid hanner mor amlwg ar y strydoedd ag y buon nhw. Mae arwydd yn y ffenest yn gwahodd: 'Dewch i mewn i bori.' Dwi'n derbyn y gwahoddiad, a chael fy nghyfarch yn Gymraeg eto. Does neb arall yno ar wahân i mi a'r perchennog. Dwi'n cael caniatâd i agor bollt mewn drws sy'n arwain at ogof hudol o lyfrau ail-law ym mhob twll a chornel. Maen nhw wedi eu pentyrru ar bob modfedd o'r silffoedd, y rheini'n gwegian o dan y pwysau. Mae 'na lyfrau hynafol mewn cloriau lledr, llyfrau clawr meddwl lliwgar, llyfrau Cymraeg a llyfrau Saesneg. Ambell iaith arall hefyd. Dwi yn fy seithfed nef. Wyddwn i ddim mai yma roedd Siôn Corn yn byw. Teimlaf fel un o'i gorachod ffodus.

Daw tyrfa o bobol i mewn a'r Saesneg o'u blaenau fel seindorf bres yn cyhoeddi eu bod nhw wedi cyrraedd. Mae'r prif drwmpedwr yn arbennig o swnllyd, y dŵr yn dylifo oddi ar ei gorun ac i lawr ei wyneb. Caf fy rhybuddio bod y cymylau wedi methu dal rhagor, a fy mod yn gaeth yn y mwstwr. Nid fy mod yn beio'r cymylau. Cafodd fy heddwch ei chwalu'n chwilfriw. Mae un llyfr ar y silffoedd yn mynnu fy sylw. *Dyfi Jynchsiyn – Y Dyn Blin* gan Gareth F. Williams. Dwi wedi ei ddarllen o'r blaen, felly caiff aros ar y silff. Ond gwn sut oedd y dyn yn teimlo. A chaf fy atgoffa bod diwedd fy nhaith yn prysur nesáu. Mae Dyfi Jyncshiyn yn wir yn galw. 'Fory amdani, a phen fy nhaith.

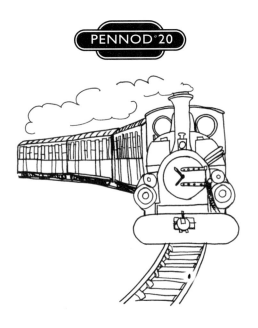

Diwrnod 8

BLAENAU FFESTINIOG I FINFFORDD
12 milltir – 55 munud

MINFFORDD I DALSARNAU
3 milltir – 8 munud

TALSARNAU I'R BERMO
14 milltir – 40 munud

Y BERMO I FAIRBOURNE
2 milltir – 7 munud

SAESNES ddigon clên mewn cwt cynnes o eiddo Rheilffordd Ffestiniog reit ar y platfform sy'n gwerthu'r tocyn i mi. Roeddwn i'n eitha sicr mai ym Minffordd roeddwn yn ymuno â Lein y Cambrian o'r lein fach hon, ond ces fy nghywiro. Bellach gwn mai 'Mean Ford' roeddwn i'n ei olygu. A phwy oeddwn i i ddadlau efo un o'r bobol leol fel hyn a minnau ond wedi treulio un noson yn ei thre?

Mae sŵn chwiban yn atseinio o un mynydd i'r llall yn dynodi bod fy nghludiant ar ei ffordd. Dacw goedwig o ffyn cerdded a hen begoriaid sigledig wedi eu gludo iddyn nhw. Maen nhw newydd gael eu dadlwytho o fws o Leeds. Maen nhw'n rhusio mewn panig llwyr, fel gwartheg ar eu ffordd i'r lladd-dy, at blatfform nad ydy'r trên hyd yn oed wedi ei gyrraedd eto. Aeth cwrteisi drwy'r ffenest efo'u hieuenctid.

Gan mai trên bach ydy hwn, mae'n sefyll i reswm mai bychan ydy'r cerbydau hefyd. Dylid bod wedi rhybuddio ambell un i gael brecwast ysgafn. Am flwyddyn neu ddwy. Maen nhw'n gwasgu eu hunain yn wyllt drwy'r drysau culion fel walrysiaid boldew yn ymlusgo ar hyd y traeth yn ystod tymor cwna. Dwi'n gwneud fy ffordd i gerbyd tawelach, trydydd dosbarth wrth reswm. Does dim fel adnabod eich lle.

Mae fforest o gapiau stabl ac wynebau pardduog yn hongian allan o'r injan fel mwncïod i ddisgwyl am arwydd y gard. A dyna ni; i ffwrdd â ni mewn cymylau o

I ffwrdd â ni mewn cymylau o fwg a stêm

fwg a stêm. Mae'n anodd gwybod ble mae'r mwg yn gorffen a niwl y mynydd yn dechrau.

Digon anesmwyth ydy taith ar drên bach ar ei gorau. Mae cliceti-clic yr olwynion mewn cystadleuaeth uniongyrchol efo gwichian cymalau'r cerbydau, fel sesiwn wau mewn cartref henoed. Siglwn ein ffordd tuag at Mean Ford fel crwban rhydlyd. O fy mlaen mae dyn mewn anorac a chap stabal yn gwrthod cynnig gan Oliver i brynu llyfryn pum punt yn llawn lluniau deniadol o drenau; fel y gwnaeth pawb arall yn y cerbyd. Mae ganddo ddigon gartref, mae'n debyg. Silffoedd lu ohonyn nhw. Ac mae gan y Cap Stabal ei gamera ei hun, diolch yn fawr. Cyn hir mae wrth y drws ac wedi agor y ffenest er mwyn galluogi'r gweddill ohonon ni i gael llond ysgyfaint go dda o fwg a brwmstan. Chwarae teg iddo.

Mae arwydd wrth y ffenest yn rhybuddio pobol i beidio â gwthio'u pennau drwyddi. Rhag ofn . . . Efallai y gallwn wneud eithriad yn yr achos yma?

Digon cul ydy'r llwybr, o dan bontydd llechi hynafol, a'r trên yn ymlwybro reit o dan drwynau aelwydydd clyd. Yn Nhanygrisiau mae'r lein yn uwch na'r brain sy'n cynhesu eu traed ar grib toeon y tai. Gallwn fod wedi dod oddi ar y trên yno i gerdded at gyn-farics y chwarelwyr yng Nghwmorthin. Dyna ddyffryn hudolus yng nghesail y mynyddoedd, lle mae drychiolaethau'r gweithwyr yn dal i grwydro ymysg y cytiau cerrig. Gallwn fod wedi ymweld â choedwig law Gymreig yng Nghoedydd Maentwrog, talp bach sy'n weddill o'r coed collddail brodorol oedd yn arfer gorchuddio llawer iawn o Gymru. Ond tynnais fy nghôt yn dynnach amdanaf wrth gyrraedd yr orsaf agosaf iddi, yn Nhan-y-bwlch. Onid oedd gen i drefniant efo trên arall ym Mean Ford? Rargian, onid ydy'r goedwig law wedi bod yno ers canrifoedd? Bydd hi'n dal yno y tro nesa.

Mae pladres o gard yn gorymdeithio ar hyd y platfform yn bloeddio rhywbeth am 'Tanni Bulk'. Pam oedden ni am gael gwybod ei henw? Beth bynnag, does wybod sut bu ei rhieni mor graff wrth fynd ati i'w bedyddio. Efo un bloeddiad terfynol a nerthol, mae'n neidio'n ôl ar y trên. Pendronaf sut mae'n bosib, mewn ardal lle mae mwy na thri chwarter y boblogaeth yn medru'r Gymraeg, nad ydw i eto i gyfarfod mwy na dyrnaid sy'n gweithio neu'n gwirfoddoli i'r cwmni hwn. Maen nhw mor brin â dannedd ieir.

Caf olygfeydd gwych o'r uchelderau dros afon Dwyryd wrth nesu at Benrhyndeudraeth. Yno dwi'n sylwi mai dewis enw'r cwmni ar y lle ydy Penrhyn. Efallai na fedr y staff ynganu enwau pedair sill. O'r diwedd, bron awr wedi gadael y Blaenau ar daith 12 milltir, dyma glecian i stop mawr ei groeso ym Mean Ford. Cerddaf fel John Wayne ar ôl tridiau yn y cyfrwy wrth gamu ar y platfform isel. Gwnaf fy ffordd tuag at y ramp i lawr at orsaf Lein y Cambrian oddi tanom.

Daw chwibaniad o'r injan, ac mae'r trên ar ei ffordd at ddiwedd ei daith y pen arall i'r Cob ym Mhorthmadog. Caf gip sydyn ar Tanni yn sefyll yn un o'r cerbydau, a diolch o waelod calon iddi am fy nghael yn ddiogel i Mean Ford. A dwi'n edrych ymlaen at suddo i sedd gyfforddus un o drenau Arriva Cymru.

Ac mae gwledd o 'mlaen. Fedr neb wadu nad ydy Rheilffordd y Cambrian rhwng ei therfynfa ym Mhwllheli a Chyffordd Dyfi ar frig y rhestr o'r teithiau trên mwya gogoneddus yng Nghymru gyfan. Mae'n siwrne hudolus sy'n glynu at arfordir Bae Ceredigion fel felcro at lodrau trowsus yn y Rhyl. Cewch olygfeydd godidog ar draws y tonnau, ar ddiwrnod clir cyn belled â mynyddoedd Preseli yn Sir Benfro.

Beeching a'i fwyell dorrodd y cysylltiad rhyngddi a lein arfordir y gogledd drwy gyffordd Afon-wen, y canodd Bryn Fôn amdano. Cyn hynny, heidiai cannoedd yno ar y trên bob dydd Sadwrn ar eu ffordd i wersyll gwyliau Butlins ym Mhenychain. Mae rhai'n parhau i wneud y daith, ac mae gorsaf Penychain wrth gefn y gwersyll – neu barc gwyliau Hafan y Môr fel y mae wedi ei ailfedyddio – yn dal ar yr amserlenni. Enw hyfryd, Penychain. Y penrhyn lle yr arferai'r ychen bori, am wn i. Yn sicr mae hynny'n nes ati na'r erchyll 'Penny Chain' yr arferai'r ymwelwyr alw'r lle. Clywaf adlais eto o gwynion merched Blaenau Ffestiniog. Hyd yn oed yn rhyfeddol ddiweddar roedd y cyhoeddiadau dros yr uchelseinyddion ar hyd y lein yn defnyddio'r ffurf echrydus yna. Byddai'r fersiwn Cymraeg yn gwaethygu'r sefyllfa drwy gamgyfieithu'r erchyllfa yn Pen-y-tsaen. Clywid griddfan o anobaith o un pen i'r lein i'r llall wrth i'r Cymry a'u hiaith unwaith eto gael eu sodli i'r llaid.

Dwi'n hel meddyliau felly wrth i'r trên bowlio i mewn yn llechwraidd tu cefn i mi a rhoi tap ar fy ysgwydd. Ymhen chwinciad mae'r gloch wedi canu ddwywaith ac i ffwrdd â ni.

Un pleser mawr o deithio ar y lein hon ydy canfod bod y staff yn aml yn Gymry Cymraeg. Gwir na chewch chi na phorc pei na phaned, ond o leiaf mi gewch chi'r heniaith. Ac mae'r gard heddiw yn un o'r creaduriaid hynny. Cawn ein serenadu gan gyhoeddiad clir wedi ei ynganu'n hollol gywir mai'r orsaf nesaf fydd Penrhyndeudraeth. Mae clustiau ambell dwrist yn cosi mewn anghredinedd. Nid un hawdd ydy hwnnw i'r Brymis fydd weithiau yn gweithio ar y gwasanaeth. Funudau wedyn caiff Talsarnau yr un driniaeth glodwiw, pob sill a llafariad yn ei le. Llawer gwell na'r 'Haa-lyc' y bydd yn rhaid i ni ei ddioddef yn aml wrth weld y castell enwog ar y bryn yn dynesu.

Digon unig oedd hi ar y platfform yn Nhalsarnau, dim ond bref ambell ddafad yn gwmpeini. Os cewch eich hun yma ryw dro, edrychwch dros afon Dwyryd i gyfeiriad Portmeirion. Y lwmp o graig a rhedyn yna sy'n sefyll yng nghanol yr aber ydy Ynys Gifftan. Mae'n ddigon hawdd cerdded ati pan fo'r môr ar drai. Dyna fy mwriad heddiw. Dilynwch y llwybr o'r stesion ac ewch yn syth ar draws y tywod. Ond gofalwch na ddaw'r llanw i mewn pan fyddwch arni, neu bydd raid i chi gysgodi ar draethig bychan yr ynys a disgwyl hyd nes y daw'r trai.

Mae rhai'n honni iddi gael ei henw anarferol oherwydd ei bod yn rhodd gan y Frenhines Anne i Arglwydd Harlech ryw dro. Disgynnydd i hwnnw sy'n dal yn berchen arni. Bu'r ynys yn cael ei hamaethu tan y 1960au, ac mae tŷ'r fferm yn dal ar ei draed yng nghanol y brwgaets. Mae rhyw deimlad iasol iddo. Gwelaf ambell ddarn o ddodrefnyn nodweddiadol o'r cyfnod yn dal yno, olion paent melyn ar rai ohonyn nhw. A dacw dun powdr siocled poeth ar ei ochr mewn cwpwrdd. Digon anodd ydy cerdded o gwmpas yr ynys erbyn heddiw. Rhedodd drain, mieri a rhedyn yn wyllt fel plant drwg, wrth i fyd natur atafaelu ei eiddo.

Ddwyawr yn ddiweddarach, dwi'n ôl ar y trên. Mae'n prysur lenwi wrth i ni nadreddu ein ffordd tua'r Bermo.

Fe gofiwch fod gen i atgofion drwg o'r dref fyth ers y wibdaith Ysgol Sul wleb honno. Ac yn sicr dydy'r lle ddim yn bictiwr o Gymreictod a diwylliant. Tref bwced a rhaw a baw cŵn wedi hen weld dyddiau gwell. Os meddiannwyd y Rhyl gan bobol Lerpwl a Manceinion, yna'r Bermo ydy'r guddfan ger y môr i bobol canolbarth Lloegr. Nid ar chwarae bach y cafodd ei lysenwi yn Birmingham-on-Sea. Ond wyddoch chi beth? Mae 'na harddwch diamwys ynghylch y lle. Mae'r hen dref, hen bentref y pysgotwyr, yn codi'n uchel ar y graig sy'n dal y Bermo yn ei mynwes rhag iddi gael ei gwthio i'r môr. Digon gwir bod llawer o ganol y dref yn ddigon disylw, ac eithrio ardal y cei. Ond mae'r darn yma yn glytwaith difyr o strydoedd culion, serth, di-geir, a bythynnod hynafol wedi eu tywallt yno blith draphlith.

Wrth aros i gael fy ngwynt ataf ar ôl bustachu o'r stryd fawr, caf fy ngwefreiddio gan yr olygfa dros y toeon draw at yr harbwr. Ar y copa mae Dinas Oleu, man cychwyn rhwydwaith o lwybrau sy'n cynnig rhai o'r golygfeydd mwyaf godidog drwy'r wlad. Y copa pedair erw hwn o dir caregog oedd eiddo cyntaf erioed Ymddiriedolaeth Genedlaethol Lloegr. Rhoddwyd o

Cei y Bermo – nid mynachod chwyslyd sy'n cludo bobol yma mwyach

iddyn nhw gan ei berchennog Fanny Talbot o Dynyffynnon ym mis Mawrth 1895, ddeufis yn unig ar ôl ei sefydlu.

Ar ôl i fy ysgyfaint roi'r gorau i'w cwyno, af i chwilio am Fedd y Ffrancwr. Mae'n gorwedd mewn lloc bychan, wedi ei gau i mewn gan waliau cerrig cryfion. Ond prin ydy'r parch sy'n cael ei ddangos iddo. Y Ffrancwr o dan y dywarchen ydy Auguste Guyard, fu farw yn 1833. Yn ffoadur oddi wrth y rhyfel rhwng Ffrainc a Phrwsia, cafodd gynnig cartref yn y Bermo gan y bardd Seisnig John Rushkin. Treuliodd Guyard ei amser yn codi terasau ar y tir creigiog uwchben y dref. Dyna lle tyfai lysiau a pherlysiau, a'u rhannu'n hael efo trigolion y dref.

Dysgai'r tlodion sut i gael y gorau o'r tir digon diffrwyth o'u cwmpas, a daeth yn ŵr uchel iawn ei barch. '*Mangetout, mon ami,*' fel y buasai Del Boy wedi dweud.

Yn ôl ar y copa, wn i ddim ai fy nychymyg sy'n rhedeg yn wyllt ai peidio. Ond gallwn daeru i mi weld llinell ddu, greigiog tua'r gogledd yn ymestyn ymhell allan o gyffiniau Tal-y-bont i Fae Ceredigion. Mae'n ddigon posib. Yno mae Sarn Badrig yn ymestyn hyd at 15 milltir allan i'r môr. Gweddillion a adawyd yno gan rewlif filiynau o flynyddoedd yn ôl, ond sail sawl chwedl liwgar. Mae modd sefyll arno heb wlychu'ch fferau ar drai eithriadol, a chithau chwarter y ffordd i Iwerddon.

Yn yr oesoedd a fu roedd pobol yn credu mai'r sarn hwn oedd y morglawdd a fylchwyd pan foddwyd Cantre'r Gwaelod. Ychwanegwyd sbeis at y cawl pan drawodd llong, oedd yn cludo cargo gwerthfawr o farmor Eidalaidd, yn ei erbyn a suddo i waelodion y bae un noson stormus tua diwedd y 18fed ganrif. Aeth hanes y suddo yn angof. Ddegawdau yn ddiweddarach, pan fyddai pysgotwyr yn sylwi ar y blociau gwynion o gerrig yn tywynnu drwy'r dŵr, credent eu bod yn gweld gweddillion adeiladau Cantre'r Gwaelod.

Mae'r rhan fwyaf o'r marmor yn dal yno hyd heddiw, 80 tunnell ohono, wedi ei warchod gan ddeddfau yn ymwneud â llongddrylliadau. Ond codwyd dau o'r blociau er mwyn eu dadansoddi. Canfuwyd iddyn nhw ddod o chwareli Carrara yn Tuscany. Mae un wedi ei weithio'n gerflun trawiadol gan yr artist lleol Frank Cocksey, portread o dair cenhedlaeth o bysgotwyr, ac yn sefyll ar y cei. Fymryn ymhellach mae'r Tŷ Gwyn, adeilad sy'n dyddio'n ôl i 1460, bellach yn fwyty ar y llawr isaf ac yn amgueddfa hynod ddiddorol ar y llawr uchaf. Yn yr amgueddfa hon caiff llu o greiriau a achubwyd o'r llong eu cadw. Yn eu plith mae cloch bres, magnelau, cribau, botymau ac amrywiol lestri. Dwi'n treulio awr go dda yn cael fy nghyfareddu ar ôl cropian i lawr o Ddinas Oleu.

Ac ust! Be oedd y sŵn yna glywais i rŵan? Plant yn chwarae ar y traeth? Effaith y peint sydyn fwynheais i yn y Last Inn? Neu 'glychau Cantre'r Gwaelod, Yn canu dan y dŵr'?

Calliwch, da chi. Mae'n amser parhau efo'r daith.

Ar draws yr aber mae Trwyn Penrhyn, neu Drwyn y Gwaith, a rhyw ddwy filltir ymhellach, pentref Fairbourne. Mae fferi wedi croesi'r aber yma ers cannoedd o flynyddoedd. Dyma'r ffordd yr arferai'r post gael ei gario. Ac yn wir, mae Gerallt Gymro yn sôn iddo groesi'r afon yn fan hyn yng nghwmni'r Archesgob Baldwin yn 1188. Dyn mewn cwch modur bychan fedr gario rhyw hanner dwsin ar y tro sy'n cynnal y gwasanaeth heddiw, nid rhyw fynachod chwyslyd.

Mae modd teithio o fanno ar draws y twyni i'r pentref ar Reilffordd Fach y Friog. Ac mae 'bach' yn golygu bach. Os llwyddwch i wasgu'ch hun i un o'r cerbydau, byddwch ar y ffordd yn pasio drwy arhosfa fu'n cael

Trên y Friog – trên bach o'r iawn ryw

ei galw hyd 2007 yn – anadl ddofn, rŵan – Gorsafawddacha'idraigodanheddogleddollônpenrhynare urdraethceredigion.

Ymdrech fwriadol oedd hon i gael y gorau ar y pentref enwog 'na ar Ynys Môn o ran yr enw hiraf yn Ewrop. A'r gwirionaf hefyd. Bellach caiff ei hadnabod fel yr anysbrydoledig Golf Halt; ond chwiliwch am yr enw hirfaith mewn ysgrifen fanach ar yr arwydd. Fel y crybwyllais, trên bach o'r iawn ryw ydy hwn. Crëwyd popeth yn hanner maint trên go iawn; yr injans, lled y trac, y cerbydau. Pob dim ond y gyrwyr a'r teithwyr. Dyma'r math o daith y bydd y Tywysog Charles yn gorfod ci dioddef wrth ymweld ag amrywiol brosiectau,

267

gwên blastig wedi ei phastio ar ei wyneb, a'i glustiau'n fflapian yn y gwynt. Yr hen dlawd.

Dyma ymwrthod â'r temtasiwn i ddal na fferi na thrên tegan. Heglais i hi am yr orsaf a neidio ar y trên go iawn. Roeddwn yn fy sedd mewn da bryd i fwynhau'r golygfeydd syfrdanol o afon Mawddach a'r mynyddoedd wrth groesi Pont y Bermo. Mae'r bont hon yn hanner milltir o hyd, y bont reilffordd bren hiraf drwy Wledydd Prydain. Bu ynghau am chwe blynedd o 1980 ymlaen, ar ôl i dwll pry difrifol gael ei ganfod ynddi. Bu dyfodol y lein i'r gogledd o fan hyn yn y fantol am gyfnod maith. Mae modd cerdded neu seiclo drosti hefyd, am doll fechan, er bod toriadau yng nghyllid awdurdodau lleol

Croesi Pont y Bermo ar y trên go iawn!

yn bygwth rhoi stop ar y pleser hwnnw. Mae'n eithaf profiad sefyll arni pan fydd trên yn ei chroesi, yr holl strwythur yn crynu fel dysglaid o flomónj mewn daeargryn.

Lle digon di-ddim ydy Fairbourne, gyda phob parch iddo. Yn anarferol yn y rhan yma o'r byd, dyma bentref ag enw uniaith Saesneg. Nid ei fod yn haeddu un Cymraeg. Cafodd ei greu yn y 19eg ganrif fel pentref glan-môr ar gyfer ymwelwyr gan deulu McDougall, sy'n gysylltiedig â'r cwmni blawd enwog. Ni fu erioed arlliw o Gymreictod ar ei gyfyl. Yn aml bydd pobol yn cyfeirio ato fel y Friog, ond pentref cyfagos ydy hwnnw. Yn wir, dwi'n bwriadu mynd yno rŵan, taith gerdded fer. Dewch efo fi. Welwch chi'r lôn gul acw yn arwain i'r mynydd, gyferbyn â'r gyfnewidfa ffôn? Dwi am fynd i fyny honno. Dwi'n dilyn llwybr digon serth oddi arni heibio i domennydd llechi mwsoglyd. Dof i dwnnel llaith, gwlyb dan draed, gan orfod crymu fy ffordd tuag at y goleuni yn y pen pellaf. Yn sydyn dwi'n cael fy hun mewn powlen greigiog yn llawn goleuni ac adleisiau. Mae pob carreg dwi'n digwydd ei chyffwrdd efo'm hesgid i'w chlywed yn sibrwd yn ôl ata i o gryn bellter i ffwrdd. Dyma weddillion hen chwarel Goleuwern, enw y byddai'n amhosib rhagori arno. Mae'r chwarel wedi hen lenwi â dŵr, hwnnw wedi ei liwio'n asur perffaith fel llygaid môr-forwyn gan y mwynau yn y creigiau. Dyma'r Llyn Glas, fel yr oedd yn rhwym o gael ei ffugenwi. Mae'r dŵr mor las nes na all y môr ddim llai na bod yn wyrdd mewn cenfigen.

Yn 2014 cyhoeddodd Cyfoeth Naturiol Cymru fod Fairbourne yn un o'r cymunedau ar arfordir y wlad sydd mewn perygl o gael eu boddi gan y môr. Mwy na hynny, nid oedd hi'n fwriad gan yr asiantaeth amgylcheddol wario'r degau o filiynau o bunnau y byddai eu hangen er mwyn ceisio gwarchod y lle. Does wybod yn iawn pryd y daw'r diwedd i Fairbourne. Ond y disgwyl ydy y bydd preswylwyr 400 o'i dai wedi gorfod pacio a gadael erbyn 2055. Roedd enw gwreiddiol yr ardal cyn codi'r pentref, Morfa Henddol, yn rhoi awgrym clir o'r hyn oedd yn ei wynebu ryw ddiwrnod. Ac yn ei haeddu, byddai rhai'n dweud.

Wrth gerdded yn ôl i lawr o Oleuwern ac edrych ar y mwg yn codi'n hamddenol o ambell simnai, mae'n anodd peidio â meddwl am y Fam Ddaear yn hawlio'r tir yn ôl i'r môr.

Ac efo Sarn Badrig eto yn fflyrtian fel merchetwr ar y gorwel, anodd hefyd ydy cael stori Cantre'r Gwaelod o'm meddwl. A cherdd J. J. Williams:

O dan y môr a'i donnau
Mae llawer dinas dlos . . .

Tybed? Tybed? O, dewch o 'na. Mae'r daith yma'n dechrau dweud arna i.

Diwrnod 8

FAIRBOURNE I DYFI JYNCSHIYN
19 milltir – 41 munud

FELLY dyna ni, bron â bod. Mae'n anodd peidio â theimlo'n chwithig, rywsut, wrth i'r trên ruglo ling-di-long tuag at Gyffordd Dyfi. Mae golygfeydd gwych yn llithro heibio'r ffenest, a phen y daith yn nesáu.

Edrychodd y gard yn eitha syn pan ddywedais 'mod i am fynd i lawr yn Dyfi Jyncshiyn, ar ôl iddi holi a oeddwn am ddefnyddio un o'r arosfeydd bychain. Neno'r tad, onid oedd o'n dweud hynny ar fy nhocyn? Yn amlwg, nid oedd yn lle cymeradwy iawn. 'Fysai'n well i chi Mac,' meddai yn yr iaith fain, ar ôl tynnu anadliad dwfn, yn union fel y bydd adeiladwyr neu berchnogion garejys yn gwneud cyn cyflwyno amcan-bris hurt o ddrud ichi.

Dyheuwn am gael y gard oedd yn rowlio enw Penrhyndeudraeth oddi ar ei dafod yn ôl, ond deallais mai Machynlleth oedd hi'n ei feddwl. Ceisiais egluro nad oeddwn i am fynd i hen brifddinas ein cenedl y tro hwn, diolch yn fawr iawn. Ddeallodd hi ddim eto mai Cyffordd Dyfi oedd fy nghyrchfan, fy nod. Ia, dyna lle'r oeddwn i'n trio ei gyrraedd. Diwedd y daith.

Tebyg iddi sôn efo'i theulu dros y bwrdd bwyd y noson honno, yn Birmingham neu ble bynnag, am y Cymro rhyfedd 'ma a fynnodd mai yng nghanol cors ddinad-man roedd diwedd ei daith. Tebyg hefyd i ddefaid a welingtons gael eu llusgo i'r sgwrs.

Mae'r arfordir yma'n frith o fân orsafoedd, sy'n egluro i raddau pam ei bod yn cymryd bron i ddwy awr a hanner i deithio'r 54 milltir rhwng Pwllheli a Machynlleth. Prin gyffwrdd cyfartaledd o 21 milltir yr awr a wna'r trên, mor araf ag wythnos wlyb ym Mhorth-cawl. Nid bod hynny o unrhyw bwys, mewn gwirionedd.

Mae 25 o orsafoedd ac arosfeydd ar y ffordd. Mwy na digon i'r gard druan dynnu ei gwallt melyn o'i phen ymhell cyn cyrraedd Mac pe byddai rhywun am ddefnyddio pob un ohonyn nhw. Yn ffodus iddi hi, creaduriaid digon prin ydy teithwyr yn nifer o'r arosfeydd mwyaf anial.

Ymhlith fy hoff rai mae Llandecwyn, ar ochr Meirionnydd i'r bont newydd sbon danlli dros afon Dwyryd. Yno mae 'na blatfform a rhyw gysgodfa bws o beth i 'mochel ynddo. Daw'r gwynt yn syth o fynyddoedd Eryri pan na ddaw o Fôr Iwerddon. Prin y gellid meddwl am unrhyw le mwy gwyntog yr ochr uchaf i Ddyfi Jyncshiyn. Doniol braidd felly, diangen hefyd, ydy'r arwydd ymhongar yn rhybuddio na 'chaniateir ymysgu yn yr "orsaf" hon'. Byddech chi'n lwcus iawn i fedru tanio'ch sigarét, heb sôn am ei smygu. Haws fyddai tynnu ar getyn efo parasiwt ar eich cefn.

Ac wedyn dyna ichi arhosfa Tŷ Gwyn, neu Tygwyn fel mae Network Rail yn mynnu ei sillafu. Mae fanno yn sefyll yng nghanol caeau. Heb gymdogion yn y byd, heblaw defaid. Hyrddod chwantus, weithiau. Nid bod neb na dim yn aros amdanom heddiw; dim ond y gwynt ysgafn yn goglais y brwyn. Mor fyr ydy'r platfform nes bod y trên yn gorfod blocio'r ffordd pan fydd yn yr orsaf. Bydd y rhwystrau yn aros ar gau, gan atal unrhyw amaethwr welingtonog a'i dractor rhag parhau efo'i orchwylion, hyd nes bydd y teithiwr talog wedi camu ar neu oddi ar ei drên.

Gwnaed ymdrechion yn y gorffennol i gau'r ddwy arhosfa, fel rhai eraill, er mwyn cyflymu'r daith ryw gymaint. Ond yno maen nhw o hyd, yn codi dau fys ar unrhyw dueddiadau ôl-Beeching. Ac ydy arbed munud fan hyn a munud fan draw o bwys ar lein fel hon lle byddai calendr yn fwy defnyddiol nag amserlen? Waeth i chi roi *steroids* i falwod ddim.

Mae golygfa fendigedig o'r môr yn bell oddi tanom wrth ddringo'n uchel i fyny'r clogwyn i'r de o'r Friog. Rheda traeth gwag anferthol yn felyn braf y tu ôl i ni at geg afon Mawddach, dim ond un enaid unig a'i chi yn meiddio sarnu llyfnder y tywod.

Chwardda'r trên mewn rhyddhad wrth bowlio'n ddilyffethair tuag at Lwyngwril yr ochr arall. Gallwn fod wedi mynd i lawr yn Llwyngwril i weld Mynwent y Crynwyr. Neu i gerdded tuag at Eglwys Llangelynnin i ymweld â bedd Abram Wood, brenin y sipsiwn Cymreig. Gallwn yn yr un modd fod wedi mentro i lawr yn

Nhywyn, i weld ysgrif mewn Hen Gymraeg o'r 8fed ganrif ar faen yn Eglwys St Cadfan. Neu fe allwn fod wedi mynd i orsaf Rheilffordd Tal-y-llyn yn y dref i weld y lein fach a ysbrydolodd y Parchedig Wilbert Awdry i ysgrifennu ei lyfrau Tomos y Tanc enwog. Dyma oedd y lein dreftadaeth gyntaf yn y byd i gael ei chadw gan wirfoddolwyr, fel y Parchedig ei hun, pan agorwyd hi yn 1951. Dywedodd Awdry unwaith fod gan y rheilffyrdd ac Eglwys Loegr ill dwy eu beirniaid, ond mai dyna'r ffordd orau i gael dyn at ben ei daith yn y ddau achos.

Gwelaf y rheilffordd fach ar y chwith wrth adael Tywyn, fel set deganau anferthol ar gyfer bechgyn a genethod mawr. Ond mae un daith ar gledrau culion yn ddigon am heddiw; allwn i ddim ymdopi efo mwy. Nid ar stumog wag. Llawer gwell gen i ydy mwynhau'r olygfa heibio cwrs golff enwog Aberdyfi a thros y twyni at ddyfroedd pefriol Bae Ceredigion.

Do, bu hi'n daith ddiddorol o amgylch Cymru, pob un o'r 541 o filltiroedd, gan gynnwys y rhai yn Lloegr. Difyr ydy ystyried bod mwy na 200 o filltiroedd eraill o brif gledrau, heb gyfrif y myrdd o drenau bach, y gallwn i fod wedi teithio arnyn nhw sy'n gyfan gwbl oddi fewn i'n ffiniau.

Rhyfedd meddwl am y newidiadau ddaeth yn sgil y symudiad Thatcheraidd i breifateiddio pob dim oedd yn symud, neu'n wir yn llonydd. Margaret Thatcher ddechreuodd y broses o ddarnio'r rhwydwaith cyhoeddus a'i roi mewn dwylo preifat, er mai ei holynydd John Major gafodd y pleser o roi'r cynllun ar waith. Eglurodd neb erioed sut oedd ceisio rhannu'r gacen rhwng tair carfan yn ceisio gwneud arian ohoni yn mynd i weithio. Roedd gynnoch chi Railtrack – er i Network Rail gymryd y cyfrifoldeb yn 2002 – yn gyfrifol am y strwythur fel y gorsafoedd a'r cledrau, perchnogion y trenau, a'r gweithredwyr fel Trenau Arriva Cymru yn eu rhedeg. A'r cyfan am gael eu pwys o gnawd. Y teithiwr druan fu'n rhaid talu drwy ei drwyn, yn gwegian o dan y prisiau uchaf yn Ewrop.

Ni fyddai cyfundrefn yn cael ei rhedeg gan y wladwriaeth byth yn gweithio, pregethai'r Thatcheriaid. Ac eto mae rhwydweithiau Ffrainc, yr Eidal, yr Almaen, Siapan, Sbaen, Iwerddon, Gwlad Belg, ac enwi dim ond rhai, i gyd o dan reolaeth eu gwladwriaethau. Caiff y mwyafrif o'n gwasanaethau eu darparu gan Drenau Arriva Cymru, un o is-gwmnïau Deutsche Bahn, sef rheilffyrdd gwladoledig yr Almaen. Mae'n anodd dirnad sut mae llywodraeth yr Almaen yn gallu rhedeg trenau'n llwyddiannus yng Nghymru, ac am elw, pan ddadleuai'r Thatcheriaid na allai San Steffan wneud. Heb sôn am Gaerdydd.

Yn fwy eironig fyth, caiff yr elw a wneir yng Nghymru ei ddefnyddio i wella'r gyfundrefn yn yr Almaen. A chadw'r prisiau'n llawer is na'r hyn a dalwn ni. Gwallgofrwydd, hwnna ydy o.

Dysgais ambell beth arall difyr wrth ymchwilio i'r daith. Ffeithiau a fydd yn gweld pob anorac trên yn eich plith yn glafoerio fel ci cynddeiriog efo asgwrn.

Wyddoch chi mai Clapham Junction ydy'r orsaf brysuraf yn Ewrop o ran nifer y trenau, gyda mwy na 2,000 y dydd yn hyrddio drwyddi? Ar oriau brig, bydd trên yn gadael neu'n cyrraedd bob 13 eiliad.

Y prysuraf yng Nghymru, fel y crybwyllais ynghynt, ydy Caerdydd Canolog, efo 11.5 miliwn o bobl yn dechrau neu'n diweddu eu taith yno bob blwyddyn.

Y prysuraf yn y byd ydy gorsaf Shinjuku yn Tocio, lle bydd 3.5 miliwn o deithwyr yn ei defnyddio yn ddyddiol. Poblogaeth Cymru, a mwy, bob un diwrnod, meddyliwch.

Gorsaf ganolog Efrog Newydd sydd â'r mwyaf o blatfformau, efo 44. Yr orsaf ddyfnaf ydy Arsenalna ar rwydwaith tanddaearol Kiev, Wcráin, sydd 346 troedfedd o dan wyneb y ddaear.

Wyddoch chi hyn i gyd? Ydy hi o unrhyw bwys gynnoch chi? Ro'n i'n amau rywsut. Ond cadwch efo fi, da chi, rydan ni bron ar ddiwedd y daith. Ym mhob ystyr.

Yr uchaf yn y byd ydy gorsaf Tanggula yn Nhibet, sydd 16,627 troedfedd uwch lefel y môr – bron i bum gwaith uchder yr Wyddfa a'i gorsaf trên bach enwog. Gorsaf Waunafon yn Nhor-faen arferai fod yr uchaf ar y prif rwydwaith ledled Prydain, 1,392 troedfedd uwch y môr, ond caewyd honno yn 1961. Erbyn heddiw,

Llangynllo ger Trefyclo ar 980 troedfedd ydy'r uchaf yng Nghymru.

Yr orsaf uchaf ar y rhwydwaith yn yr ynysoedd hyn bellach ydy Coire Odhar ger Loch Ossian yn yr Alban. Mae hi 1,339 troedfedd i fyny, a deng milltir o'r ffordd gyhoeddus agosaf.

Deng milltir? Ac ar lethr mynydd? Dwi'n dechrau gwerthfawrogi fwyfwy'r golygfeydd anhygoel o aber tywodlyd afon Dyfi, yn wincio arnaf yn swil yn yr haul gwantan sy'n dechrau penelino'r cymylau o'r neilltu. Maen nhw'n dawnsio'n sidêt heibio'r ffenest mewn sioe amryliw o felyn, glas a gwyrdd. Dacw grëyr glas gosgeiddig fan acw, yn llygadu ei ginio'n awchus wrth rydio yn y dŵr. Ac yn y pellter ar draws yr afon ddiog dwi'n gweld trên arall yn llusgo i'r un cyrchfan; y trên o Aberystwyth ar ei ffordd i'n cyfarfod yng Nghyffordd Dyfi. Ac ymlaen o fanno i weddill y byd. Rhufain, Llundain, Caergystennin, dewiswch chi.

Yn sydyn ddigon, mae Dyfi Jyncshiyn i'w weld fel metropolis hygyrch, yn hytrach na thwll yng nghanol cors. Dwi'n ysu am gyrraedd. Tân dani, os gwelwch yn dda, yrrwr.

Prysurdeb y metropolis hygyrch ar ddiwedd y daith